究解

信用リスク管理

日本リスク・データ・バンク株式会社

大久保　豊 [監修]
尾藤　剛 [著]

一般社団法人 金融財政事情研究会

本書の目的──【究解】

　本書の目的、それは、信用リスク管理の理論と制度メカニズムに関する〔究解〕である。

　読者が、自らの向上心により、「信用リスク管理」に関する熟達者となることを企図した"熱い書物"である。本書を読み砕き咀嚼し、制覇すれば、"覚者"となれる、それを本書の目的としている。

　2019年4月、日本金融のOS（オペレーティング・システム）であった「金融検査マニュアル」が廃止される。経営実感に即応しない償却・引当金業務を自らの"科学的算段"により、新たに"想像"し"創造"する仕組みへとリエンジニアリングできるのである。業種や規模だけではなく、創業におけるリスクやさまざまな経営背景を科学（客観的かつ事後検証可能なもの）に基づく手法により各金融機関独自の信用リスク態勢を構築しうるのだ。「自分たちの業務はこうだ」「自分たちが新たに開拓すべきマーケットはこうだ」「そのリスクテイクの状況を、こう科学的に評価し、ステークホルダーに説明しよう」、信用リスクに関する経営メカニズムを"能動設計"できるようになるのである。さまざまな課題があったが、「金融検査マニュアル」を腰骨とした各種規制の根本思想やフレームワークは科学的にみて大変優れた構造を有し、発展性と同時に個別柔軟性にも秀でていた。ただ画一的で硬直した運用が、金融システムに負の影響を及ぼしている現状に鑑み、「金融検査マニュアル」の廃止が決まったと理解している。

これからの「ポスト金検マニュアル時代」をどう経営していけばよいのか？

　それは、「金融検査マニュアル」の礎となっている信用リスクにかかわる理論と制度メカニズムを体系構造的に理解し、その"科学知識"を梃子に、信用リスクテイクのリエンジニアリングを実行する、すなわち各金融機関の経営戦略とそのターゲット顧客にジャストミートした新機軸の信用リスク管理を、"ゼロから想像し創造する"ことにつきる。

では、この科学知識はなぜ必要なのだろうか？

　それは、旧態依然の、だれもが入手可能でかつ遅行性のある財務諸表から取得できる信用情報では、もはや金融機関経営が成り立たなくなっているためである。同じ格付評価による"群れる行動"が金利ダンピングと金融排除を招来し、自らの経営体力を弱めてきた。また、FinTechを果敢に活用した異業種との創造的競争には、そもそも参加すらできていない。

　しかし、手元をよく確認してみると、金融機関には排他的利用が可能で、圧倒的比較優位のビッグデータである「口座取引情報」が存在する。同業他社も、新手の競争者もいっさいアクセス不可の"信用情報財産"ともいえるデータが大量に、しかも常時自動更新機能付きで存在しているのだ。さらに、異業種との協業によって「Web取引情報」という新しいデータソースを発掘し、その基盤の上に新たな独創的な信用ビジネスを開発できるようになった。すべての経済主体が電子的につながる電脳社会、デジタライゼーションにおいて、信用リスク管理の"リエンジニアリング"を自主自立的に実行できる時代を迎えているのである。

　デジタライゼーションにおいては、もはや、人間の意思決定はコア機能たりえず、絶えず流入してくる信用電子情報に対し、人工知能による意思決定をメカニズムとして組み込まなければならない。これからの与信管理・企画セクションにとっては、信用ビジネスにおける独創的なデジタライゼーションを自主能動的に設計し、戦略化していくこと、そして、それを科学メカニズムとして設計・運営実行していくことが、最優先の職務となる。必ずそうなるのだ。

　金融検査マニュアルの礎となっていた"信用リスクの科学"を、ミクロ・マクロ双方の視点で理解し、新たな"デジタライゼーション与信"を、"想像"し"創造"する。金融検査マニュアル時代とまったく違う成果を私たちは求められている。10年後の日本でも、いまと同じように、生身の銀行員が取引先を訪問、決算書を取得して持ち帰り、内部格付を付与し、（早くて）決算の締めから3カ月後に融資方針を更改する——そのようなアナログな世

界のままだろうか？　新興FinTech異業種はさまざまなWeb電子情報を活用し、24時間、いつでもどこでも"非対面電子約定"を進めている。

　私たちは早急に、先行者メリット、すなわち科学的信用リスク管理のノウハウを比較優位とし、自らが能動的に"デジタル変態"しなければならない。それこそが、お客さまたちが心から待ち望んでいることなのである。

　そこで本書は、金融検査マニュアルの土台を形成している信用リスク管理にかかわる科学理論と制度メカニズムを体系的に構造化し、そのインフラナレッジの習得を目的とする。この体系知を頭心に体現した者、【覚者】の育成を本書の目的とする。本書は、2011年出版の『ゼロから始める信用リスク管理』の全面改訂版である。前書では信用リスク管理の初心者から読み始められ、最終的には従来の金融行政が要求する基本要件に関して理解を得ることを主たる目的としていた。しかし本書は、その初版の目的を離れ、現行規制のインフラ基盤となっている"信用リスクの科学"のエッセンスを精錬抽出し、新たな信用リスク管理に向けたリエンジニアリングの自由設計と実践を可能とする基礎体系の習得を目的としている。

　私たちが毎日接し、その利便性を享受しているパソコンはどのように機能しているのか？　たとえば"電源ON"からエクセルシートを展開し業務をこなす際にどのような順番で電流が流れ、ICチップやHDが駆動し、日本語入力やアルゴリズムが機能するのかを想像してみよう。信用リスク管理について同様に、そのメカニズムを完全に習熟し、自らが新しい概念のコンピュータを"想像"し"創造"できる、新型のスマートウォッチや音声認識ゲートウェイ等の新たな商品・サービスを開発可能とする、そのような熟達者を育成する、まさに信用リスクに関するリエンジニアリングのための"究解書"が本書である。

　それでは、本書を究めればどうして【覚者】となれるのか？

　それは、本書が銀行界の共同データベースとして蓄積された日本リスク・データ・バンク（以下、「RDB」という）が蓄積した圧倒的なビッグデータに

対する20年に及ぶ"科学格闘"により生成された"実務適用の知恵"と"精錬された科学知見"を詳らかにし、【土台知】として体系化しているからだ。

　実際のデータから真の知見を探求し、検証し、それを体得する、その科学算段にて、信用リスクの【覚者】となるのである。

　RDBは全国津々浦々の金融機関から毎月送られてくる各種データを、正規化し格納、日本の歴史上最も激しく信用リスクが現出したこの20年間の"信用リスクの真実"を余すところなく吸い上げ、科学的知見とすることに成功した。2018年3月末現在で、91万4,416先（非デフォルト先数61万4,082先、デフォルト先数30万334先）が格納されている。

　信用リスクの歴史的真実を体現しているRDBビッグデータをもとに開発された多種多様な人工知能モデルを格納した経営システムが、全国津々浦々の銀行・金融機関において日々稼働している。

　具体的にはS&P Global Market Intelligenceと共同開発した「中小企業クレジット・モデル」、外部格付のない上場企業・地場非上場大企業を対象にした「大企業モデル」「業種×規模別モデル」「定量×定性評価ハイブリッドモデル」「個人事業者モデル」「デフォルト債権回収率モデル」「アパートローン賃料推計モデル」「地方自治体モデル」等の精錬精製はもとより、それらのモデル効力に関するトラッキング分析により、人工知能モデルの不断の改良・新規開発に取り組んでいる。

　また、「口座動態（出入り×商流連関）モデル」「動態経済指標モデル」など、強い発展未来性がある【新たなデータソース】を活用したモデルの開発をディープラーニング等の技術発展の目覚ましい機械学習を実践適用し、革新的な"人工知能"の社会実装を実行している。

　信用リスクの"真実集合"というビッグデータからいかに科学知見を創出し、それを与信メカニズムに組み込むか、その具体的な"科学格闘"を豊富な数値や数学事例により体系化したのが本書である。

　電源ONから、どのようにして信用電子情報が流れ、信用リスクを判定するかの意思決定の全ての流れを、"黙想し喝破"できる【覚者】となる。

　いままで人類が信用リスク管理にてなしえた〔科学メカニズム〕、その原

4

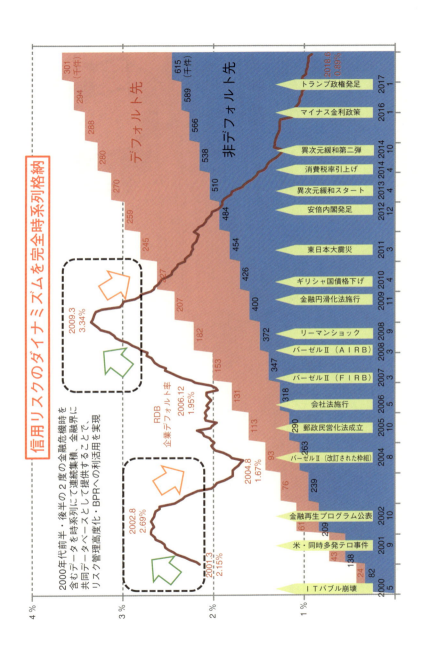

本書の目的 5

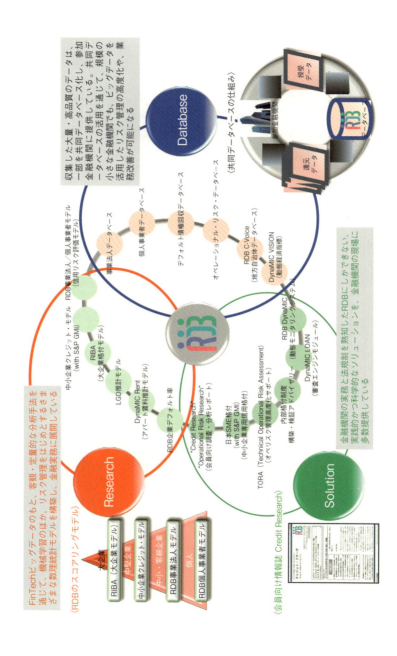

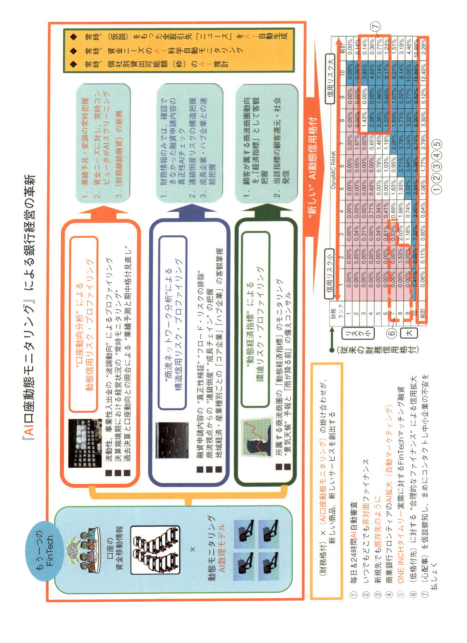

本書の目的 7

理や仕組みを深く考え、体に浸み込ませ、多様な"覚者の知恵"のもと、【新たなデータソース】を"想像"し"創造"する。画期的な与信社会の拡張、〔新次元〕を産むのだ。

前掲図（7頁）はその一例である。

『口座取引明細データ』という、それぞれの銀行・金融機関しかアクセスできず、第三者が決して利用できない圧倒的な情報優位を有するビッグデータを、与信システムに電子直結した事例だ。

それはまさに「Internet of Things（IoT）」であり、「Internet of Finance（IoF）」と呼びうるものだ。この直結により、常時自動的に信用リスク（チャンス）電子情報が与信システムに流れ込み、タイムリーで不断の、そして親切で想像的な与信行為の生産を可能にしているのである。

このような科学的設計とその実行は、機械にはできない。【覚者】とは人工知能にはできないことをなせる人のことなのだ。そこにわれわれ人間の"本源的な価値"がある。

数学が得意な人、業務知識に長けている人、顧客潜在ニーズの探索に長けている人、それぞれにおける多様な【覚者】が現出する、それがニッポン金融の底力となり現次元を超越する新機軸の多次元未来を皆さんが"想像"し"創造"する。

デジタライゼーションという社会産業革命に生きるこの好機に、金融機関は新機軸の方法によって利用者と向き合い、不断に高い水準を目指し果敢に努力し、よりよいサービス・商品を能動的に開発していく営みの積み重ねの結果、利用者から「さすが」という評価と新しい満足を得る——デジタライゼーションによる新しいデータソースを、能動探索し、自らが電子連結させ、新しい与信未来を生起させる。

新しい与信哲学と与信世界を切り拓くこと、それは【科学】でしかなしえないのである。

日本リスク・データ・バンク代表取締役社長　**大久保　豊**

本書の構成

　信用リスクとは「貸したお金が返ってこない可能性」のことである。貸したお金が返ってくるかどうかは、借り手の将来の行動に依存している以上、結果を完全に予測することは不可能である。したがって、信用リスクの伴う貸出を事業とするものにとって、損失を完全にゼロにすることもまた、絶対に不可能であると言い切ってよい。言い換えると、損失を完全にゼロにできるのであれば、そこに信用リスクはない。したがって、そこから継続的に利益をあげることもできないのである。

　ハイリスク・ハイリターン、ローリスク・ローリターン。この大原則を前提に、将来の損失をできる限り正しく予測することは、貸出を事業とするものにとって、避けて通ることのできない最重要業務の一つである。金融機関、とりわけいまの銀行においては、信用リスク管理を精緻、かつ客観的に実施するために、過去からの経験と知恵によってさまざまな工夫がなされている。そして、その制度としての根幹をなすのが信用格付制度である。信用格付制度では、債務者格付制度と案件格付制度の2つの仕組みを基軸として、個別の貸出に係る予想デフォルト率（PD）、予想デフォルト時損失率（LGD）、および予想デフォルト時貸出残高（EAD）を計算し、これらパラメータをもとに、金融機関全体としての予想損失（EL）や非予想損失（UL）を計測する。これら一連の業務プロセスが、金融機関の信用リスク管理業務の根幹をなしている。

　本書は、前著『ゼロからはじめる信用リスク管理』の全面改訂版の位置づけである。金融機関、とりわけ銀行における信用リスク管理業務の全体構造を概観し、その構成要素となる信用格付制度や、PD、LGDといった信用リスクパラメータの推計手法、スコアリングモデルの構築・検証方法、ポートフォリオリスクの計測手法などについて、それぞれの意味と役割、具体的な方法論、最新の取組みと問題点を極力具体的に説明し、読者の一人ひとりが信用リスク管理業務の真のエキスパートとなるための、「究解書」となるこ

とを企図している。特に、銀行はいま、「ポスト金融検査マニュアル時代」の信用リスク管理のあり方を、自らの与信哲学に従って再構成する必要に迫られようとしている。その際には、規制対応の実務一辺倒ではない、信用リスク管理の「あるべき論」にあらためて立ち返らなければならないだろう。本書はこうした新たな信用リスク管理のあり方を創造していくうえで土台をなす必須知識のみならず、実践に向けた有用な最新の知見を提供することを企図している。

　1章では最初に、あらためて、信用リスク管理業務の意義と必要性を整理した。金融機関が自らの貸出金の価値を正確に把握することは、自らにとって正しい情報に基づく経営判断を可能とする。また、預金者や投資家といった外部のステークホルダーにとっても、預金先・投資先を選ぶ際に、正しい情報に基づく判断が可能となる。他方で、特に銀行の場合は、貸出資産の健全性にばかり気をとられると、金融仲介機能の担い手という社会的な役割が果たせなくなる。資産の健全性と円滑な金融仲介機能という、相反する役割を銀行が両立させることは決して簡単ではないが、そのキーを握るのが、リスクとリターンのバランスのコントロール、つまり信用リスク管理である。

　2章では、信用リスク管理業務の実質的な中心作業に位置づけられる信用格付制度について、その設計から運用に至るまでの一連のプロセスを詳述するとともに、具体的な方法論や、実務上の論点について説明を加えた。前半では債務者格付制度、後半では案件格付制度を取り上げている。記載に際しては、単に内部格付手法の要件を述べるにとどまることなく、リスク管理の現場でまさに業務に携わっている方々が、具体的なアクションをとる際に疑問を呈するような内容についても、極力、実践的な方法論やアイデアを提起するよう配慮した。また章末の補論では、経営者から現場担当者に至るまで、信用リスク管理業務とその背景にある理論を理解するための数学、統計学、確率論などの知識について、必要最低限の内容を示した。

　3章では、現代の信用リスク管理業務において必要不可欠であり、もはや中枢の論理ツールとなっている「スコアリングモデル」を取り上げる。数学的な専門性と、実務上のノウハウに係る機密性の問題があり、一般には詳細

な情報が不足しているように見受けられることから、ここではあえて、実務上必ずしも重要ではないレベルの内容まで踏み込んで記載している。とはいえ、至る所でAI（人工知能）の活用が取りざたされる昨今の金融機関にあって、20年近く前から業務で利用されているスコアリングモデルとは、リスク管理担当者にとって最も身近なAIといっても過言ではない。その技術的な内容の詳細な解説は、今後の信用リスク管理業務のあり方を考えるうえでも、おおいに参考になるものと期待している。

　4章では、ポートフォリオリスク、すなわち貸出ポートフォリオ全体のリスク評価について、その目的と具体的な計量手法を紹介する。2章で説明する信用格付制度が、貸出先1社ごと、あるいは貸出案件1件ごとの平均的な損失の可能性を評価する仕組みであるのに対して、ポートフォリオリスクの計量とは、ポートフォリオ全体で発生する損失について、損失金額の分布形状を推定し、特に平均値から大きく外れた巨額の損失、いわゆる非予想損失（UL）の発生する可能性とその大きさを推定することを目的としている。実務で中心的に活用されている、コンピュータによる乱数を用いた「モンテカルロシミュレーション」についても、基本的な計算方法について極力平易な説明を試みた。

　5章では、これからの信用リスク管理と称して、最初に、信用格付制度を基軸とする信用リスク管理の昨今の問題点とその原因について、筆者なりの考察を試みた。信用格付制度は、特に日本の銀行界に対して、貸出先の信用リスクの評価・モニタリングの体系化と高度化を、広くあまねくもたらしたという意味で、特に画期的な仕組みであったものと評価できる。一方で、信用格付制度が当たり前になりすぎたがゆえの「影」の部分についても、決して見過ごすことはできない。

　そして5章後半では、近年注目を集めるAI、および機械学習の業務への活用について、信用リスク管理の観点から、その実態と可能性について最新の分析結果とあわせて紹介している。新たな技術革新のポイントは、「機械学習手法」ではなく「新しいデータソース」にある。金融機関によっては、新しい分析手法を業務に取り入れることが「AIの活用」であるかのように

信じているケースもみられるが、AIによる真のイノベーションは金融機関自身がもつ「新しいデータソース」にこそ潜在しているという主張が、筆者の持論である。

　本書が、信用リスク管理業務に日々携わる金融機関担当者の皆さんにとって、詳細で具体的な参考書として、手元に置いていただけるものとなれば幸甚である。また経営層や融資現場の方々にとっても、信用リスクとは何か、それを何のために管理するのか、といった疑問に対するヒントとして少しでも役立ち、ひいては信用リスク管理業務の必要性と重要性の再発見につながることを心から期待する。

　本書が、ポスト金融検査マニュアル時代における、海図なき航路でのかじ取りの一助となれば、筆者としてこれに勝る喜びはない。

目　次

1　信用リスク管理とは？

1.1　虎穴に入らずんば虎子を得ず……………………………………2

1.2　リスクをとるのか、とらないのか……………………………3

1.3　信用リスクと予想損失（EL）…………………………………4

1.4　予想損失（EL）の計算方法……………………………………6

　1.4.1　デフォルト率（PD）……………………………………6

　1.4.2　デフォルト時損失率（LGD）……………………………7

　1.4.3　予想損失率の計算式………………………………………7

1.5　債務者格付によるPDの推計…………………………………8

1.6　スコアリングモデルと債務者格付……………………………10

　1.6.1　審査評点による債務者格付………………………………10

　1.6.2　審査評点からスコアリングモデルへ……………………12

　1.6.3　スコアリングモデルとは？………………………………14

　1.6.4　スコアリングモデルの落とし穴…………………………16

1.7　債務者格付による貸出先のモニタリング……………………16

1.8　信用リスク管理とは？　モニタリングとコントロール………18

　1.8.1　信用リスク管理の2つの側面……………………………18

　1.8.2　信用リスクのコントロールの手法………………………19

　1.8.3　信用リスクをコントロールする基準……………………20

1.9　リスクアペタイトと信用リスク管理…………………………21

2　信用格付制度

2.1　信用格付制度……………………………………………………26

　2.1.1　債務者格付制度とPD……………………………………27

目　次　*13*

2.1.2　案件格付制度とLGD …………………………………… 29

2.1.3　自己資本比率規制と信用格付制度………………………… 31

2.1.4.　金融検査マニュアル廃止の影響 ………………………… 33

2.2　債務者格付制度………………………………………………… 37

2.2.1　債務者格付制度のメリット ………………………………… 37

2.2.2　債務者格付制度の全体像 …………………………………… 40

2.2.3　対象先の特定………………………………………………… 41

2.2.4　債務者格付に使用する情報………………………………… 44

2.2.5　一次評価 ……………………………………………………… 45

2.2.6　財務・定量情報による債務者評価のポイント ………… 47

2.2.7　二次評価 ……………………………………………………… 59

2.2.8　最終格付の付与……………………………………………… 68

2.2.9　格付区分の検討……………………………………………… 69

2.3　PDの推計 ……………………………………………………… 73

2.3.1　PD推計の３つの手法………………………………………… 74

2.3.2　PD推計とデフォルト定義…………………………………… 75

2.3.3　PD推計と期間の概念………………………………………… 77

2.3.4　実績デフォルト率によるPD推計のポイント ………… 80

2.3.5　実績データが利用できない場合のPD推計 …………… 82

2.3.6　格付遷移行列と長期PDの推計 …………………………… 84

2.3.7　PD推計の前提となる経済環境の考え方　PITとTTC ………… 89

2.4　債務者格付制度の検証………………………………………… 91

2.4.1　PDと実績デフォルト率の比較検証 ……………………… 92

2.4.2　債務者格付の序列の検証…………………………………… 94

2.4.3　定性情報、実態財務情報による調整の効果 ………… 96

2.4.4　評価の安定性に係る検証…………………………………… 97

2.5　案件格付制度…………………………………………………… 99

2.5.1　LGD（デフォルト時損失率）とは？ …………………… 99

2.5.2　デフォルト定義とLGD ……………………………………… 100

2.5.3　LGDとEAD ··· 101

　2.5.4　内部格付手法におけるLGDの特徴 ····················· 103

2.6　実績LGDの計測 ··· 116

　2.6.1　集計対象債権の特定 ······································ 117

　2.6.2　集計の最小単位 ··· 118

　2.6.3　保全要因と非保全要因 ···································· 120

　2.6.4　保全要因による回収額 ···································· 121

　2.6.5　回収源泉の捕捉が困難な場合 ····························· 122

　2.6.6　保証による回収の取扱い ·································· 123

　2.6.7　非保全要因による回収額 ································· 125

　2.6.8　利息収入の取扱い ··· 128

2.7　LGDの推計 ·· 129

　2.7.1　無担保・無保証貸出の回収額の推計 ····················· 129

　2.7.2　有担保貸出の回収額の推計 ······························ 131

　2.7.3　案件格付における格付区分の設定 ························ 134

　2.7.4　格付区分ごとのLGD推計 ································· 136

　2.7.5　プール区分におけるLGD推計 ····························· 137

　2.7.6　LGDの検証 ·· 138

2.8　〈補論〉信用リスク管理のための確率論 ····················· 140

　2.8.1　確率変数とは？ ··· 140

　2.8.2　二項分布と正規分布 ······································ 142

　2.8.3　二項検定による検証 ······································ 146

　2.8.4　債務者格付における二項検定の例 ························ 148

　2.8.5　カイ二乗分布を用いた検証 ······························ 152

3　スコアリングモデル

3.1　スコアリングモデルの種類 ···································· 158

　3.1.1　確率過程モデル ··· 159

3.1.2　統計モデル･･･161

　3.1.3　統計モデル以外の機械学習モデル････････････････････163

3.2　機械学習モデルの種類･･･････････････････････････････････164

　3.2.1　判別関数･･166

　3.2.2　決　定　木･･･167

　3.2.3　ニューラルネットワーク･･･････････････････････････168

3.3　ロジスティック回帰モデルとは･･･････････････････････････171

　3.3.1　回帰分析･･171

　3.3.2　ロジスティック回帰･･･････････････････････････････173

　3.3.3　ロジスティック回帰モデルのスコアの意味･･････････176

　3.3.4　ロジスティック回帰モデルのメリット････････････････177

3.4　スコアリングモデルの評価指標･･･････････････････････････179

　3.4.1　AR（accuracy ratio）とは？････････････････････････179

　3.4.2　ARの具体的な計算事例･･････････････････････････････182

　3.4.3　PD推計精度とGMP･･････････････････････････････････187

3.5　スコアリングモデルの構築･･･････････････････････････････188

　3.5.1　データセットの特定･････････････････････････････････191

　3.5.2　説明変数候補の洗い出し････････････････････････････195

　3.5.3　欠損値補完と変数変換･･･････････････････････････････198

　3.5.4　説明変数候補の絞り込み････････････････････････････208

　3.5.5　係数の推計･･213

　3.5.6　頑健性の確認･･229

3.6　トラッキング検証･･･････････････････････････････････････233

　3.6.1　ARによる検証とベンチマーク比較･･･････････････････234

　3.6.2　ARの誤差･･･236

　3.6.3　説明変数別の検証･････････････････････････････････････238

4　ポートフォリオリスク管理

4.1　ポートフォリオリスク計量の意味 ………………………………… 246

4.2　予想損失（EL）と非予想損失（UL） ……………………………… 249

　4.2.1　損失額分布と非予想損失（UL） ……………………………… 249

　4.2.2　最大損失と信用VaR ……………………………………………… 251

4.3　損失額分布の特定 …………………………………………………… 252

　4.3.1　解析的近似 ………………………………………………………… 253

　4.3.2　モンテカルロシミュレーション ……………………………… 253

4.4　企業価値モデル ……………………………………………………… 255

　4.4.1　企業価値モデルの基本的な考え方 …………………………… 256

　4.4.2　企業価値モデルの計算式 ………………………………………… 258

　4.4.3　デフォルトの決定方法 …………………………………………… 259

　4.4.4　ρ（ロー）の役割 ………………………………………………… 260

4.5　モンテカルロシミュレーションの実行例 ……………………… 261

　4.5.1　ULの計算結果 ……………………………………………………… 262

　4.5.2　ρの違いによるULの差異 …………………………………… 263

4.6　〈補論〉リスクウェイト関数の意味 ……………………………… 264

　4.6.1　リスクウェイト関数とシングルファクターモデルの関係 …… 264

　4.6.2　リスクウェイト関数が想定する貸出ポートフォリオ ……… 267

5　これからの信用リスク管理

5.1　債務者格付制度の光と影 …………………………………………… 272

　5.1.1　債務者評価の画一化 ……………………………………………… 273

　5.1.2　「目利き力」の低下 ……………………………………………… 276

　5.1.3　業務に生きないPD推計 ………………………………………… 277

5.2　新たな機械学習技術とスコアリングモデル …………………… 278

　5.2.1　統計モデルのARの限界 ………………………………………… 278

目　次　*17*

5.2.2　新たな機械学習技術とは？ ………………………………280

　　5.2.3　ランダムフォレスト …………………………………………282

　　5.2.4　ディープラーニング …………………………………………284

　　5.2.5　ロジスティック回帰モデルとの性能比較 ………………285

　5.3　新たなデータソースの活用 ……………………………………288

　　5.3.1　CNNによる画像解析 …………………………………………289

　　5.3.2　BoWによるテキストデータ解析 …………………………292

　　5.3.3　動態情報の可能性 ……………………………………………296

　あとがき …………………………………………………………………300

　参考文献 …………………………………………………………………302

　事項索引 …………………………………………………………………304

1

信用リスク管理とは？

1.1 虎穴に入らずんば虎子を得ず

虎穴に入らずんば虎子を得ず

　だれもが知っているこのことわざに、リスクというものの本質が端的にあらわれている。虎がすむ穴に入れば、虎に食べられてしまう可能性がある一方で、無事に生きて戻れば、虎の子という大きな宝物を手にすることができる。何かを失う可能性と引き換えに何かを得ようとする行動、これが「リスクをとる」ということである。

　お金を貸すのもまったく同じことである。だれかにお金を貸せば、返ってこない可能性がある一方で、無事であれば利息の分だけふえて返ってくる。貸したお金が返ってこない可能性と引き換えに利息を得ようとする行動、言い換えると、お金が返ってくることを信じて裏切られるリスクをとること、これが「信用リスクをとる」という意味である。金融機関が手がける貸出業務は、すべて、信用リスクの対価として利息で儲けるビジネスと理解できる。

　リスクという言葉には何やら危険な雰囲気も漂うが、信用リスクの場合、小さければ小さいほどよいというものではない。信用リスクがゼロなら、貸したお金が必ず返ってくることを意味する。虎のすまない穴に虎の子がいないのと同じように、返ってくることが確実な相手にお金を貸しても、大きくお金がふえることはない。逆に、返ってくることが非常に疑わしい相手に貸す場合には、大きな見返りを求めなければ割にあわない。

　金融機関が貸出業務で収益をあげるためには、ハイリスク・ハイリターン、ローリスク・ローリターンという「リスクとリターン」の性格を十分に理解したうえで、とるべき信用リスクの大きさをほどよいレベルに調整する技術が必要になる。

◆リスクをとらなければリターンは得られない

◆リスクに見合ったリターンが得られなければ、リスクをとる意味がない

これが「信用リスク管理」のノウハウが必要となる、最もシンプルな理由である。

1.2 リスクをとるのか、とらないのか

　信用リスクとは「貸したお金が返ってこない可能性」のことである。たとえば「トヨタ自動車」のようなだれもが知る大企業と、だれも知らない名もなき零細企業とでは、どちらがより確実にお金を返してくれそうか、つまり信用できるかというと、一般的には大企業のほうが信用されやすい。この場合、大企業は信用リスクが低く、零細企業は信用リスクが高い、とみられていることになる。

　では、信用リスクの高い零細企業にはだれもお金を貸せないのかというと、決してそうではない。高い信用リスクに見合うだけの高い金利が得られるのであれば、それをチャンスとみる貸し手があっても不思議ではない。また、信用リスクは貸し手がそれぞれの「目利き力」で判断するものである。ある銀行にとっては信用リスクが高くみえても、ほかの銀行からみれば大丈夫、などという場面もあるかもしれない。

　貸す・貸さない、信用リスクをとる・とらないの判断は、貸したお金が返ってこない可能性と、返ってくる場合に得られる金利、つまり、リスクとリターンとの比較で考えるべきものである。これを簡単な数式であらわすと、次のようになる。

　　（得られる利息）＞（返ってこないときの損失）⇒ 貸す

　　（得られる利息）＜（返ってこないときの損失）⇒ 貸さない

ということで、貸す・貸さないの判断のためには、貸したお金が返ってこないときの損失額を、できるだけ正確に計算する必要がある。そしてこの損失額を、得られる利息が上回る見通しであれば、貸しても損にはならないと判断できる。

　このとき「利息は数パーセントしかとれないのに、貸したお金が戻ってこ

1　信用リスク管理とは？　3

ないときには全額が損になるのだから、これではどうやっても貸せるはずがない」と考えた方は、同時に10人にお金を貸す場面を思い浮かべていただきたい。10人に貸せば、全員が返せないのか、1人だけが返せないのか、その見通しの違いによって上の式の結果が変わることをイメージできるのではなかろうか。本章の説明では、特に断りのない限り、1件ごとではなく、銀行のように、多数の貸出先を相手にする場面での信用リスクを想定している。

1.3 信用リスクと予想損失（EL）

貸したお金が返ってこないときの損失をあらかじめ見積もった金額のことを「予想損失額」、略してEL（expected loss）という。

そして、貸出金額全体に対する予想損失額の割合のことを「予想損失率」という。先ほどの式を貸出金額で割り算すると、「貸出利率」「予想損失率」にそれぞれ書き換えることができる。したがって、リスクとリターンの比較とはつまり、貸出利率と予想損失率を比べるのと同じことである。

$$（貸出利率）＞（予想損失率）\Rightarrow 貸す$$
$$（貸出利率）＜（予想損失率）\Rightarrow 貸さない$$ ……………………式（A）

貸出利率は最初から契約で決まっているものとして、予想損失率はどのように計算できるか。ここでは、ある村の老人が、村の若者たちにお金を貸す場面で考えてみることにしよう。

あるとき、村の老人が、村の若者5人に100万円ずつお金を貸したとする（図表1－1）。若者のうち3人は1年後に返すことができたが、残る2人は返すことができなかった。このうち1人は謝りにやってきて半額を返したが、もう1人は全額を持ち逃げしてしまった。この時老人は総額で、150万円（＝50万円＋100万円）を損したことになる。

さて、いくら若者を助けたいという善意の行動といっても、毎年多額の損失が出るのではたまらない。老人は、今後は損にならない程度に、若者から利息をとろうと考える。式（A）にあるように、貸す・貸さないの判断には

4

図表1－1　実績損失額の計算例

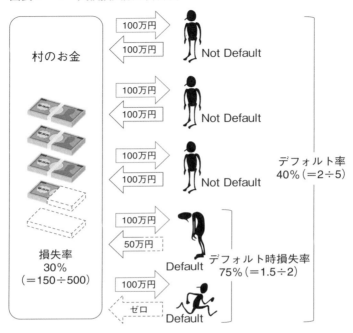

「予想損失率」が必要となる。そこで老人は、過去の実績を参考に予想損失率を計算することを思い立つ。では、前回の若者5人にお金を貸したときの実際の損失率はどのように計算できるか。

貸出金額全体に対する予想損失額の割合を「予想損失率」というのと同様に、貸出金額全体に対する実際の損失額の割合を「実績損失率」という。先ほどの事例をもとに、実績損失率を計算すると以下のとおり。

(実績損失率) = (実績損失額) ÷ (貸出金額)
　　　　　　= 150万円 ÷ (100万円 × 5人)
　　　　　　= 150万円 ÷ 500万円
　　　　　　= 0.3 （= 30%）

ここから、実績損失率は30%であったことがわかる。これからお金を貸す対象となる若者も、これまでの若者と同じような行動をとるものと仮定すれ

ば、予想損失率も実績損失率と同じ30％になるものと考えればよかろう。予想損失率が30％と決まれば、老人は式（A）に従って、30％の金利をとる条件で若者たちにお金を貸すことができれば、損を出さずにすみそうだと予想できる。言い換えると、この村の若者の信用リスクに見合ったリターンは30％、ということになる。

　このように信用リスクの大きさは、予想損失率の大きさによって評価することができる。老人は予想損失率の数字を目の前にして「最近の若者は」と大きなため息をつきながらも、若者たちの姿にかつての自分を重ね合わせながら、その将来に思いを馳せるのであろう。

1.4　予想損失（EL）の計算方法

　いずれにせよ、30％の金利では、若者もさすがに借りるのをためらうかもしれない。そこで老人は、いまいちど先日の若者たちの顔を思い返してみる。あのなかには、全額を返すことができた者とできなかった者、2種類の若者がいた。また、全額を返すことができなかった者のなかには、返せる分だけ返しに来た若者もいれば、まったく返しに来なかった若者もいた。ここで老人は、予想損失率の裏側には、さらに2種類の数字があることに気づく。一つはそもそも返せるのか返せないのか、もう一つは返せなくなった場合にどの程度回収できるのか、である。

1.4.1　デフォルト率（PD）

　返せるのか返せないのかに関係するのが、全額を返すことができなかった、つまり1円でも損失を出した人の割合であり、この場合には40％（＝2人÷5人）と計算できる。この「期日までに全額を返す」という当初の約束を守れなかったケースを「債務不履行」あるいは「デフォルト」と呼ぶ。そして貸出先全体のうち、デフォルトに至った人の割合を「デフォルト率」という。

6

また、この予想値のことを特に「予想デフォルト率」、略してPD（probability of default）という。たとえば老人は、来年はあらかじめ面接を行って、まじめと判断した若者にだけお金を貸すことで、予想デフォルト率を下げることができるのではないかと考えるのである。

1.4.2　デフォルト時損失率（LGD）

　次に、返せなくなった人からどの程度回収できるのかに関係するのが、実際に返せなくなった人それぞれにおける損失率である。この例で対象は2名あり、謝りに来たほうは50%（＝50万円÷100万円）、持ち逃げしたほうは100%（＝100万円÷100万円）である。このように、デフォルトした時の貸出金額に対して、実際に損失に至った金額の割合のことを「デフォルト時損失率」、略してLGD（loss given default）という。

　なお、デフォルトした時の貸出金額のうち実際に回収できた金額の割合を「回収率」とすると、LGDは 1 − 回収率 で計算できる。老人は来年お金を貸すときには、1年後に100万円全額を返してもらうのではなく、3カ月ごとに25万円ずつ返してもらう仕組みに変えることで、LGDを下げることができるのではないかと考えるのである。

1.4.3　予想損失率の計算式

　このように、信用リスクを評価するための「予想損失率」は、「予想デフォルト率」と「予想デフォルト時損失率」とに分けて考えることができる。実際には、図表1−2のような計算式が成り立つ。

　適切に信用リスクを管理するためには、貸出一件ごとの予想デフォルト率（PD）と予想デフォルト時損失率（LGD）を、それぞれ正しく推計すること

図表1−2　予想損失率（EL）とPD、LGD

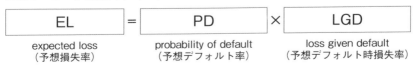

が肝要である。

1.5 債務者格付によるPDの推計

さて、現代の銀行では、貸出先ごとのPDを計算するのに「債務者格付制度」を採用していることが多い。

債務者格付制度とは、なんらかのかたちで貸出先を信用力の大きさでグループ分けして、それぞれのグループごとにPDを計算して使用する仕組み全般のことをいう。以下では、最も原始的な債務者格付制度を例に、この仕組みを簡単にのぞいてみよう。

いまあなたは、ある銀行の支店で300社の貸出先を担当する銀行員だとしよう。300社それぞれについて、来年1年間のデフォルト率を予想しようと思ったら、どのような手段が考えられるだろうか。

やはり最初に考えられるのは、先ほどの老人と同様に過去の実績に頼る方法であろう。たとえば、前期は貸出先300社のうち17社、およそ6％の割合でデフォルトが発生したのであれば、今期も同じようにデフォルトが発生するものと考え、PDを6％と置くのである。

ただしこのやり方だと、すべての貸出先に一律に同じPDを割り当てることになる。実際には、300社のなかには元気な会社もあれば、潰れそうな会社もある。それらのPDを十把ひとからげに6％とするのでは、貸出先それぞれのお金を返す能力、すなわち「信用力」と見合っていない可能性がある。

そこで考えられるのが、貸出先をいくつかのグループに分けて、それぞれのグループごとにPDを計算する方法である。できればここで使うグループは、「信用力」に応じたものになっていることが望ましいので、まずは担当者としての経験と勘を生かして、貸出先300社を「優良先」「通常先」「危険先」の3つに区分するのである。300社それぞれのPDを個別に計算するとなると途方に暮れてしまうようなケースでも、300社それぞれについて「優良

先＝何があっても大丈夫」「通常先＝おそらく大丈夫」「危険先＝このままでは危ないかも」という色分けをするぐらいであれば、決してむずかしい話ではなかろう。

グループ分けがすんだら、後はそれぞれのグループごとに過去の実績デフォルト率を計算すれば、それを今期のPDとして使うことができる。

図表1－3では、ここで示した原始的な債務者格付制度をもとに、PDを計算する例を示した。この例では過去3年分の実績値を計算して、その平均値を今期のPDとして使うことを想定している。

後述するが、ここでの過去3年という期間に特段の意味はなく、直前1年だけを使うこともあれば、7年、10年と長い期間をとることもある。過去の一定期間において特に実績デフォルト率の高かった時期を参照する「ストレスPD」という考え方もある。

また「平均値」という統計量にも、決まりがあるわけではない。3年間の真ん中の値をとる「中央値」や、各年度の件数の違いを考慮した「加重平均値」も、PDの候補となりうる。さらには、慎重な性格の人ならば、平均値に一定の値（たとえば0.5％ポイントとか）を上乗せしてPDとして使用することもあろう。

図表1－3　原始的な債務者格付制度によるPDの計算

① 最初にすべての貸出先を次の3つのグループに分ける
　　優良先……何があっても返済可能
　　通常先……このまま何ごともなければ返済可能
　　危険先……このままでは返済できないこともある
② それぞれのグループの過去の実績デフォルト率を計算

	3期前			前々期			前期		
	件数	うちデフォルト	デフォルト割合	件数	うちデフォルト	デフォルト割合	件数	うちデフォルト	デフォルト割合
優良先	100	2	2.0%	120	0	0.0%	110	1	0.9%
通常先	120	5	4.2%	110	3	2.7%	100	5	5.0%
危険先	80	6	7.5%	90	10	11.1%	90	11	12.2%

③ 過去3年間の単純平均を今年のPDとして使用
　　優良先：1.0%　通常先：4.0%　危険先：10.3%

1　信用リスク管理とは？　9

後述するように、近い過去の実績デフォルト率は、近い将来のPDとしてある程度整合していることが、実際のデータによって明らかになっていることから、PDの計算においては、過去の実績値を考慮することに相応の合理性がある。一方で、未来のことはだれにもわからない。PDが未来の「予想」である以上、過去の実績値からどのようなPDを想定するのかについては、「PDを使う人の考え方次第」なのである。

1.6 スコアリングモデルと債務者格付

「優良先」「通常先」「危険先」の3つに貸出先を区分する際の基準になるのが、先ほどの例では、担当者が考える貸出先の「信用力」であった。1つの支店だけで債務者格付の仕組みを取り入れるのであれば、これでよいのかもしれないが、たとえば銀行全体で導入する場合や、10年、20年と長い間にわたって制度を運用する場合、3つの区分ではなくより多くの区分に貸出先を分ける必要がある場合などは、担当者の力業ではとても対応し切れないことが容易に想像できよう。

そこで、貸出先の信用力を、より客観的に、効率的に、そして正確に評価する方法を検討する必要がある。

1.6.1 審査評点による債務者格付

1990年代以降、日本の銀行において債務者格付制度が導入され始めた当時、優良先・通常先・危険先を判断する際にしばしば利用されたのが「審査評点」である。

審査評点とは、過去の経験則に基づき、貸出先の信用状態を判断する際にみるべきポイントをあらかじめ定めておき、それぞれを一定の基準に従って人間が採点し、その合計点をもって判断を下す仕組みのことである。たとえば、法人貸出先の決算書を用いた審査評点であれば、自己資本比率が30％以上なら7点、10％以上30％未満なら4点、などと点数を決めておき、貸出先

図表1-4 審査評点による債務者格付の例

① 優良先・通常先・危険先を判断するための基準として、貸出先の決算書の情報を使用する

② 貸出審査の担当者による財務分析の手法を参考に、代表的な財務指標を使って貸出先の決算書の状態を得点化して、それをもとに債務者格付を決める

自己資本比率

債務超過	0点
0％以上10%未満	2点
10%以上30%未満	4点
30%以上50%未満	7点
50%以上	10点

売上高経常利益率

赤字	0点
0％以上5％未満	2点
5％以上10%未満	4点
10%以上20%未満	7点
20%以上	10点

総合評価

5点未満	危険先
5点以上12点未満	通常先
12点以上	優良先

ごとに点数を計算して信用力を評価する。

　図表1-4では「自己資本比率」と「売上高経常利益率」という2種類の財務指標を用いた審査評点の例を示した。審査評点では、あらかじめ明文化された対象指標と、指標ごとの評価方法を通じて、貸出先の信用力を得点化する。対象指標の選定と評価方法（配点）は、審査の専門家の経験をもとに決められることが多かった。これは審査の専門家であれば、デフォルトしそうな借り手を見分けるための財務指標に精通しており、そうした専門家がつくる評点であれば、「同じようなPDになりそうな貸出先」に同じような得点がつくことが期待されたからである。

　審査評点は、債務者格付のための信用力評価の方法を明文化しており、審査を担当する人による評価のブレや恣意性を排除することには、非常に有効であったものと思われる。一方で、審査評点のつくり方自体には、未成熟な部分が多かったともいえよう。審査の専門家の経験知に頼った指標の選定や評価方法には、一定の精度が期待される一方で、なぜ30%以上なのか、なぜ10点なのか、なぜ自己資本比率なのか、という設計段階においては、結局のところ設計者による評価のブレや恣意性が介在することになる。そして、より大きな問題が、審査の専門家の経験知が、PDの大きさを本当に評価できているのかという、根本的な疑問であった。

1　信用リスク管理とは？　11

1.6.2　審査評点からスコアリングモデルへ

　決算書を対象とする審査評点や、後述するスコアリングモデルにてしばしば採用される財務指標の一つに「自己資本比率」というものがある。自己資本比率は、企業の株主資本を総資産額で除した指標であり、値が大きければ大きいほど「安全性が高い」と評価される。また、値がマイナスになると「債務超過」といって、事実上の倒産状態にあるものと認識される。

　図表 1 - 5 は日本リスク・データ・バンク株式会社（RDB）が保有する全国の銀行貸出先のデータをもとに、貸出先の自己資本比率を 5 ％刻みで区分し、自己資本比率の低い区分から順に左から右に並べて、各区分に含まれる貸出先の割合（棒グラフ、右軸）と実績デフォルト率（折れ線グラフ、左軸）をそれぞれ示したものである。実績デフォルト率の折れ線は、左から右へ向

図表 1 - 5　自己資本比率と実績デフォルト率の関係

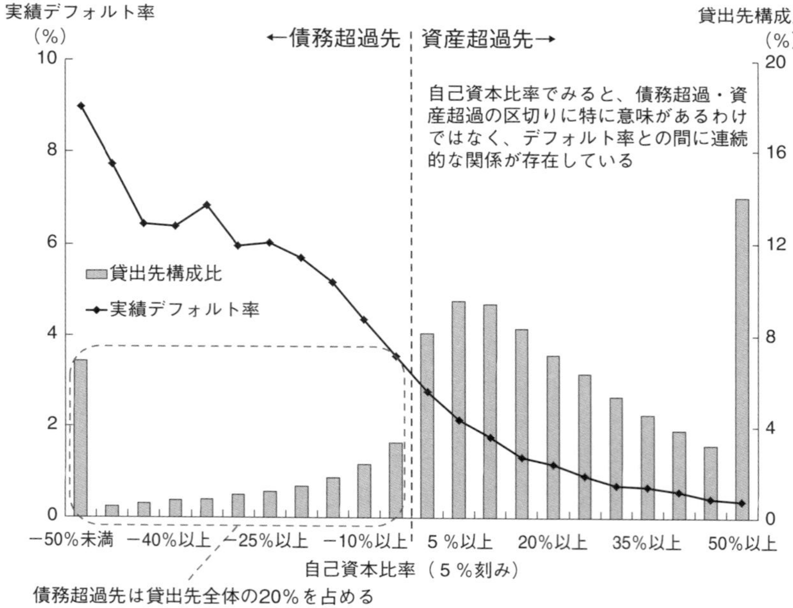

自己資本比率でみると、債務超過・資産超過の区切りに特に意味があるわけではなく、デフォルト率との間に連続的な関係が存在している

債務超過先は貸出先全体の20％を占める

（出所）　RDB

かってなだらかに下がる形状をとっており、これは、自己資本比率が高くなるほど、実績デフォルト率が逆に低くなることをあらわしている。ここだけをみると、自己資本比率を審査評点に使うことには一定の合理性があることがわかる。

一方で、伝統的審査において注目される「債務超過」に注目すると、横軸がゼロのところよりも左側が債務超過先をあらわしているが、債務超過だからといって、不連続にデフォルト率が跳ね上がるようなことにはなっていないのがわかる。伝統的審査の場面では、債務超過先の信用力を一律に悪いものと評価しがちであったが、実際にデータをみると、そこにも程度による差があることがわかる。

図表１－６は、貸出先企業の経常利益を売上高で除した「売上高経常利益率」について、図表１－５と同様に実績デフォルト率との関係を示してい

図表１－６　売上高経常利益率と実績デフォルト率の関係

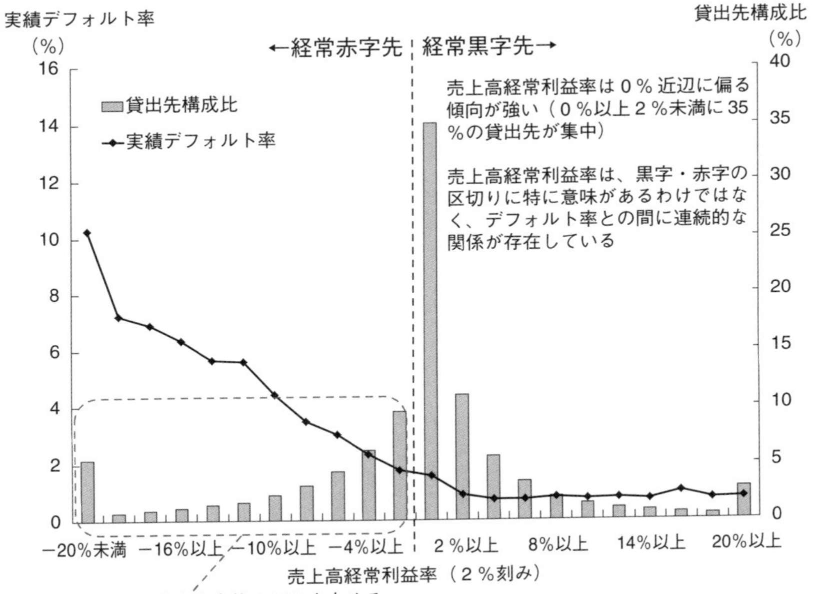

実績デフォルト率
（%）
貸出先構成比
（%）
←経常赤字先
経常黒字先→
貸出先構成比
実績デフォルト率
売上高経常利益率は０%近辺に偏る傾向が強い（０%以上２%未満に35%の貸出先が集中）
売上高経常利益率は、黒字・赤字の区切りに特に意味があるわけではなく、デフォルト率との間に連続的な関係が存在している
16
14
12
10
8
6
4
2
0
40
35
30
25
20
15
10
5
0
−20%未満
−16%以上
−10%以上
−4%以上
２%以上
8%以上
14%以上
20%以上
売上高経常利益率（２%刻み）
経常赤字先は貸出先全体の36%を占める

（出所）　RDB

る。横軸は売上高経常利益率を2％刻みで区分している。この指標は、値が大きいほど利益率が高く、伝統的審査の場面ではプラスの評価を受けるとされてきた。ところがこの図では、デフォルト率をあらわす折れ線が、右に行くほど下がっているのは自己資本比率と同様であるものの、4％を超えたあたりからほとんど横ばいで推移している。これは、売上高経常利益率が4％を超える程度の利益率をあげられる企業であれば、それ以上に利益率が改善しても、デフォルト率には影響しないことをあらわしている。

1990年代後半から2000年代にかけて、多くの日本の銀行では、貸出先の財務データの蓄積と分析が進んだ。そのなかで、伝統的な審査に用いる財務指標と、貸出先のデフォルト率との関係も明らかにされたが、ここでみた2つの代表的な財務指標と同様に、それまでの常識を裏付ける結果もあれば、新たな発見につながる結果も多くみられた。

そこで、さらに審査評点の精度を高める手法として、過去の貸出先のデータから、貸出先のPDを直接的に計測する「スコアリングモデル」が注目を集めるようになった。

1.6.3　スコアリングモデルとは？

スコアリングモデルとは、過去の貸出先のデータをもとに、「貸出先1件ごと」のPDを統計的に推定する計算式のことである。スコアリングモデルの詳細については、章を改めて解説するが、ここでは最初にその概要を説明しておきたい。

いまの日本の銀行の多くが債務者格付に使用しているスコアリングモデルは、統計モデルといわれる手法をとっている。これは、過去の貸出先データを、デフォルトした先とデフォルトしなかった先とに分けて、両者それぞれの財務情報等の特徴の違いに注目して、将来のデフォルト確率、すなわちPDを推計する計算式である。

図表1－7は、離散化ロジスティック回帰モデルといわれるスコアリングモデルの一例である。自己資本比率と売上高経常利益率の2つの指標を説明変数として、貸出先のPDを計算している。

14

図表1－7　スコアリングモデルの例

自己資本比率			売上高経常利益率			総合評価		
－20％未満		0.0点	赤字		－2.0点	自己資本比率	11.5%	0.3点
－20％以上0％未満		0.1点	0％以上3％未満		0.0点	売上高経常利益率	5.2%	0.2点
0％以上20％未満		0.3点	3％以上6％未満		0.2点	合計点数		0.5点
20％以上		0.5点	6％以上		7点	PD		1.2%

　まず、合計点数をPDに換算できる点がスコアリングモデルの特徴の一つである。PDは信用力の大きさそのものであり、債務者格付のグループ分けに使うことには適している。また、PDは数値データなので、3区分であろうが10区分であろうが、債務者格付のグループ分けも思いのままである。

　このほか、ここでのスコアリングモデルは、外見上は審査評点とほとんど変わらないが、①どの財務指標を採用するのか、②どこで財務指標の評価を区分するのか、③区分ごとの得点をいくつにするのか、といった数式の詳細はすべて、過去のデフォルト実績データをもとに統計的に定められている。これなら、審査評点にみられたように、審査の専門家の頭のなかにのみ存在するノウハウに依存することなく、客観的な基準として使用できる。

　日本の銀行では特に2000年代に入ってから、債務者格付の仕組みに、統計的手法から生まれたスコアリングモデルを活用する動きが急速に広がった。いまではスコアリングモデルが信用リスクを管理する中心的なツールに位置づけられている。モデルの中身は単純な計算式であり、システム化も比較的容易であることから、多くの銀行で、貸出先の企業の決算書の情報を入力すると、その貸出先の向こう1年間のPDが瞬時に計算される仕組みが日々稼働している。

　大量の貸出先データをもとに統計的手法を通じてスコアリングモデルをつくりあげる技術は、昨今話題の「機械学習」の一分野にほかならない。そのようなスコアリングモデルが、銀行の信用リスク管理の世界では、20年前から人間にかわってリスクを評価しているのである。銀行におけるＡＩ（人工知能）の活用はいまに始まったことではないのだ。

1　信用リスク管理とは？　15

1.6.4　スコアリングモデルの落とし穴

　スコアリングモデルには、絶対に忘れてはいけない重大な特徴がある。それは、スコアリングモデルの出す結果はすべて、モデルをつくるときに使用した「過去のデータ」に基づくものであるということだ。過去にデフォルトしやすかった貸出先の決算書や属性などにみられる特徴は、将来にわたって変わることがない、という「暗黙の前提」がそこには存在している。

　実際に、2008年から2009年頃のリーマンショックの時期など、スコアリングモデルの評価が高いにもかかわらずデフォルトする貸出先が少なからずみられた。これは、そのようなスコアリングモデルの暗黙の前提とは裏腹に、リーマンショック以前と当時とで、デフォルトしやすい貸出先の特徴が変化していたことを裏付ける結果といえる。

　過去のデータに基づくスコアリングモデルを信用リスク管理に活用する場合には、常に、最新のデータと過去のデータとの間で特徴に違いがないのか、後述する「トラッキング」「バックテスト」と呼ばれる検証を繰り返すことが欠かせない。

1.7　債務者格付による貸出先のモニタリング

　債務者格付は一度付与すればそれで終わり、というものではない。債務者格付によるPDの推計は、貸出をするかしないか、最初の意思決定のタイミングで必要になるのはもちろんのこと、貸出を実施した後も、貸出期日までに全額が返済されるまで、継続的に実施する必要がある。「途上与信管理」とか、「貸出先のモニタリング」などといわれる業務である。

　貸出先のモニタリングが必要になる理由は、貸出には1カ月程度の短期のものから、10年以上の長期にわたるものまでさまざまなものがあるなかで、貸出先の信用力が日々変化するからである。これに伴って予想損失も貸出時点とは異なるものになる。ここまでの事例では、貸出を実施するタイミング

での信用リスク評価を主に紹介してきたが、実際の信用リスク管理において
は、ある貸出について、予想損失が貸出時点よりもふえているのか、あるい
は逆に減っているのか、これを適時適切に把握することが業務の中心にあ
る。

　債務者格付を付与する仕組み全体を「債務者格付制度」という。詳細は後
述するが、ここでは債務者格付による債務者のモニタリングについてのみ、
概要を述べることとする。

　債務者格付は、以下に示すような一定のタイミングごとに見直されること
が多い。

◆ 決算書、確定申告書など、一定期間ごとの貸出先の信用状態をあらわす情報が更新された時

　貸出先が法人の場合には、決算書が更新されたら、できるだけすみやかに
（３カ月以内など）、新たな情報に基づいて債務者格付を見直す。銀行実務で
は、少なくとも年に１回以上、債務者格付の定例更新を行うのが一般的であ
ろう。

◆ 新たな貸出を実行する時

　新たな貸出を実行する際には、通常は貸出残高、予想損失額ともにふえる
ことになるので、貸出先の最新の情報をもとに信用状態を審査することにな
る。ここで新たに得られた情報に、信用力の変化を示すものがあれば、債務
者格付に反映することがある。このような運用を、「貸出実行をトリガーと
する格付の見直し」などという。

　なお、貸出実行時の貸出先の審査については、債務者格付がすでにあるか
ら必要最低限にとどめるという考え方と、すでにある債務者格付によらず毎
回違う目で行うという考え方の、大まかに分けると２つの流派が銀行界には
存在するようだ。どちらかというと、前者は審査効率を、後者は貸出機会
を、それぞれ優先した立場といえよう。

◆ 貸出先の信用状態の変化を示す特別なイベントが発生した時

　定例更新だけでは、貸出先の最新の信用状態は年に１回程度しか把握でき
ないうえに、その際に参照する決算書や確定申告書は、そもそも貸出先の

1　信用リスク管理とは？　　17

「過去１年間の」経営状態を示す情報にすぎない。適時適切な信用状態の把握のためには、決算書や確定申告書だけでは決してカバーすることのできない情報のタイムラグを補完するような、貸出先の現在の経営状態を直接的にあらわす情報にアクセスして、これをモニタリングする必要がある。

　たとえば貸出先が大企業ならば、株価や社債利回りのような市場価格に関する情報や、格付会社の格付を参照することがしばしばなされる。これに対して、中小零細企業や個人の場合、このような情報を参照することがむずかしいため、これまでは、担当者が日々取引先を回るなかで得た情報による地道なモニタリングが重要とされてきた。最近では、預金や貸金の動きをもとに貸出先の信用状態をモニタリングするシステムなど、新たな技術が導入されつつある。

　このほかには、貸出先が延滞した場合や、不渡手形を出した場合など、直接的に信用状態に関連する事故を引き起こした際にも、当然に債務者格付見直しのトリガーとなる。また、リーマンショックや東日本大震災のように、特定の貸出先に限らず、貸出先全体の信用力に大きく影響することが懸念されるイベントのタイミングでは、一部、ないしすべての貸出先について、債務者格付の更新を行うこともある。

1.8　信用リスク管理とは？モニタリングとコントロール

　さて、ここまで信用リスク管理について、信用リスクをどのように把握するのかという、リスク評価の観点から説明を行ってきた。しかしながら、本書がテーマとするのは、信用リスク評価ではなく、信用リスク管理である。両者の違いは何であろうか。

1.8.1　信用リスク管理の２つの側面

　信用リスク管理には次のような２つの側面がある。一つは、ここまで説明してきた、信用リスクの「把握」である。貸出先のモニタリングによって、

18

貸出先1件ごとの信用リスクを把握するほか、これをもとに貸出全体の信用リスクを計測することができる。

そしてもう一つは、この信用リスクを「コントロール」することである。前述の信用リスクの評価の結果、これが「高い」と判断したならば、信用リスクを抑えるのか、リターンをさらに引き上げるのか、なんらかの対策を打つのが、信用リスクのコントロールである。

両者の関係は、健康管理に置き換えれば自明であろう。健康診断や人間ドックが前者であり、これに対して具体的に生活習慣を改める、場合によっては医師にかかるのが後者である。いずれが欠けても、健康体を維持できないのと同じように、金融機関も、信用リスクの評価（現状把握）とコントロール（改善行動）の両者が伴ってはじめて、健全なリスク・リターンの関係を維持できるのである。

信用リスク管理のうち、コントロールの側面については、実務家の間でも、実態把握に比べると実践がむずかしいとの声を聞くことが多い。ここではその背景として、具体的なコントロールの手法、および、より根本的な問題であるコントロールの基準という、2つのポイントについて考えてみたい。

1.8.2　信用リスクのコントロールの手法

信用リスクのコントロールがむずかしいとされる理由の一つとしてあげられるのが、信用リスクの評価対象となるポートフォリオの中心を占める貸出資産、つまり一つひとつの貸出が、金融機関と貸出先との間で主として「相対」で行われるものであり、簡単には手放すことができない性質をもっている点である。これは、株式や債券のように、損は出るかもしれないが、好きな時に手放すことができる市場性の資産とは、リスクのコントロールの手法が異なることを意味している。

貸出のような「持ち切り」が中心の資産におけるコントロールの手法としては、基本的には、貸出実行時の取組基準の変更が中心となる。つまり、信用リスクをふやしたければ基準を緩め、逆に減らしたければ基準を厳しくす

1　信用リスク管理とは？　19

る、ということである。これによって、時間はかかるものの、ポートフォリオ全体の信用リスクは徐々に変化していくことになる。たとえば、1990年代後半の「貸渋り批判」の真っただ中にあった日本の銀行のなかには、建設、不動産、ノンバンクといった、当時の問題業種とされた一部業態向けの審査を厳しくしたケースがみられたが、これはまさに信用リスクのコントロール手法の一例といえよう。同様に大口融資先の審査を別枠にするようなケースも、制度の趣旨としては同じことである。

このほかには、証券化を通じた貸出資産の売買や、不良債権を中心としたバルクセールなど、貸出そのものを流動化する動きも一部にはみられるものの、少なくとも国内金融機関の信用リスクのコントロールの手法として、市場性の資産と同様の機動性をもたらすところまでは至っていない。

1.8.3 信用リスクをコントロールする基準

もう一つのポイントは、そもそも信用リスクをコントロールする基準である。これは、信用リスクをコントロールすべき水準を測る物差し、と言い換えてもよい。

たとえば、PDの高い貸出先への貸出を減らして、逆にPDの低い貸出先への貸出をふやすと、信用リスクそのものは減らすことができるが、最初に述べたとおり「虎穴に入らずんば虎子を得ず」である。リターンの観点も考慮しなければ、信用リスクを削減するという施策の本来的な効果を評価することはできない。場合によっては、より貸倒れの危険性の高い取引先への貸出をあえてふやすことで、それを上回るようなリターンを確保する戦略を志向するのが合理的なこともあろう。

したがって、信用リスクのコントロールのためには、信用リスクの水準そのものの現状把握が必要となるのはもちろんのこと、裏側にあるリターンの水準についても、的確な現状把握が必要となる。そのうえでもう一つ、金融機関としては、あるべき信用リスクの水準のほか、あるべきリターンの水準についても、自らの経営理念や事業計画に従って明確に意識しておく必要がある。ここでいうあるべき水準とは、天から降ってくるものではなく、金融

機関が自らの「与信哲学」に従って決めるべき基準であり、これがなければ、信用リスクをコントロールすべき水準についての意思決定も実現しえない。こうして、信用リスク管理業務は、最終的には収益管理業務そのものと結びつくこととなる。

1.9 リスクアペタイトと信用リスク管理

　与信哲学に従って決まる、信用リスクとリターンのあるべき水準、これに基づく経営管理の仕組みを、近年ではリスク・アペタイト・フレームワーク（RAF：risk appetite framework）と呼んでいる。

リスク・アペタイト・フレームワーク
自社のビジネスモデルの個別性を踏まえたうえで、事業計画達成のために進んで受け入れるべきリスクの種類と総量を「リスクアペタイト」として表現し、これを資本配分や収益最大化を含むリスクテイク方針全般に関する社内の共通言語として用いる経営管理の枠組み。

（金融庁「平成28事務年度　金融レポート」より）

　RAFのもとでは、金融機関自身のビジネスモデルの個別性に基づく与信哲学の存在が大前提となるが、最初に事業環境全般に係る「リスクシナリオ」を用意する必要がある。リスクシナリオには、最も蓋然性の高い前提に基づく「ベースラインシナリオ」のほか、一定の蓋然性ある下振れの前提に基づく「ストレスシナリオ」が、必要に応じて複数用意される。
　次に、これらリスクシナリオのそれぞれにおける、獲得すべき収益の総量と、そのために最大限とることができる信用リスクの総量を「リスクアペタイト」として設定する。通常であればベースラインシナリオに基づくリスクアペタイトが、そのまま目先の収益目標、およびそれに対応するリスクの許容量をあらわすことになる。

1　信用リスク管理とは？　21

図表1-8　シナリオベースのリスク・アペタイト・フレームワーク

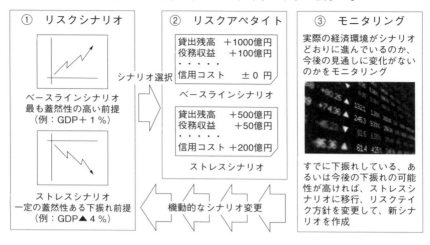

　RAFにおいて経営モニタリングのキーとなるのは、リスクシナリオの「蓋然性」である。たとえば、ベースラインシナリオにおいて、GDP成長率を前年比＋1％と想定していたところ、なんらかの経済的なショックがあり、マイナス成長に陥る可能性が高いことがわかれば、もともと想定していたストレスシナリオに移行し、経営の指針も、ストレスシナリオにおけるリスクアペタイトに移行することとなる。

　RAFの考え方自体は、リーマンショック以降の国際的な金融機関規制において、各国当局により盛んに議論されるようになったが、これは、リーマンショックのような急なストレス局面に対応できる金融機関のガバナンスのあり方を検討するなかで、有効なツールとして浮上してきたものと思われる。いまではRAFは、前述のように金融庁のレポートにも明確に定義されており、金融機関には、シナリオとリスクアペタイトの事前準備、およびシナリオの適時適切なモニタリングを通じて、変転する経営環境に機動的に対応するリスクガバナンスが求められている。

　本書の主題である信用リスク管理とは、このリスクアペタイトをいかに設定し、いかに実現するか、これと密接不可分の関係にある。それぞれのリス

クシナリオにおける、リスクアペタイトの設定には、前提となる経営環境における信用リスクの推計が欠かせない。また、シナリオのモニタリングに際しては、信用リスクの水準そのものも、きわめて重要なモニタリング対象となる。シナリオが変更になれば、新たなリスクアペタイトの実現のために、信用リスクのコントロールが必要な局面も当然起こりうる。このRAFを明示的に経営に取り入れているわが国の金融機関は、本書執筆時点では、メガバンクグループをはじめとする、いくつかの大手銀行に限られるようだが、仕組みとしては、リスクとリターンのバランスを考慮した経営手法であり、きわめて理にかなった、またオーソドックスな考え方といえる。

　金融機関における信用リスク管理というと、従来、信用リスクの計量・把握に圧倒的な重心が置かれてきたが、このRAFを契機として、リターンの計量・把握にも注目し、また信用リスクのコントロールをも明確に意識した業務へと発展していくことが期待される。

2

信用格付制度

2.1 信用格付制度

　信用リスク管理業務を大きく2つに分けると、信用リスクの現状把握と、信用リスクのコントロールからなるというのは、前章にて説明したとおりである。ここでは、前者の信用リスクの現状把握のプロセスについて、いちばんオーソドックスなかたちを示す。

　図表2-1は信用リスクの現状把握の枠組み全体を示した図である。信用リスクの現状把握のプロセスは、貸出先1件ごとに、あるいは貸出案件1件ごとに損失の可能性を評価する信用格付の部分と、貸出先全体をひとかたま

図表2-1　信用リスクの現状把握の枠組み

```
┌─────────────────────────────────────────────┐
│   ┌─────────────────┐  ┌─────────────────┐  │
│   │   債務者格付      │  │   案件格付       │  │        ┌──────────┐
│   │  ┌───────────┐  │  │  ┌───────────┐  │  │        └──────────┘
│ 信 │  │  財務評価  │  │  │  │  回収率評価 │  │  │        個社で実施
│ 用 │  └───────────┘  │  │  └───────────┘  │  │
│ 格 │  ┌───────────┐  │  │  ┌───────────┐  │  │        ┌ ─ ─ ─ ─ ┐
│ 付 │  │  非財務修正 │  │  │  │ 正常化率等修正│ │  │        └ ─ ─ ─ ─ ┘
│   │  └───────────┘  │  │  └───────────┘  │  │        全体で実施
│   └─────────────────┘  └─────────────────┘  │
│          ⇩                     ⇩             │
│   ┌─────────────────┐  ┌─────────────────┐  │
│   │ 債務者格付（PD） │  │ 案件格付（LGD） │  │
│   └─────────────────┘  └─────────────────┘  │
└─────────────────────────────────────────────┘
```

資産査定	自己資本比率計算	ポートフォリオリスク計量
債務者区分判定	パラメータセット	パラメータセット
債権分類	リスクウェイト計算	シミュレーション
⇩	⇩	⇩
開示債権額	自己資本比率	非予想損失（UL）
償却金額・引当金		

図表2-2 信用格付制度とEL、PD、LGD

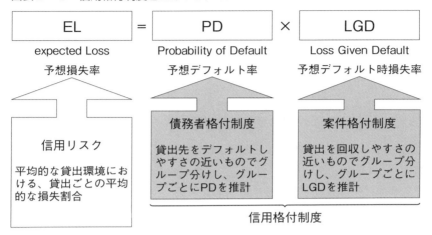

りとして金融機関の貸出資産全体での損失の可能性を評価する資産査定・ポートフォリオリスク計量等の部分とに、さらに分けることができる。そして前者の信用格付の部分は、貸出先が約定どおりに返済できなくなる可能性、つまり債務不履行（デフォルト）の可能性を評価する債務者格付と、デフォルトとなった貸出のうち実際に損失につながる（であろう）金額の割合を評価する案件格付の2つの制度から成り立っている。

次に、前章で示した信用リスクと予想損失の定義に従って、債務者格付と案件格付の関係をいま一度整理しておきたい。

信用リスクをあらわすEL（予想損失率）は、PD（予想デフォルト率）とLGD（予想デフォルト時損失率）の掛け算にて成り立っている。PD、LGDをもとにELを推計する仕組み全体が「信用格付制度」であり、このうちPDを推計するのが「債務者格付制度」、LGDを推計するのが「案件格付制度」となる。PDとLGDは、信用リスク管理という車の両輪といえる。

2.1.1　債務者格付制度とPD

「債務者格付制度」とは、貸出先1件ごとにその信用状態を評価し、デフォルトの可能性の大きさによって貸出先に序列をつけ、序列の近いもの同

2　信用格付制度　27

士を「グループ分け」する仕組みのことを指す。格付というと、国家や大企業が債券を発行する際にみられる、「ＡＡＡ」とか「ＢＢ」など、発行体の信用状態を表現した記号や、そうした格付を付与する格付会社を思い浮かべる向きも多いものと思われる。本書での格付の意味も、貸出先（≒債券の発行体）の信用状態を表象したものという意味ではこれらと同じである。格付を付与する主体が外部の格付会社ではなく金融機関そのものであるということのほかに、両者の間に本質的な違いはない。

　信用格付が本格的に普及したのは、19世紀のアメリカの鉄道会社が西海岸に向かって線路を延ばしていく過程で多額の資金を必要とした際に、自らの信用状態について第三者の客観的な評価を得ることで、より幅広い投資家の信任を得て、少しでも多くの資金を調達することをねらいとしたのが、その嚆矢といわれている。本書が主な考察対象とする金融機関の債務者格付制度は、投資資金の調達を目的としたものではないが、貸出先の信用状態を客観的に評価する機能としてはまったく同じ構造を有している。なお、金融機関自らが貸出先を評価した結果の格付を「内部格付」、格付会社のように金融機関からみて外部の評価主体が評価した結果の格付を「外部格付」などと呼ぶことがある。

　債務者格付が、貸出先のデフォルトする可能性に応じた区分であるということは、PDの大きさに応じて貸出先に序列をつけることと基本的には同じことである。

　図表２−１に戻ると、債務者格付のプロセスは財務評価と非財務修正の２つの工程に分かれている。これらはいずれも、PDを計測する工程に相当するが、それぞれ参照する情報に違いがある。財務評価とは、基本的に貸出先の決算書の情報を参照して信用状態を評価することであり、それに基づく貸出先の序列をもとに付与される財務格付のかたちをとることが多い[1]。たとえば、審査担当者が決算書を読み、貸出先の財務状態をその優劣に応じてランク分けするのも、一種の財務格付といえる。しかしながら、財務情報につ

1　実際には、業種や従業員数など一定の定量的な情報も含めて財務格付を行っているケースも多い。

いては定量的な取扱いが比較的容易なため、最近では情報処理技術と統計学の恩恵を生かせる「スコアリングモデル」による財務格付が中心となっている。

これに対して非財務修正とは、決算書以外の情報を参照したPDの計測作業全般を指す。最近では、財務評価をベースに、その結果を決算書以外の情報で微調整するアプローチが主流のようだ。決算書以外の情報といってもその内容は多岐にわたっており、また金融機関によって使用できる情報源は千差万別である。代表的なものとしては、貸出先の業種や業歴といった属性のほか、貸出担当者が独自に調査した結果による決算書の修正要因、すなわち不良在庫や不動産の含み損などの実態財務情報についても、財務評価とは別の工程で取り扱うケースが多い[2]。また、厳密な意味では債務者格付とは微妙に意味合いが異なるのだが、当該貸出先の返済状況や金利水準なども非財務修正の一部に含めるケースがある。

このように金融機関はさまざまな情報源を頼りに、貸出先の信用状態を評価して格付を行い、貸出先のPDを推計している。

2.1.2　案件格付制度とLGD

「案件格付制度」とは、ある貸出、あるいは広く債権全般について、貸出先が万が一デフォルトした場合に、その貸出条件や担保・保証の状況に鑑みて金融機関が被る損失額の大きさを評価し、元の貸出残高に対する損失割合の見込みによって貸出を「グループ分け」した格付のことを指す。貸出先がデフォルトした際の損失割合の見込みを予想デフォルト時損失率（LGD）というが、これは損失可能性を定量化した数値であり、案件格付は基本的にこのLGDの大きさに応じて貸出に序列をつける定量的な評価プロセスにほかならない。

LGDの大きさを左右する要素として最も重要といわれるのが、担保や保証の状況である。住宅ローンのように不動産担保がついた貸出と、カード

2　財務評価に使用する生の決算書情報を「表面財務」、含み損益等を考慮した修正後の財務情報を「実態財務」などと呼ぶこともある。

図表2-3 債務者格付と案件格付

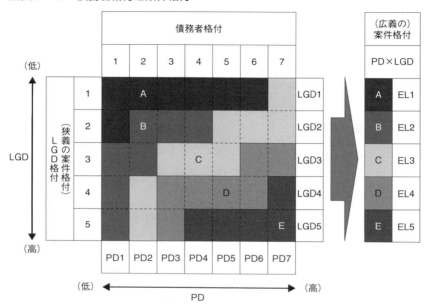

ローンのように何の担保もない貸出とでは、同じ個人に対する貸出でも、デフォルトした場合に回収できる金額の割合が大きく異なるはずである。このほか、案件格付を決める際の参照情報としては、貸出先の預金残高や貸出金額の大きさなども用いられることがある。

　また、案件格付を決めるうえで無視できないのが、デフォルトした貸出先が元に戻る可能性、すなわち正常化（ランクアップ）という事象である。ひとたび債務不履行に陥っても、一定期間内に返済を再開するのであれば直ちに損失につながることはないため、正常化という事象がどの程度発生するかを見通すことは、LGDの推計精度に非常に大きな影響を与える。

　一般に、案件格付は債務者格付に比べて実務面での活用が遅れているといわれており、有効な案件格付制度を整備することは、多くの金融機関において今後の課題とされている。

　なお、債務者格付とLGDを組み合わせることで得られるEL（予想損失）の

序列に基づく格付を案件格付と呼ぶ場合もあるので、「案件格付」という単語を目にした場合には、いずれの意味で用いているのかに注意する必要がある。本書では両者を特に区別する場合、LGDの序列に基づく格付を「狭義の案件格付」、ELの序列に基づく格付を「広義の案件格付」と表記する。

2.1.3　自己資本比率規制と信用格付制度

債務者格付制度と案件格付制度、それぞれの制度のより詳しい内容に入る前に、ここでは、わが国の金融機関、とりわけ多くの銀行が採用する信用格付制度の基礎となっている、国際的な銀行規制のなかで定められた「内部格付手法」について簡単に触れておきたい。

本書で説明する信用リスク管理の方法論のなかには、この内部格付手法の要件として国内規制にて明文化されている内容が多く含まれている。特に内部格付手法を採用する予定のない銀行や、そもそも銀行規制と無関係な金融機関にとっても、自らの信用リスク管理の仕組みを振り返るために、内部格付手法の背景や内容を知っておくことには、おおいに意味があるものと考える。

内部格付手法のもとになっている、国際的な銀行規制の枠組みの一つに「自己資本比率規制」がある。自己資本比率規制では、国際的な金融取引に参加する金融機関に対して、一定の資産の健全性を確保することを求めている。というのも、国際的な金融取引に参加する金融機関が一つでも破綻すると、国際金融市場のネットワークを通じてその影響が即座に世界中に伝播し、世界的な金融危機につながりかねないからである。自己資本比率規制は、国際金融市場のメンバーのいわば「ボディチェック」の役割を果たしている。

規制の内容は、各国の金融監督当局同士の話し合いによって決められ、現在では、2013年から段階的な実施が始まり、2017年に最終合意がなされた「バーゼルⅢ」と呼ばれる国際合意がベースとなっている。日本の場合には金融庁が、このバーゼルⅢに沿って、国内金融機関に対する具体的な規制内容を「金融庁告示」というかたちで定めている 。

2　信用格付制度　31

バーゼルⅢ自体は、銀行の健全性を包括的に評価するために、信用リスクに限らず、銀行の抱えるさまざまなリスクに関する評価手法を定めているが、信用リスクに限ると、以下のいずれかの手法を用いて、銀行自身の自己資本比率を計算することを求めている。

◆標準的手法（SA：standard approach）
個人向け、法人向けなどの貸出先・貸出債権ごとに、金融当局が定める所与の「掛け目」の数値を用いて、簡易な計算にて信用リスクを評価する手法。

◆内部格付手法（IRB：internal ratings-based approach）
金融当局が定める要件に準拠する信用格付制度を通じて、貸出先・貸出債権ごとのPD、LGD等のパラメータを自ら推計し、これをもとに信用リスクを評価する手法。自ら推計できるパラメータの範囲の違いによって、基礎的内部格付手法（FIRB：foundation IRB）と、先進的内部格付手法（AIRB：advanced IRB）の2つに分かれる。

日本の銀行の場合、メガバンクをはじめとする大手行グループのほか、地方銀行の一部が内部格付手法を採用しており、その数は年々ふえる傾向にある。

バーゼルⅢに定める内部格付手法の要件は、一つ前のバーゼルⅡの合意形成に際して、各国当局間、あるいは当時の銀行・当局間で侃々諤々の議論が行われた結果を基礎としている。また、10年を超える運用の歴史を通じてたびたびマイナーチェンジを受けるなかで、単なる規制文言としての枠組みを超えた、一定の裏付けのある信用リスク管理の実務書として価値の高いものとなっている。単に多くの銀行が採用するからという理由ではなく、本書では、バーゼルⅢの内容を反映した「金融庁告示」を、成熟した実務書として随所で参考にしている。こちらは後述する「金融検査マニュアル」とは異なり、国際合意を基礎としていることから、より普遍的な実務指針として引き続き参考にしやすいのではなかろうか。

2.1.4. 金融検査マニュアル廃止の影響

　わが国の銀行の信用格付制度に強い影響を与えてきた規制のもう一つが、金融庁が金融機関に対する検査を行ううえでのガイドラインとなる文書、「金融検査マニュアル（預金等受入金融機関に係る検査マニュアル）」である。金融検査マニュアルは、経営管理（ガバナンス）、金融円滑化編、リスク管理等編の3部構成になっており、金融庁の検査官が検査の際に使用する検査項目のチェックリストの形式をとっている。本書が対象とする信用リスク管理業務については、リスク管理等編のなかの「信用リスク管理態勢」「資産査定管理態勢」の各確認検査用チェックリスト、および検証項目リストの内容が、銀行においては事実上の「官製業務マニュアル」として機能してきたといっても過言ではない。

　さて、この金融検査マニュアルは、2019年3月末をもって廃止されることが明らかになっている。本書執筆時点（2018年9月）では、同マニュアルにかわるような、具体的な検査項目を示す新たな文書は公表されていないが、多くの銀行にとっては、事実上の業務マニュアルの改定を意味し、従来の信用リスク管理業務のあり方にも一定の影響があることは間違いない。

　現行の金融検査マニュアルにおいて、信用格付制度の具体的な手順に言及しているのは、主に「信用リスク管理態勢の確認検査用チェックリスト」の別紙「内部格付手法の検証項目リスト」の箇所である。内容としては、前述の金融庁告示にあるIRBの要件を整理したものにすぎず、直接的な対象も金融庁告示と同様、IRBを採用する金融機関に限定されている。したがって、この部分については、元の告示の内容が大きく変更にならない限り、検査マニュアルが廃止されたからといって実際の規制の内容が大きく変わるものではない。また、IRBを採用しない金融機関が運用する信用格付制度については、もともと金融検査マニュアルにおいて具体的方法が規定されていたわけではない。今後も新たな規制文書が示されることでもない限り、引き続きIRBの内容を手本として参照することに、特段の問題があるものとは考えづらい。

2　信用格付制度　33

一方で、金融検査マニュアルの「資産査定管理態勢の確認検査用チェックリスト」では、自己査定の実施要件を具体的に定めた「自己査定（別表１）」というリストのなかで、信用格付制度の要件の一つとして「債務者区分」との整合性を求めている[3]。ここでの規制対象はIRBの採用有無とは無関係であり、信用格付制度を運用するすべての金融機関が対象となっている。

　債務者区分は、金融検査マニュアルにおいて貸出資産の健全性を評価する際の貸出先の評価尺度の一つである。金融機関は、自らの貸出資産の健全性を評価する「自己査定」のなかで、貸出先をその返済能力に応じて、「正常先」「要注意先」「破綻懸念先」「実質破綻先」「破綻先」の５つの債務者区分に分類することが求められている。また、同じ「資産査定管理態勢の確認検査用チェックリスト」の「償却・引当（別表２）」のなかでは、貸倒引当金を計算する際に同一の引当率・引当方法を適用するグループの基準として、債務者区分を用いることが求められている。このため、日本の銀行が運用する債務者格付制度は、IRBの採用いかんによらず、常にこの債務者区分との整合性に配慮することが求められてきた。「自己査定（別表１）」が定める債務者区分のルールのなかには、デフォルト確率を基準とする信用リスク評価の考え方と必ずしも一致しないところがあり、この点についてはこれまで、銀行の信用格付制度を設計・運営する際の担当者の悩みのタネでもあった。

　ここでは問題の一例として、要注意先と破綻懸念先の定義をあげておこう。金融検査マニュアルによると、要注意先とは「金利減免・棚上げを行っているなど貸出条件に問題のある債務者、元本返済若しくは利息支払いが事実上延滞しているなど履行状況に問題がある債務者のほか、業況が低調ないしは不安定な債務者又は財務内容に問題がある債務者など今後の管理に注意

3　金融検査マニュアル「自己査定（別表１）」（P.207）
　　「債務者区分」とは、債務者の財務状況、資金繰り、収益力等により、返済の能力を判定して、その状況等により債務者を正常先、要注意先、破綻懸念先、実質破綻先及び破綻先に区分することをいう。
　　　同（P.208）
　　(2)信用格付　自己査定債務者の財務内容、信用格付業者による格付、信用調査機関の情報などに基づき、債務者の信用リスクの程度に応じて信用格付を行う。また、信用格付は、次に定める債務者区分と整合的でなければならない。

を要する債務者」のことをいう。これに対して破綻懸念先は「現状、経営破綻の状況にはないが、経営難の状態にあり、経営改善計画等の進捗状況が芳しくなく、今後、経営破綻に陥る可能性が大きいと認められる債務者（金融機関等の支援継続中の債務者を含む）」となっている。

債務者区分の考え方のもとでは、要注意先よりも破綻懸念先のほうが、より信用状態が深刻な状態にあるものと解釈されるが、問題は、要注意先の定義に含まれる「履行状況に問題がある債務者」が、デフォルト確率によって貸出先を評価する信用リスクの考え方のもとでは、すでにデフォルト状態にある貸出先として認識すべき場合があるのに対して、破綻懸念先の定義には、少なくとも当該時点での履行状況について具体的な言及がない点にある。このため、債務者区分をマニュアルの定義どおりに運用すると、すでにデフォルト状態にある貸出先が、デフォルト状態にない貸出先よりも、上位の債務者区分に位置する事態が起こりうる。実際には、IRB採用行を含む多くの金融機関ではこうした事態を避けるために、履行状況に問題がある債務者を最初から破綻懸念先に区分する、履行状況に問題のない破綻懸念先もデフォルト状態にあるものとみなす、などの運用上の工夫によって、金融検査マニュアルに定められた債務者区分と、自らの信用格付制度におけるデフォルト事象のルールの整合性を確保している。

金融検査マニュアルの廃止が、「自己査定（別表1）」にある債務者区分の廃止・見直しを意味するのであれば、信用格付制度を運用する金融機関にとっては、制度の設計・運用のための自由度が増す、ポジティブにとらえるべき制度変更といえよう。一方で、これまで債務者格付制度を十分に整備することなく、自己査定を含む信用リスクの評価から償却・引当までの実務を、金融検査マニュアルに定めのある債務者区分だけでカバーしてきたような金融機関においては、これまでの信用リスク管理の手法から金融当局のお墨付きが失われることを意味する。あらためて自らの信用リスク管理のあり方が、自らの与信哲学・リスクアペタイトと見比べて十分なものなのかを振り返り、場合によっては、この機会に債務者格付制度の本格的な導入を検討してもよいのではなかろうか。

2　信用格付制度　35

筆者は、金融検査マニュアルの廃止によって、債務者区分の考え方に大き
な変化がある場合には、先ほど例にあげたような、債務者区分と信用格付制
度の考え方の相違を解消する方向で、信用格付制度の具体的な運用に一定の
影響が及ぶものと考えている。一方で、そこまでのドラスティックな変化が
ない場合にも、金融検査マニュアルの運用開始からすでに20年近くが経過す
るなかで金融検査の目的も大きく変容しており、これからの金融機関に求め
られるリスク管理体制のあり方も変わらざるをえないものとみている。

　というのも、金融検査マニュアルが最初に制定されたのは、1990年代後半
から2000年代前半の、まさに金融危機のさなかであった。金融当局、さらに
は預金者・投資家といったすべてのステークホルダーの関心は、金融機関の
経営状態、つまり資産の健全性に向けられていた。その場合には、すべての
金融機関に対して同一の基準を厳格に適用して、少しでも経営状態の危うい
金融機関をあぶりだすことに検査の主眼が置かれていた。これに対していま
は、金融機関の経営破綻が連日取り沙汰されるような、少なくとも金融危機
と呼ばれるような差し迫った状況にはない。一方で、長引く低金利やフィン
テック（Fintech）と呼ばれる技術革新を背景に、既存の金融機関の中長期的
な経営の持続可能性に対する漠然とした疑念が、世間を覆っているようにみ
える。このような時代にあって金融機関に求められるのは、足元の資産の健
全性よりも、むしろ中長期的なビジョンに基づく経営や、それをサポートす
る管理体制なのではなかろうか。昨今の金融当局が検査に際して重視する金
融機関の「将来的な収益の持続性」とは、こうした漠然とした疑念に対す
る、当局なりの一つの答えといえよう。

　このように考えると「ポスト金融検査マニュアル時代」とは、所与のマ
ニュアルを金科玉条のごとく墨守することよりも、金融機関それぞれが思い
描く経営の将来像をサポートし、その本質的なリスク管理に寄与する信用リ
スク管理が求められる時代、ととらえることができよう。金融機関の信用リ
スク管理部門においては、マニュアルの表面的な理解と遵守とは異なる、信
用リスクに対する本質的な理解と、本格的な管理の取組みが求められること
になる。逆に金融検査の視点では、金融機関それぞれに適した信用リスク管

理のあり方を単一のマニュアルにて評価することに限界がみえてきた、ということなのかもしれない。

　本書では基本的に、信用リスク管理本来の目的・意義に照らし合わせて、あるべき考え方や具体的な方法論について記述し、考え方の根拠を金融検査マニュアルやバーゼルⅢの記載に求める際にも、背景にある本質的な信用リスク管理のあり方を意識するよう心がけた。

2.2 債務者格付制度

　債務者格付制度は、信用リスク管理業務という大きな枠組みのなかの一工程として位置づけられる。その直接的な目的は、貸出先を「デフォルトしやすさ」という基準で区分し、そのデフォルトしやすさをPDという数値で定量化することにある。これによって貸出先の信用状態が客観的に把握できるようになり、結果として債務者格付それ自体が金融機関業務全体における共通尺度となりうるのがポイントである。

2.2.1 債務者格付制度のメリット

　債務者格付制度においては、貸出先のデフォルトしやすさを定量化するために、貸出先の信用状態を1件ごとに評価して、デフォルトする可能性の大きさに応じて格付というグループに区分する手順を踏む。ややもすれば回りくどくみえるこのプロセスのメリットとは、おおむね以下のとおりと考えられる。

客観性・透明性の確保

　1つ目のメリットとしてあげられるのが、貸出先の信用状態の評価方法、およびそれに連なるグループ分けのルールを明文化することで、評価の恣意性、属人性を排除し、客観的で透明性の高い評価プロセスを実現できる点である。大口取引先だから評価を甘くして融資をふやしたい、お世話になった

2　信用格付制度　37

人だから審査を通してあげたい、そうしたあからさまな恣意性を排除することはもちろんだが、より重要なのは、ルールの明文化により、人や時間といった不確定要素の影響を極力排除できるため、結果として評価基準に一貫性・均質性をもたせることができる点にある。

　たとえば、現在のような債務者格付制度が1980年代後半の日本の金融機関に整備されていたとしたら、はたしてあれだけの数の大口融資案件が短期間で積み上がることがあっただろうか。いわゆるバブル期に端を発する大口不良債権問題の本質的原因は、何も当時の融資担当者の審査能力不足にあったというわけではなかろう。当時はいまと違って、スコアリングモデルもなく、審査は手作業で行われており、一面ではいまよりも細かな審査の手順を踏んでいた可能性がある。問題があったとすれば、それは信用状態の評価の基準や融資の意思決定プロセスに、担当者や営業部門の恣意が介在する余地が残されているような、融資業務の枠組みそのものにあったのではなかろうか。

明快さと合理性を有する共通尺度としての活用

　何千件、何万件と貸出先があれば、その信用リスクの度合いも千差万別だが、それらを最大でも十数個のグループに集約して分類することで、評価結果はだれの目からもみえやすいものになる。取引先の信用状態を議論するには、債務者格付を一種の共通言語として用いるのがわかりやすいというカルチャーが浸透すると、債務者格付を共通尺度として、信用状態に関する情報をさまざまな業務に反映させる素地が整うことになる。たとえば金利設定の基準に用いたり、取引方針決定の際の参照要素の一つとしたり、単なるリスク管理の目的を離れて債務者格付を利用するようになると、この評価内容の明快さはきわめて重要である。

　また、共通尺度として用いるためには、その手順がある程度「正統なものである」とだれもが認める必要がある。そのためには、債務者格付について結果の妥当性がある程度求められるのはもちろんであるが、格付の手順にも一定の合理性が求められよう。たとえば、格付の決定基準に「経営者の好き

な食べ物」が含まれていたら、それが統計的にいかに有意であったとしても、多くの関係者が首をかしげることであろう。先の客観性・透明性とも関係するところではあるが、「貸出先を評価する基準が合理的なものである」という事実を関係者に説明しやすいのが、債務者格付制度という評価システムの特質である。

バーゼルⅢにてしばしば登場する、「実務利用」とか、「ユーステスト」といった観点には、格付制度が行内の共通尺度として機能することへのおおいなる期待が含まれている。

評価結果の検証可能性

貸出先を格付というグループに集約して評価することの、もう一つの大きなメリットは、技術的な検証が比較的容易になることである。検証がしやすいということは、推計精度が向上することと直接にイコールではないものの、少なくとも改善プロセスを制度のなかに組み込むことができるため、精度向上の可能性は高まろう。

個社別の評価によって貸出先の信用状態を定量化する場合、たとえば「貸出先AのPDは1％、BのPDは5％」といった具合に、なんらかの手法で数値を直接に割り当てる必要がある。スコアリングモデルのない時代には、そもそも個社別にPDを計算する手段すらなかったのだが、現在では個社別のPD算出は普通のこととして行うことが可能だ。この個社別PDだけでも信用リスクの管理は可能なようにみえるが、個社別PDでは、PDの妥当性の検証が事後的にはむずかしいという問題がある。

これに対して、「グループCのPDはすべて3％」という定量化の方法であれば、後からの検証は格段に楽になる。こうしたグループ化の手法がない場合、たとえば「90点なのにデフォルトしてしまった」「PD30％という評価のまま5年経つがデフォルトしていない」といった事前の評価と実際の現象とのギャップが、各社個別の事象で片付けられてしまい、事前の評価手法そのものの検証になかなかつながらない。

債務者格付制度の3つの特徴、①客観性・透明性、②明快さ・合理性、③

2　信用格付制度　39

検証可能性は、信頼性ある評価結果につながる。ここでことさらに信頼性を強調するのは、そもそも将来に関する推計というむずかしい作業、特に事前の推計と実際の結果とを完全に整合させることがほとんど不可能な信用リスクの評価という業務において、債務者評価プロセスそのものがすべての関係者から信頼されるために、結果の整合性以外のポイントでも十分な理解を得る必要があるからだ。

以下、債務者格付制度の具体的な中身の説明に入るが、そこでは常に、客観性・透明性、明快さ・合理性、検証可能性といったこの制度のメリットが意識されている点を頭に置いておきたい。そしてもう1点、債務者格付制度の導入が、事前の推計と実際の結果の整合性の向上を目指すつくりになっている一方で、債務者格付制度を用いたからといって、必ずしも貸倒れが減るとは限らないこと、これもあらためて認識しておく必要がある。

2.2.2 債務者格付制度の全体像

図表2－4では、銀行における法人貸出先の信用リスク評価を念頭に、債務者格付制度の一例を示した。銀行では、スコアリングモデルをはじめとする定型処理による「一次評価」と、より詳細な検討を加える「二次評価」の

図表2－4 債務者格付制度の例

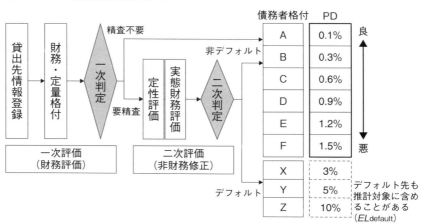

2段階構成で貸出先のデフォルトしやすさを評価し、最終的な債務者格付を特定することが多い。これには、各評価段階で用いる情報を明確に区別することで、各評価プロセスの効果の検証が容易になるというメリットがある。

この事例では、信用状態の良好なグループ、つまりPDが低いグループから順に、A格、B格、C格と格付が定められており、全部で9つの格に分かれている。このうちAからFの6区分が金融検査マニュアル上の正常先・要注意先に、X・Y・Zの3区分がそれぞれ要管理先・破綻懸念先・実質破綻先以下に相当するように決められている。

ちなみに、内部格付手法における債務者格付制度の基本的な要件としては、おおむね以下のような項目がまとめられている。これらは、信用格付の本来の目的に鑑みてきわめて基本的な原則であり、内部格付手法の採用いかんにかかわらず、また銀行業のみならず、債務者格付制度の設計における普遍的な必要条件として、ぜひとも意識しておきたい。

◆債務者格付は債務者のPDに対応するものである（金融庁告示第180条第2項第1号）

◆同一の債務者に対する複数の事業法人等向けエクスポージャーを有する場合は、これらに対して同一の債務者格付が付与される（同180条第2項第2号）

◆債務者格付は、当該債務者格付が下がるごとにリスクの水準が高くなる（同180条第3項第2号）

◆入手可能であり、かつ、重要な関連する最新の情報をすべて考慮に入れなければならない（同185条第1項）

◆保有する情報量が少ない場合は、債務者格付をより保守的に行わなければならない（同185条第2項）

ここでは最初に、この債務者格付をどのように定義するか、初期設定の方法と、そこでの論点から明らかにしていく。

2.2.3　対象先の特定

債務者格付は、貸出から損失が発生する可能性がある先すべてを対象とす

るのが原則である。これは信用リスク管理の目的が、貸倒損失の発生見通しの正確な捕捉にあることからも明らかである。一方で、残高数千円のカードローンしかないような一般個人まで含めて、あまねく債務者格付が本当に必要かというと、費用対効果の面を考慮する余地はあろう。したがって、どこまでの貸出先を格付の対象とするのかについては、金融機関の規模や貸出先構成の違いによって検討すべき部分である。一般に、債務者格付制度の直接の対象とするのは、貸出金額に一定の基準を設けて、それよりも残高の大きい先に限ることが多い。

前述の告示第146条に「すべてのエクスポージャーについて内部格付手法を適用しなければならない」とあるが[4]、これには例外も存在する。たとえば個人向けの住宅ローンやカードローン、残高が小額の事業法人向け融資などは債務者格付を付与するのではなく、プールと呼ばれるグループにまとめて区分し、プールごとにPDを推計する手法が認められている。

また、金融検査マニュアルの「資産査定管理態勢の確認検査用チェックリスト」では、自己査定（別表1）の1.(1)基本的な考え方において、「債権の査定に当たっては、原則として、信用格付を行い……」との記述がある[5]。すなわち、原則論としては債権全般を信用格付の対象として想定しているのに対して[6]、「国、地方公共団体及び被管理金融機関に対する債権」や、「住宅ローンなどの個人向けの定型ローン等及び中小事業者向けの小口定型ローン等の貸出金」については、例外的に異なる取扱いが定められている。

ただし、いずれにも共通するのは、仮に債務者格付の対象から外れる貸出があったとしても、そこから発生する可能性のある損失については、なんらかのかたちで推計する仕組みを用意する必要がある、ということである。告示におけるプール管理がその一例であり、また金融検査マニュアルでは、た

4　金融庁告示では、貸出債権、株式など、信用状態に起因する価値変動の可能性にさらされている資産を総称してエクスポージャー（exposure）と呼んでいる。

5　ここでは、金融検査マニュアル（預金等受入金融機関に係る検査マニュアル）の2017年5月版を参照している。

6　金融検査マニュアル上の債権の定義は以下のとおり。
「貸出金及び貸出金に準ずる債権（貸付有価証券、外国為替、未収利息、未収金、貸出金に準ずる仮払金、支払承諾見返）。」

とえば「住宅ローンなどの個人向けの定型ローン等及び中小事業者向けの小口定型ローン等の貸出金については、延滞状況等の簡易な基準により分類を行うことができる」とあり、債務者格付は必要としないものの、なんらかのかたちでの分類、すなわち損失の見積りが必要とされている。

　内部格付手法を採用する銀行の間では、規制要件に従って、「その他リテールエクスポージャー」に区分される先を除く事業性融資先全件を債務者格付の対象とし、さらにその他リテールエクスポージャーそのものについても、簡易な手法を通じて、実務上は債務者格付を付与しているケースが多いようだ。そして、その他リテールエクスポージャーの基準としては、与信額100百万円という規制上の上限をとるケースもあれば、50百万円程度に設定するケースもみられ、このあたりは各行の貸出先の構成内容と、債務者格付を付与する業務の負担感とのバランスによって決められている。

　内部格付手法を採用しないケースにおいても傾向としては同様であり、与信額一定以上の事業性与信先については全件を債務者格付の対象とし、それ以下については簡易な手法による格付を付していることが多い。また、銀行

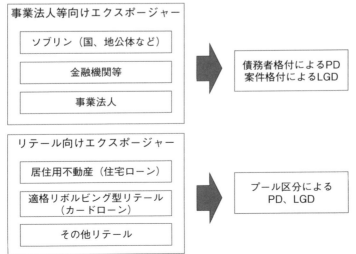

図表2-5　内部格付手法採用行における債務者格付の対象

2　信用格付制度　43

によっては住宅ローンやカードローンのような消費性資金に係る貸出のみの個人債務者に対しても、その重要性に鑑みて債務者格付を付しているケースもみられる。これは本来の意味での債務者格付の必要性にのっとった望ましいあり方といえよう。

2.2.4　債務者格付に使用する情報

前述の告示第185条第1項には、債務者格付に使用する情報として「入手可能であり、かつ、重要な関連する最新の情報」という要件があったが、実際の金融機関ではどのような情報を用いているのか、比較的多くみかけるケースについて一覧に示したのが図表2-6である。

客観的・合理的な債務者格付制度のために必要なことは、使用する情報の網羅性（すべての貸出先から収集可能）、一貫性（同じ形式で収集可能）、監査性（第三者の目を通っている）という3つの特性である。これらの観点から、債務者格付において最重要視されるのが、法人であれば決算書、個人であれば確定申告書をはじめとする収入に関する情報、いわゆる財務情報である。

法人を例にとると、決算書の情報は、法人企業であれば必ず保有してお

図表2-6　債務者格付に使用する情報例

		法人		個人	
		大企業	中小企業	事業性	消費性
定量情報	財務情報 （例）	◎ 決算書	○ 決算書	○ 確定申告書	△ 収入証明
	市場情報 （例）	○ 株価、外部格付	×	×	×
	取引情報 （例）	△ 口座履歴	○ 口座履歴	○ 口座履歴	◎ 個人信用情報
	〈参考〉 定性情報の例	業種、地域、業界動向 調査機関の評点 …		業種、勤務先 居住形態、年齢 …	

（注）　◎非常に有効、○有効、△有効なこともある、×利用できない

り、情報としての網羅性に優れている。またその作成ルールは税法等によってある程度は定型化されていることから、貸出先間の比較や時系列での比較も容易である。そして、税理士や公認会計士による一定のチェックがなされているため、情報としての信憑性も相応に確保されている。こうした特性を兼ね備えた貸出先の情報はほかにはあまりみられないため、財務情報とそれに基づく財務格付が債務者格付の中心をなしているのである。

もう一つ重要なことが、定性情報か、定量情報かという違いである。債務者格付制度の客観性・透明性の観点から、定量情報による評価（主）を、定性情報によって補完（従）するという基本的な制度設計となることが多い。

また、財務情報は、アナリスト・審査担当者による修正を加えた後の「実態」と、もともとの数値である「表面」とを区別して取り扱うべきものである。これは、実態による修正が、本当の意味で債務者の信用力評価の精度を改善することに役立っているのか、後々検証する際に重要な意味をもつことになる。

これに対して、大企業なら株価、消費性個人なら個人信用情報など、特定の貸出先に限って有効性の高い定量情報については、網羅性には欠けるものの、主たる情報を補完する役割を担うことがある。特に近年では、主たる情報たる財務情報が、貸出先の静態（static）をあらわすため、これを補完する情報源として動態（dynamic）をあらわすデータ、具体的にいうと、株価をはじめとする市場指標や、銀行口座の履歴情報、個人であればSNSの情報などがあげられる。これらはいずれも、財務情報が貸出先の「過去の事業報告」であるのに対して、貸出先の現在をリアルタイムにあらわす情報と考えられている。

2.2.5　一次評価

債務者格付を付与する一連の手順については、図表2－4において銀行の例を示したように、貸出先の財務・定量情報の評価と、それ以外の情報による調整の2段階評価を経て最終格付に至ることが多い。一次評価と二次評価に分ける理由としては、限られた経営資源を、より詳細な信用力評価が必要

な貸出先に対する「二次評価」に集中することで、債務者格付制度全体の費用対効果を改善することがあげられよう。したがって、一次評価に求められる役割とは、効率的な債務者格付制度全般の運用のために、定量格付や借入れの返済状況、その他の条件をふまえて、詳細なリスク評価が必要な対象先を選別することにある。

　銀行の一次評価における、貸出先の判定条件としては、たとえば以下のような項目があげられる[7]。

(a)　貸出先の信用状態に係る条件

　　　例：財務評価（スコアリング結果）低位、2期連続赤字、債務超過

(b)　貸出金の形式に係る条件

　　　例：延滞あり、期間延長あり、金利減免あり、貸出期間○年超

(c)　金融機関側に与える影響に係る条件

　　　例：グループ貸出残高○円超

　このうちの財務評価については、一次評価のなかでも中心的な役割を担っている。これは、決算書という定型情報を利用できるため、大量データベースやスコアリングモデルが活用可能なほか、データの入出力のシステム化にも向いているという特徴による。実際の評価手法に関しては、いまでは統計的手法に基づくスコアリングモデルを用いる銀行が多数を占めるが、統計的手法によらない評点方式を採用しているケースもある。

　詳細な信用リスク評価が必要な対象先を選別するうえで、財務評価のほかにしばしば注目されるのが、信用力の面では(b)の貸出金の形式であり、それ以外の面では(c)の金融機関側に与える影響である。(b)(c)のような条件を、ある程度形式的な判定が可能なため「形式分類」、(a)のように一定の評価を要する条件を「債務者分類」などと呼んで区別することもある。どのような条件設定にするかについては、既存の銀行のように規制上の要件が特にある場合を除けば、金融機関側の費用対効果の面から検討すればよいだろう。

7　自己査定の対象先抽出に読み替えることができる。

2.2.6　財務・定量情報による債務者評価のポイント

　決算書をはじめとする財務・定量情報の評価が、債務者評価の中心をなすことはすでに述べたとおりであるが、ここでは最初に、財務・定量情報による評価のポイントを簡単にまとめておこう。

◆スコアリングモデルではなく、審査評点（評点方式）であっても、一次評価のための格付は付与できるが、デフォルト率との整合性の検証が必要

◆スコアリングモデルの中身がブラックボックスでも、検証ができれば利用しても問題はない

◆運用開始前の段階で自前のデータがなくても、汎用モデルであれば利用可能なことがある

◆統計的手法によるスコアリングモデルの場合、絶対的な性能と、その性能が長期間にわたって安定的かどうかは、一般的にはトレード・オフの関係にある（過学習（オーバーフィッティング）の問題、170ページにて後述）

　審査評点は、スコアカードなどとも呼ばれ、従来の審査業務における財務指標等に対する評価・判断を得点に置き換えて、当該貸出先全般の評価とするものである。最終的なアウトプットはスコアリングモデルに似ているが、統計的手法によらないため、使用する財務指標の選択や評点の重み付けなどは、職人的な技術、すなわちエキスパート・ジャッジメントに委ねられる。スコアリングモデルが主流のいまでも、たとえば国家・地方公共団体や学校法人など、そもそものデータ件数が少ないために安定的な統計モデルの構築が困難な区分においては、なんらかのかたちでこうした評点方式が採用されているケースもある。内部格付手法においても、スコアリングモデルの使用が強制されているわけではないので、結果の妥当性を実証的に示すことができるのであれば、評点方式であっても排除されるものではない。

　次に、使用する財務・定量情報の具体的な内容や、評価のためのスコアリングモデルを構築するうえでの財務情報の取扱い、評価結果を格付に適用する際の注意点など、財務・定量情報による一次評価のポイントについて、後述するスコアリングモデルの内容以外の部分での個別の論点をいくつか取り

2　信用格付制度　47

上げたい。

内部モデルと外部モデル、個別モデルと汎用モデル

　財務・定量情報の評価へのスコアリングモデルの導入を検討する際、おそらく最初に決めるべき問題が、モデル構築に使用するデータを、①自社内部のデータに限定するのか、②外部のデータベースを利用するのか、という選択である。さらに、外部のデータベースを利用する場合には、②(a)外部のデータを用いて自社の貸出先構成をある程度再現したうえで、自社にあったモデルをあらためて構築するのか（カスタマイズモデル）、②(b)外部のデータ全体を用いて汎用的に構築されたモデルをそのまま利用するのか（汎用モデル）、というポイントについても結論をもたなければならない。

　図表２－７は、それぞれのデータ選択と、それによってできあがるモデルの性質について一覧にしたものである。

　最もオーソドックスな構築方法が、自社の貸出先データのみを用いてモデル構築を行う、①自社モデルである。実際にモデルを使用する対象となる貸

図表２－７　使用するデータとモデルの種類

	定量評点 （スコアカード）	スコアリングモデル		
		①自社	②(a)外部個別	②(b)外部汎用
性能	△	◎	◎	○
安定性	△	△	○	◎
検証可能性	△	○	○	○
わかりやすさ	◎	○	○	○
運用の自由度	○	○	○	△
コスト	○	○	△	○
特徴	安定的に高い性能を発揮することはむずかしい	大量の自社データが必須	過学習に注意データを自前で用意する必要がある	中身がブラックボックスの場合がある独自の説明変数は使えない

（注）　◎特に優位にある、○優位にある、△普通

48

出先と、構築データにおける貸出先が基本的に同じ集団であり、モデルの序列性能やPD推計能力は相対的に高いものとなりやすい。また、内部格付手法におけるモデルの要件「モデルの構築に用いられたデータは、当該内部格付手法採用行の実際の債務者又はエクスポージャーの母集団を代表するものであること」（告示第189条３）には完全に適合することから、この点について特段の説明を要しないのも、規制を意識しなければならない銀行によってはメリットとなりうる。

これに対する唯一最大のデメリットは、自社貸出先データに限定されるため、モデル構築に使用できるデータの数量が自社のデータ整備状況、あるいはそもそもの自社の貸出先件数規模によって制約を受ける点であろう。一般に自社モデルの構築は、貸出先数の多い金融機関をはじめ、最初に検討される手法だが、モデルのセグメントを詳細な業種に分ける場合や、大企業のようにそもそもデフォルトの少ない貸出先層でのモデルの構築を目指す場合など、データが不足するケースも多い。

なお、後述する実態財務情報やそのほか財務以外の情報によるモデル構築については、そもそも外部データの入手が現状では困難なため、一部の例外を除けば[8]、自社モデル以外の選択肢は考えにくい状況にある。

なんらかの理由で十分な量の自社データが用意できない場合には、外部データベースのデータを使用したモデルを導入することになる。この場合、外部データベースのデータから自社の貸出先にあったものを抽出してモデルの構築をあらためて行う②(a)の外部個別モデル（カスタマイズモデル）を使用するパターンと、外部データベースのデータを丸ごと使用して構築された汎用モデルをそのまま導入する②(b)外部汎用モデルを選択するパターンと、２種類の選択肢がある。

自社の貸出先のデータ件数に一定の限度がある金融機関において、特に内部格付手法の採用行にて多くみられるのが、②(a)の外部個別モデルの導入で

---

[8]　たとえば、日本リスク・データ・バンク株式会社（RDB）では、個人事業者債務者における定性情報や預貸残高情報を共同データベース化しており、これを用いた外部モデルの構築や、汎用モデルの利用は現状でも可能である。

2　信用格付制度　49

ある。この場合、外部の共同データベースのなかから、地域や売上高規模、業種などの属性を用いて抽出したデータにより、現状の自社の貸出先構成に近い標本データを作成し、そのなかで最適なモデルを構築する。この方法の場合、自社単独で保有するデータよりも圧倒的に多いデータ数をもとに、自社貸出先の特性にもある程度フィットしたモデルを導入できる。モデルの精度と安定性のバランスに優れるということで、多くの金融機関からの支持を集める手法である。内部格付手法との関係でいうと、モデル構築に使用したデータが、前述の「実際の債務者又はエクスポージャーの母集団を代表するもの」であることについて、一定の検証結果を残しておく必要がある。

一方、②(b)外部汎用モデルの利用については、債務者格付制度の設計に際して最も手間がかかる工程の一つでもあるモデル構築作業を、ある程度省略できるというメリットがある。浮いた費用や人的リソースをほかの作業に回すことができるため、体力の限られる金融機関において中心的に支持されている手法である。使用するデータ数はどの手法よりも多く、長期的な検証結果によると、中長期にわたるモデルの性能はほかの手法を凌ぐことも珍しくない。モデル性能の観点から、あえてこの手法を選択することも十分考えられる。内部格付手法との関係においては、「実際の債務者又はエクスポージャーの母集団を代表するもの」という要件について、自社の貸出先データに対する汎用モデルの適合状況が一定レベル以上にあることを検証しておく必要があろう。

②(b)の手法にてデメリットがあるとすれば、用いるデータと自社の貸出先との特性の違い、あるいはモデル性能の問題というよりはむしろ、汎用モデルであるがゆえに、自社の意向だけでモデルの改変ができない点が大きい。後述するモデルの検証や見直し基準の策定などに際して、頻繁な改変を想定するような与信ポリシーの金融機関にはあまり勧められない。逆に、単にモデルの精度に対する不安から②(a)を選択する金融機関であれば、費用対効果の観点から、あるいはモデル性能の安定性の観点からみても、②(b)の手法を利用することも十分に検討の余地があろう。

表面財務情報と実態財務情報

実態財務情報の活用手法は後で説明するが、ここでは、スコアリングモデルの構築段階、あるいは適用段階で使用する財務情報として、表面財務と実態財務のいずれが適しているのか、という点について少し考えてみたい。実態財務情報をモデルに使用する方法には、大きく分けて次の3つの方法がある。

(a) 実態財務情報だけを使ってスコアリングモデルを構築し、実態財務情報を入力データとして使用する

(b) 表面財務情報だけを使ってスコアリングモデルを構築し、実態財務情報を入力データとして使用する

(c) 表面財務情報と実態財務情報のそれぞれを使ってスコアリングモデルを2種類構築し、それぞれを入力データとして、両者の評価を組み合わせて使用する

(a)の手法は、一定のルールに基づいて作成した実態財務情報が、自社内である程度の長期間にわたって収集可能で、かつその件数も豊富な一部の金融機関に限られるアプローチであろう。

(b)の手法は、モデル構築についてはデータの収集負荷が低い表面財務情報を活用し、運用上は実態財務データを用いることで実態財務への評価を取り入れ、結果として財務・定量評価のパフォーマンス改善を目指すアプローチである。そもそもスコアリングモデルは、モデル構築に使用したデータが代表する母集団を前提とするものだが、この方法の場合、新たに投入されるデータは、そもそも母集団に存在しえないデータである。したがって、この使用方法でスコアリングモデルが返す結果は、「実態財務修正によって得られたBSやPLを、表面財務情報の段階で有している貸出先として、仮に置き換えて評価すれば」という条件付きのPDないしスコアにすぎない。

この手法は、貸出先の大半において「表面」と「実態」の差異が小さいという前提が成り立っているケースでは、高いモデルの精度を得やすいこともあり、採用する金融機関が多く存在する。しかしながら、上記のような前提

2 信用格付制度 51

をふまえて、導入時、運用時ともに、実際のデータによる十分な検証を行っておくべきであろう。

(c)の手法は、表面財務情報と実態財務情報で別々にスコアリングモデルを構築し、後で結果を数学的に統合して用いるアプローチである。この場合、表面財務情報によるスコアリングモデルでは大量データの活用が可能であり、また実態財務情報の特性も債務者格付に取り入れることができるため、モデルを2種類用意するという手間はかかるが、2種類の情報源を活用するメリットを最大限に享受できる手法である。構築の手間さえいとわなければ、3つの選択肢のなかでは、性能、検証の有効性という点で、最も有力なアプローチといえよう。

モデルに使用する財務情報の決算期数

スコアリングモデルで財務・定量情報を評価する際に、特に貸出先の決算書について問題となるのが、決算書の使用年数である。たとえば決算書1期だけでスコアが算出できるモデルを「1期モデル」、3期分必要なものを「3期モデル」などと呼ぶことがある。

この問題は一般に、多くの決算期を必要とすればするほど、1つの貸出先について評価に利用できる情報量がふえ、結果的にモデルの精度がより高まる可能性がある一方で、モデルの説明変数に用いる指標の複雑性が増すほか、所定の決算期数に満たない貸出先についてはスコアリング対象から外れてしまう、という両者のトレード・オフの関係に帰着する。特に、あまり多くの決算期を必要条件にしてしまうと、創業から間もない企業や、継続的に決算書を徴求できていない中小・零細企業などの貸出先を中心に、スコアリング対象から外れるケースがふえることは、実践的なデメリットとして大きく意識される傾向にある。

現状では、同一の貸出先データを使用して、1期モデル、2期モデル、3期モデルをそれぞれ構築して、モデルの序列性能にどの程度の差が出るかを検証し、決算期をふやすことによる精度の改善幅を確認したうえで必要決算期数を決めていることが多い。

上記のようなモデル構築に関する技術的側面とは別に、必要決算期数を定めるもう一つのアプローチとして、既存格付先や全貸出先を対象に、直近の決算書を何期まで過去にさかのぼれるのか、金融機関自らのデータ保有状況を集計することで、ある程度のあたりをつけるのも有効であろう。

　また、こうした定量的な議論とは別に、たとえば審査のポリシーとして「最低5期分の決算書は徴求すべき」という経験則があったとすれば、それを重視するのも一つの方法である。たとえばモデル構築技術の観点では、2期モデルがバランス的に優れるというのが経験的に知られるところであるが、この複数期の決算書を使ったモデル構築は、これまでは実践的なニーズが必ずしも高くなかったこともあり、特に指標選択の観点で深い分析が進んでいる分野とはいえないのが実情である。伝統的な審査においては、決算書を5期分、7期分と並べて、そこから当該貸出先の問題点や、場合によっては粉飾決算を見抜くことなども日常的に行われているが、こうしたきわめて人間的な判断基準を定量化する取組みがこれまで十分になされてきているかというと、疑問の余地がないわけではない。昨今の機械学習技術では、従来の統計モデルでは扱いきれなかった大量の説明変数を処理することも可能になっている。こうした技術革新が、このような「長期財務問題」に新たな解決策をもたらすことができるかどうか、今後が注目される。

所定の決算期数が用意できない貸出先への対応

　前項の問題に関連してしばしば議論の対象となるのが、所定の決算期数に足りない貸出先に対するスコアリングである。これには2つのパターンがあるが、それぞれ実務上は以下のような対応がなされていることが多いようだ。

◆ 創業直後などの理由で所定の決算期数を経ていない場合

　2期モデルを使用して、直近1期の財務データのみ利用可能なケースを例に取り上げると、「前々期の財務データがないことをプラス評価にしない」運用をルール化するケースが多い。この場合には、①直近期の財務データを前々期の財務データと同じとみなしてモデルに入力する、②2期指標の評価

のみを強制的に最悪値とする、という2つのアプローチがあり、前者を採用
しているケースが多いようだ。なお、1期の決算書もとれない場合には、通
常の債務者格付とは別のルール決めが必要となる。

◆ 変則決算の場合

　12カ月に満たない財務情報を所定の決算期間中に含む貸出先については、
12カ月換算処理を行って通常の財務情報と同等に扱う金融機関が大半とみら
れる。換算処理にはさまざまな手法が考えられるが、一つの例としては、
PL情報のみを12カ月換算し、BS情報はそのままとして剰余金の再計算も行
わない、というものがあげられる。またモデルの構築に際しては、12カ月に
満たない変則決算データは構築・検証用の参照データセットからは取り除く
ものの、変則決算データでの精度検証は別途実施して、使用に際しては12カ
月換算処理を行ってスコアリングすることを許容する、というのが一つの方
法として考えられる。

連結決算と単独決算

　財務情報によるスコアリング、あるいは貸出先評価全般において、どの財
務情報を使用するかについてしばしば問題となるのが、連結決算書を有する
貸出先の取扱いである。連結決算書の作成は、上場企業に代表される一定規
模以上の企業のみに法的には義務づけられている。通常は税法上の作成義務
もないことから、とりわけ中小・零細企業においては、少なくとも貸出先が
自発的に用意できるケースはきわめてまれといえよう。一方で、上場企業で
連結財務諸表の作成が義務づけられている背景には、一般投資家においては
連結決算をベースとした財務分析が常識となっていることがあり、企業の信
用状態をみるうえで連結決算による評価を意識する姿勢はむしろ当然のこと
ともいえる。また、中小・零細企業の場合でも、伝統的な銀行審査において
は、貸出先企業と代表者資産を合算した「擬似連結」ともいうべき財務情報
の把握と分析が日常的に行われてきている。債務者格付制度を検討するうえ
で連結決算の問題は、単に決算書の形式の問題を超えた、重要な論点をはら
んでいる。ここでは連結決算の問題を、①連結決算情報を貸出先評価に使用

する手法の問題、②連結決算による評価対象とする貸出先の範囲の問題、という2点に分けて考える。

　まず①の、連結決算情報を貸出先の信用状態の評価に際して参照する、具体的な手法の問題について考えてみる。そもそも、企業単体の貸出先評価に際して連結決算書を参照する意味であるが、これには連結決算が単独決算よりも当該企業の信用状態をより正しく反映している、言い換えると単独決算には含まれない情報を通じて、当該企業単体の信用状態の評価がより正しく行える、という暗黙の前提が存在している。したがって、単独決算での評価を完全に否定するものではなく、連結決算による付加情報を貸出先の評価にアドオンすることで、債務者格付の精度がより高まることを期待している、ということになろう。このように考えると連結決算情報は、実態財務情報や各種の定性情報と同様に、単独決算情報を基本として、それにプラスアルファされる情報源として取り扱うのが、債務者格付制度の運用の一貫性の観点からすると望ましい。

　したがって本書では、連結決算情報についても実態財務情報と同じスタンスであり、たとえば単独決算の情報にて構築されたスコアリングモデルに対して連結決算書のデータを入力するような使い方には、相応に慎重であるべきと考える。実態財務情報と同じような取扱いを前提とするならば、たとえば、連結と単独での総資産の比率や、連結決算上の自己資本比率など、連結財務諸表の数値を用いた財務指標で、かつ単独決算上の財務指標との相関があまり高くないものについて、当該貸出先単体におけるデフォルト判別に有効なものがあれば、単独決算書データを使用するスコアリングモデルとは別に評価するようなスキームを用意すべきであろう。

　次に、連結決算の問題に関連してもう一つ論点となるのが、②の連結決算に代表されるグループ貸出先の範囲の問題である。多くの銀行においては、親子関係にある貸出先企業について、親会社の信用状態をもって子会社の信用状態に代替する手法を伝統的に用いている。したがって債務者格付においても同様に、親会社と子会社を同一の貸出先、いわゆる「実質同一債務者」として扱うことが多い。こうした取扱いは、金融検査マニュアルにおいて

も、内部格付手法の要件においても、銀行側に特に強制されているわけではないことから、実質同一債務者の仕組みは、信用状態に劣る子会社（または親会社）の評価を引き上げることと、貸出先グループ全体の信用状態の評価の手続を簡便化することという、きわめて実践的な2つの目的にて導入されているものと考えられる。たとえば、内部格付手法の要件においては、告示第192条第2項に以下のような規定があるが、これは、貸出先単独での債務者格付を原則としながら、一定の貸出先グループについて同一の格付を付与する運用を認めたものと解釈できよう。

> 「内部格付手法採用行は、事業法人等向けエクスポージャーの債務者に債務者格付を付与する場合は、事業体等単位で個別に付与しなければならない。ただし、内部格付手法採用行が当該事業体等の親法人等、子法人等及び関連法人等の一部又は全部に同一の債務者格付を付与する方針を定めている場合であって、当該方針に従い一括して同一の債務者格付を付与しているときは、この限りでない。」（一部略）

一方、金融検査マニュアルにおいては、債務者区分の検証の箇所にて、以下のような規定がある。すなわち、親会社の信用状態だけを根拠に、安易に子会社の評価を上げることのないように、実質同一債務者の考え方に一定の制限を設けているのである。

> 「当該債務者の親会社等の状況を勘案する場合には、単に親会社の財務状況が良好であるとの理由だけで債務者区分を決定することは適当ではない。」

したがって、連結決算情報をはじめとする、単独決算だけでは参照できないような情報を活用して、結果的に子会社の格付が引き上げられるような場合には、そうした評価基準についてデータによる裏付けが必要となるというのが、金融検査マニュアルの考え方と解釈できよう。こうしたポイントをふまえて、連結企業集団やグループ貸出先の具体的な格付手法を検討すると、たとえば以下のようなフローが考えられる。

◆ グループ企業の特定

最初に、グループ企業として一体的に評価する対象となる貸出先の範囲を

特定する。資本関係、および保証・被保証関係のいずれかによってつながりのある貸出先を幅広く網羅するように特定する。

◆ 中核企業の特定

通常は親会社と同義であり、資本関係などの外形基準で特定することが多いが、なかには与信額を基準とするケースもある。

◆ 中核企業の評価方法の決定

中核企業の格付が周辺企業（「子会社」）の格付の上限となることを前提に、中核企業の格付に用いる情報を特定する。その際には、①単独決算を使用する、②連結決算を使用する、③単独決算と連結決算の双方を使用するという3つのパターンがある。本書では前述のとおり、③が最も精緻な結果が得られるものと考えるが、実務上は連結決算をそのまま使用することも多いようだ。この理由としては、連結決算データ、およびそれに紐づくデフォルトサンプルのデータ蓄積が不十分なため、連結決算情報のアドオンを定量的なアプローチで実施するのが現状は技術的に困難、という背景があるものとみられる。

なお、連結決算を使用するというルール決めをしたなかで、連結決算が存在しない場合には、単純合算ベースでの簡易な連結決算を金融機関側で作成するケースと、単独決算のみで格付を行うケースのいずれも実務上はありうる。また、連結決算、ないし簡易な連結決算に占める中核企業の資産割合に応じて、使用する財務情報を変えるような手法も考えられよう。たとえば、連結決算のBS資産に占める中核企業の資産の割合が一定率以上の場合には単独決算での格付を採用する、といった取扱いである。

◆ 周辺企業の評価方法の決定

通常は「子会社」と同義であるが、これも単独決算を使用する場合、単独決算と連結決算の双方を使用する場合の2つのパターンが存在する。なお実務上は、中核企業の格付を上限とする運用がほとんどのようだ。これは、格付運用に係る「保守性」の原則に従ったものと解釈できよう。

多くの銀行においては、特に中小・零細企業貸出先を中心に、連結決算が

もともと用意されていない先が多くを占めるものとみられるが、中核企業の特定と、それを格付上限とした厳格な運用を実施できれば、基本的には単独決算をベースとした格付制度であっても、債務者格付の精度として実務上の問題は小さく、また規制面での問題もないものと考える。

業種別・規模別のモデル構築

スコアリングモデルを導入する際に、すべての貸出先について同一のモデル式（計算式）でPDやスコアを計算するということは通常行われておらず、一般的には、財務の形状が似通った集団ごとに貸出先を分けて、それぞれ別のモデル式を用意することが多い。

典型的なケースとしては業種別のモデル構築があげられよう。たとえば小売業と卸売業を比較すると、小売業は通常は現金商売ということで、売掛金や受取手形といった科目が発生せず、現預金の保有が比較的多いことが財務理論上は想定される。これに対して卸売業は、いわゆるBtoBビジネスであり、掛商売が中心で運転資金の状況次第で黒字倒産もあるという財務構造が想起されよう。両者を同じモデル式で評価する場合、卸売業では「売掛債権回転期間」がデフォルト先の判別に有効だったとしても、小売業ではあまり意味をなさない可能性が高い。というのも、小売業ではそもそも売掛債権が少ないことから、デフォルト発生のいかんによらず売掛債権回転期間はもともと短いことが予想されるからである。業種区分、さらにいえば業種に限らずなんらかの集団の区分を考えるのは、財務の形状の違いに注目することで、全体としてのモデルの性能を向上させることを目的としている。

一方で、やみくもにデータを区分することは、区分ごとのデータ数の減少を招き、かえってモデルの性能を劣化させることにもなりかねない。したがって、業種区分、規模区分などのモデルの種類を検討する際には、区分を細分化することによる精度面のメリットと、データ数量が減ることによるデメリットとを比較して、両者のバランスのなかから結論を導く必要がある。

実践的にしばしば目にする手法としては、まずすべてのデータを用いて構築した「全体モデル」を用意し、これに対して精度面でアドバンテージがあ

るものだけを「区分別モデル」として残すアプローチがある。たとえば、業種別のモデル構成を考えるのであれば、最初に業種を限定せずにすべてのデータを用いて「全業種モデル」を構築し、これに対して建設業のデータだけで構築した「建設業モデル」、不動産業データによる「不動産業モデル」などを構築して、それぞれ建設業、不動産業のデータに対して、全業種モデルを上回る精度を確保できるかどうかによって最終的なモデルを選択するのである。これによって、業種に限らず規模や地域といった区分においても、あるいは1期モデルと2期モデルのように使用できるデータ数量に差がある場合も同様に、モデルの有効性を評価できる。

なお、複数のモデル式を用いて債務者格付を行う場合には、それぞれのモデルの計算結果が相互に比較可能であることが望ましい。この点に優れるのがロジスティック回帰モデル（第3章を参照）である。モデルの計算結果がすべてPDという単位に統一されているため、想定する母集団のデフォルト率のパラメータがわかれば、異なるモデル式であっても結果の比較が可能となる。なお、異なるモデル式の計算結果をPDによって比較し、再度スコアに置き換えるような構造のモデルを「統合モデル」と呼ぶことがある。

2.2.7　二次評価

二次評価では、より詳しい信用力の評価を必要とする貸出先を対象に、一次評価で用いた財務・定量情報以外の、定性情報、実態財務情報等をもとに貸出先を評価する。二次評価の目的は、延滞事象のように形式面からみてすでにリスクが顕在化している貸出先や、一次評価結果が悪く将来のリスクの顕在化が懸念される貸出先のほか、大口貸出先のように金融機関側にとって影響の大きい先などを対象に、財務・定量情報以外の情報を参照して、より正確に信用力を評価することにある。したがって、一次評価よりも精度が改善しなければ、手間暇かけても「意味がない」ことを強調しておきたい。二次評価の効果を正しく測定するためにも、一次評価、二次評価、それぞれで参照する情報や、使用するスコアリングモデル、ロジックなどは、明確に分けておく必要がある。

図表2－8　二次評価の主な例

	評価のポイント	項目例
実態財務情報（実態バランス）	定量・財務情報による評価（一次評価）の実態修正 ⇒定量・財務評価と相関の低い情報が望ましい	不動産・有価証券の含み損益 不良在庫の算定 実質同一債務者の連結
定性情報	定量・財務情報では把握できない要素の考慮 ⇒デフォルト確率との因果関係が不明確な要素も多い	業歴・取引履歴 取引振り・資産背景
その他	従来は定量的な評価がむずかしかった情報の考慮 ⇒技術革新により、現在進行形で実用化が進む	口座履歴情報 SNS等のWeb情報

　最初に二次評価で用いられる、評価対象の情報とポイントについて図表2－8に整理した。

　実態財務情報、および定性情報を用いた評価については、財務情報におけるスコアリングモデルの利用と比較すると、どちらかというと評価者の手作業、すなわちエキスパート・ジャッジメントによる部分が残っているように思われがちであるが、債務者格付制度においては、この非財務情報による評価についても客観的かつ透明性の高いプロセスと、結果の明快さが本来求められる。このためには、情報を整理してデータを作成する局面と、作成されたデータを用いて実際に貸出先を評価する局面とに分けて、それぞれにおいて必要な手順を考えることが有効であろう。以降では、それぞれの評価対象に係る個別の論点について、何点か触れておきたい。

実態財務情報の対象と作成方法

　実態財務情報とは、基本的には、決算書の表面の数値からは読み取ることができない、いわば「決算書の裏側」について、担当者が一定のルールに従って算定した数値のことであり、表面財務情報とは別の手法で債務者格付に

反映させることを想定している。

　実態財務情報自体はBS、PLのかたちをとるのが通常だが、これを用いて計算される財務指標が実態財務指標である。また、実態財務指標のなかには、実態財務情報の項目だけを用いて計算するものと（例：実態自己資本比率）、実態財務情報と表面財務情報の各項目を組み合わせて計算するものとがあり（例：実態自己資本比率と表面自己資本比率の差分）、いずれも評価の対象となりうる。ここで、評価の対象とする実態財務指標について注意すべき点は、おおむね以下の3つのポイントに集約できよう。

① 実態財務情報の作成に係る客観性・公正性

　指標の計算に先立って実態財務情報を作成する必要があるが、作成手法については、一定の手続を定めたうえで客観性・公正性の確保に努めるべきであろう。すなわち、同じ貸出先であっても担当者によって作成される実態財務の項目や数値が異なる、という事態は避けなければならない。たとえば、資産の時価評価を行うのであれば、何を時価評価の対象とし、何を時価算定の基準とするかなど、具体的な手順を明確にする必要があろう。

　作成手法の客観性・公正性が確保できないと、実態財務指標の有効性の検証にも支障をきたすことになるため、属人性を排除した均質な運営が重要である。誤解を恐れずにいえば、この実態財務情報の作成作業においては、所定の作成ルールを離れて担当者の創意・工夫によって発見された粉飾決算などは、この実態財務情報に反映させるのではなく、たとえば事前の足切り対象にするなど、二次評価の枠組みとは別に評価すべき内容として割り切るべきと考えられる。というのも、担当者の創意・工夫であってもそれは属人性と紙一重であり、そうしてつくりあげられた実態財務情報のデータが、データベースとしての一定の均質性をもって将来的にも利用できるかというと、疑問をもたざるをえないからである。

② デフォルト判別に対する有効性

　これは実態財務指標に限らず、債務者格付プロセスにて使用する情報全般についていえることだが、実態財務指標は、ベースとなる実態財務情報の作成に多大な労力を要することから、表面財務指標などと比べて、指標の有効

2　信用格付制度　61

性に対しては特にシビアな目でみることも必要であろう。すなわち、極力無駄な労力を排するためにも、効率的な実態財務の作成プロセスにブラッシュアップしていくのが望ましい。特に昨今では、審査・格付業務の効率化が声高に叫ばれるなか、現場における実態財務情報の実質的な作成コストに厳しい目を向ける金融機関がふえている。

③ 表面財務指標との相関

これも、実態財務指標に限らず、表面財務情報以外のすべての情報に共通するが、表面財務情報でとらえられない貸出先の特性を見つけ出すのが実態財務情報や定性情報の役割であることから、表面財務情報との相関は極力小さいものを選択すべきである。実際に、実態財務指標として採用されているのは、表面財務情報と実態財務情報とを組み合わせたものであることが多く、実態財務情報だけで算出された指標はどちらかといえば少数派のようだ。これは、いかに貸出先の実態を反映した修正値といえども、データ全体としてみると、単純な実態財務指標では表面財務指標との相関が高くなりがちであるからと考えられる。

定性情報の対象と作成方法

定性情報といってもその対象は非常に幅が広く、あえて定義をするならば、表面財務情報でも実態財務情報でも預金取引に関する情報でもない、貸出先の信用状態に関係する情報すべてということになる。とはいえ、客観性・公正性を確保した評価プロセスに乗せるためには、当然ながら対象となる情報の範囲に一定の制限がある。

たとえば、業種であれば、多くの銀行では総務省の「日本標準産業分類」や、日銀の「金融統計調査表」における業種区分を使用しているが、各業種区分に含まれる業種を極力具体的に定義し、また複数業種にまたがる場合の取扱ルールなども明確にすることで、業種決定のルールは客観的で透明性の高いものとしなければならない。同様に、業歴や地域のように、だれが評価する場合でも答えがほとんど決まっているものであれば、客観的なルール化は比較的容易であるが、定性情報の項目選択で問題となるのは、こうした客

観的なルールの設定がむずかしいケースである。

　たとえば「貸出先の技術力」という要素を思い浮かべると、伝統的審査や証券投資などの分野では、日常的に目にする言葉であるが、これを客観的に公正なプロセスで評価する尺度があるかというと、意外にむずかしいのではなかろうか。従来の審査プロセスにおいても、評点の対象の一つとして技術力という項目があり、担当者がたとえばA〜Cの3段階で評価するようなケースがしばしばみられたところだが、ここで必要なのは、A〜Cの適用条件を客観的に明らかにし、だれが評価しても同じ結果になるように基準を設定することにある。このように考えていくと、技術力を評価するケースであれば、項目としての妥当性はさておき、たとえば「保有する特許件数」「修士号をもつ技術者数」のように定量的な評価が可能な要素に置き換える必要がある。

　このように定性情報の利用には一定の制約条件があるものの、定量的な情報に置き換えられる項目や、YesかNoかで答えられる項目（例：持ち家か借家か）であれば、かなりの程度で情報の客観性を確保できることから、活用の余地は大きい。特に定性情報の活用が期待されるのが、表面財務情報や実態財務情報だけでは信用状態の判断に限界があるといわれる中小・零細企業や個人の貸出先である。なかでも個人については、確定申告に使用する書類以外に財務情報がなく、消費性資金の貸出先に至ってはそうした情報にすらアクセスできないのが通常である。借入申込書などを通じて取得した個人の定性情報は、信用状態の評価材料としてはきわめて貴重なものといえよう。

　なお、少し本論と外れるが、中小・零細企業の評価に関してしばしば耳にする「中小・零細企業の決算書はあてにならないから定性情報その他に頼る」という論調については、筆者は非常に懐疑的である。最近のものだけでも、東芝、オリンパス、ライブドアなど、大企業における不正会計を契機とした経営危機や上場廃止は枚挙に暇がない。企業規模と財務情報の信憑性に正の相関があることを示すような客観的なデータの存在は寡聞にして知らない。

　他方、上場企業と中小・零細企業とでは、決算書作成のプリンシプルが異

2　信用格付制度　63

なるため、財務情報を通じて信用状態を評価する場合のポイントが異なる、ということは可能性としておおいにありうる。すなわち、上場企業の場合は株主利益の最大化が１つの経営目標であり、利益項目は大きければ大きいほどよい、というプリンシプルに従って決算書が作成され、時にはそのプリンシプルのために不正会計がなされることから、一般論的には最終利益が大きいほど信用状態の良好な貸出先、との評価原則が成り立つ。

　これに対して、中小・零細企業の場合、必ずしもこのプリンシプルが通用しないことがある。というのも、株主利益の最大化自体はたしかに経営目標ではあるが、その実現手段が必ずしも企業としての最終利益の最大化とは限らず、またそうした手段に頼らない企業の比率が相対的に高いことが想起されるからだ。この最大の理由としては、多くの零細企業においては株主とは代表者と同義である点にポイントがある。

　たとえば、日本リスク・データ・バンク株式会社（RDB）の保有する銀行貸出先の財務データによると、売上高１億円未満の零細企業に占める債務超過先の割合は実に４割近くに達している。しかしながら、これらの企業の半数がデフォルトするかといえば、決してそのようなことはなく、デフォルト率は高くともせいぜい４％前後という水準にある。これはすなわち、剰余金の蓄積や配当金のような手段によらずとも、役員報酬、地代・家賃、支払利息など、さまざまな方法で株主たる代表者に利益を還流させる方法が存在していることの裏返しとみることができよう。最終利益の極大化は、法人税の支払を伴うことから、この観点からすると、株主利益の極大化と必ずしもイコールにならないのである。したがって、中小・零細企業の財務情報については、すべてがあてにならないのではなく、利益の最大化という経営原則があてにならないのであり、そこに注目した財務指標の使い方に金融機関側の工夫の余地がある。

　前述した、中小・零細企業について表面財務情報や実態財務情報だけでは信用状態の判断に限界があり、定性情報に頼る余地が大きいという考え方については、財務情報の真正性という観点ではなく、むしろ代表者個人の資質や財力の影響が、大企業と比べるとはるかに大きいという点に起因するもの

図表2-9 売上高別にみた債務超過企業の割合

(注) 各年度の正常・要注意先
(出所) RDB

であることを、あらためて付記しておきたい。

取引情報の活用

預金口座の動きや借入金の返済状況などの取引情報を、貸出先の信用状態の評価に活用する試みは、スコアリングモデルの導入当初から多くの金融機関で検討され、ローン商品の審査では実際に採用しているケースも多い。また、個人の貸出先など、信用状態の評価に有効な参照情報の量が必ずしも十分でないケースにおいては、債務者格付においても預金残高の情報を利用している事例は多い。一方で、現在活用されている取引情報の具体的な中身をみると、ある時点での預金残高や借入残高の金額情報を実態財務情報のように取扱うケースがほとんどであり[9]、たとえば、一部のクレジットカード会社などでみられるような、日次の明細レベルにまで踏み込んだ情報のモデルへの活用は、銀行の債務者格付においては道半ばといった状況にある。

2 信用格付制度 65

取引情報は、大きくみれば非財務情報のなかでも定性情報の一類型に位置づけられようが、これまで限定的な使われ方にとどまるケースが多かったことには、おそらく以下のような理由があるものと考えられる。

① 取引シェアの低い貸出先における情報の有効性への懸念

特に預金取引の情報を生かす場合の問題としてあげられるのが、経常取引の集中度合いの違いによって、信用状態の評価における取引情報の有効性にも影響が及ぶという懸念である。これには、取引シェアの違いが貸出先の評価に使用できる情報量の違いに直結することが、一つの原因として考えられよう。

たとえば、銀行取引が自行のみの貸出先Aと、融資取引のみで経常取引がほとんどない貸出先Bとでは、同じ預金情報といえども参照できる情報の深さはまったく異なるものとなる。このため、預金情報における毎月の入金件数の変化が、貸出先の信用状態の評価に有効であることが仮にわかったとしても、貸出先Bの場合にはそうした入金件数の情報がそもそも機能しない可能性もあろう。取引情報を活用する場合には、いわゆる「取引振り」の違いが貸出先の評価をゆがめることのないような工夫が求められる。

取引情報とは関係ないが類似のケースとして、個人事業者の財務評価の場面において、「資産負債調」（事業法人におけるBSに相当）の情報が収集できるケースとできないケースとで、どのように評価に差をつけるかという問題がある。こうしたケースでは少なくとも、BSを徴求できないことが貸出先にとって有利に働くことのないように評価の仕組みを設計することが求められる。同様に考えると、取引情報を活用する場合も、経常取引が少ないことが貸出先にとって有利になることがないように制度設計することが重要であるといえよう。ただしこの点への過度な配慮は、取引情報を参照することによる精度面のメリットを大幅に損なうこともありうるため、両者のバランスをみて判断する必要がある。

9　たとえば、決算書上の有利子負債残高にかえて自行貸出残高を用いた「債務償還年数」や、同じく現預金項目のかわりに自行預金残高を用いた「手元流動性比率」のような財務指標があげられる。

② 多大なデータ収集の負荷

日々の入出金明細まで含めた取引情報を分析する場合、通常の財務情報や定量情報などとは比較にならないほどの、膨大な量のデータを取り扱わなければならない。これは、格付制度の設計当初に取引情報と信用状態との関係を分析する目的で過去のデータにさかのぼる場面、実際の格付制度の運用に際して取引情報を日次で吸い上げて評価する仕組みを用意する場面、いずれにおいてもデータ収集・分析のための多大なシステム負荷を要することを意味する。したがって、こうしたコストに見合うだけのメリットを得られるかどうかの見極めが、他の情報と比べてより重要なものとなる。

こうしたネックは存在するものの、債務者格付制度に取引情報を活用する動きが、最近では徐々にみられるようになってきている。この背景には、財務情報をはじめとした各種の定量情報を用いた格付モデルや債務者格付の性能が、絶対的な水準として伸び悩む昨今の状況に対する問題意識がある。個別金融機関レベルで改善のためにできることとしては、まずは信用状態の評価のための新たな情報源を発掘することであろう。預金取扱金融機関が独占的に保有する預金情報は、貴重な付加価値の源泉であり、またさまざまな活用の可能性を秘めているものと考えられる。たとえば、地域でのシェアが高い地域金融機関であれば、取引振りの違いによる情報量の差異の問題はある程度クリアできるはずであり、また作業負荷の問題も、昨今のIT技術の進化、とりわけデータボリュームに対するハードウェアおよびソフトウェアコストの飛躍的な低下により、技術面でのハードルは下がっている。そうした意味では、条件さえ整えばまだまだ活用余地を秘めた非財務情報源として、預金情報への注目度は高い。

特に、債務者格付を考えるうえでの取引情報特有のメリットとしてあげられるのが、直近の貸出先の状態をダイレクトに格付に反映できるという、情報のタイムリー性である。現在、債務者格付に活用されている情報の多くは、財務情報に代表されるように、更新頻度が年1〜2回程度と非常に限られており、とりわけリーマンショック当時の急速な経済環境の悪化局面にお

2　信用格付制度　67

いては、取引先の急激な業況悪化に債務者格付が対応し切れなかったという反省を残した。一昔前の融資担当者ならばだれもが、代金取立手形残高の管理や銘柄のチェックなどを日常的に実践しており、こうした当たり前の途上与信管理が貸出先の急激な業況変化に対するアンテナ機能を果たしていた可能性があるが、昨今の金融機関の現場においては、マンパワーの問題もあり、また手形取引そのものが減っているなどの事情もあって、なかなか実践できていないのではなかろうか。取引情報の活用には、こうしたかつての「地に足のついた貸出先管理」を現代風に実践するチャレンジの意味合いがある。

2.2.8 最終格付の付与

財務・定量情報による評価結果（一次格付）に対して、必要に応じて二次評価による調整を加えて、貸出先の最終的な債務者格付（最終格付）を決定する。ここでのポイントは二次評価のそれとほとんど同じだが、あらためて触れておこう。

◆二次評価は一次評価の精度を高めることが目的であり、デフォルトとの因果関係がないものや、一次評価と内容に違いのないものでは、実施する意味に乏しい

◆デフォルト率との因果関係が定量的に把握できる情報による評価が望ましい

◆定性評価を中心に定量的な効果の把握が事前には困難なケースも多いが（エキスパート・ジャッジメント）、その場合には事後検証によって効果を捕捉すべきである

一次格付と二次評価を組み合わせる方法にはさまざまなものがあるが、ここでは一つの例として、銀行にて多く使われる「ノッチ調整」について、簡単な例をみておきたい。

図表2−10は「取引年数」によって信用力の水準が異なる点に注目して、元の信用格付（縦軸）を調整するケースをあらわしている。これによると、同じ一次格付でも、取引年数の違いによって、実績デフォルト率の水準に差

図表2－10　二次評価による調整の具体例：ノッチ調整

一次格付	実績デフォルト率			
		取引年数		
		5年未満	5年以上20年未満	20年以上
1	0.2%	1.0%	0.1%	0.2%
2	0.5%	1.5%	0.3%	0.7%
3	0.8%	1.5%	0.6%	1.0%
4	1.2%	2.0%	1.0%	1.2%
5	2.0%	3.0%	1.2%	2.0%
6	3.0%	6.0%	1.8%	3.0%
7	5.0%	10.0%	3.0%	5.0%

があるのがわかる。この場合、左上の太枠で囲んだ区分は、元の値よりもデフォルト率が大幅に高いのでノッチダウン（格下げ）、右下の太枠で囲んだ区分は逆にノッチアップ（格上げ）することで、より実際の信用力にマッチした最終格付になることが期待される。このように、二次評価による調整は、デフォルト率との因果関係が定量的に把握できるケースに限って行うことが、本来は望ましい。

2.2.9　格付区分の検討

　最終格付を付与するにあたっては、貸出先をいくつの格付区分にグループ分けするのか、あらかじめ決めておく必要がある。格付区分をふやすほど、より多くのパターンのPDを貸出先に割り当てることになる。これにより格付ごとの信用状態の違いをより細かに表現できる半面、格付区分ごとに含まれる貸出先の数は減るため、格付ごとのPDと実績デフォルト率との乖離が広がる可能性が増すともいわれている。

　内部格付手法の要件では、格付区分について細かなルールが決められており、特定の格付に貸出先が集中することのないように配慮することが求めら

2　信用格付制度　69

れるほか、通常の貸出先（デフォルトしていない先）には７つ以上の格付区分を用意することになっている（告示第182条）。このほか、金融検査マニュアルでは、格付区分の数などへの言及はないが、債務者区分との対応関係について整合性が求められており、正常先と要注意先が、債務者格付制度において同じ格付に区分されることは認められていない。

さて、こうした規制対応は別にして、精緻な信用リスク計測という観点からあるべき格付区分の設定方法を考えると、最も重要なことは、格付別に割り当てたPDと実際に発生するデフォルト率とが極力乖離しないように、区分数、および格付ごとの貸出先数を設定する点にあろう。このためには、たとえば20区分など、最初は信用状態の順番に最大限細かく格付を設定して、次に、検証にて隣り合う区分同士のデフォルト率を比較する。その差が有意でなければ区分を統合する作業を繰り返して、デフォルト率の差異が有意になったところで最終的な格付区分数を確定するというアプローチが考えられる。この手法の場合、区分を細かくすることによる格付自体の「信用状態の違いに関する表現力」をある程度維持しつつ、格付ごとの貸出先数も統計的に有意なレベルで確保することが可能である。

債務者格付の格付区分に意味があるかどうかについては、格付区分ごとのデフォルト率に差があることを検証すればよい。格付区分の妥当性を統計的に検証する場面でしばしば用いられるのが、ピアソンのカイ二乗検定である。

ピアソンのカイ二乗検定は、格付区分ごとのデフォルト率（実績値）と全体のデフォルト率（理論値）の差をもとに、「格付区分ごとのデフォルト率に差がない」という帰無仮説を検定するもので、これによって、格付区分に意味があるかどうかを検証できる。なお、これは格付別のPDが実績値との比較で正しいかどうかをあらわすものではない。

図表２-11では、格付区分での実施例を示した。ここでは全７区分の格付について、実績デフォルト率の違いをもとに、格付区分に意味があったかなかったかを検証している。右端の２列は、非デフォルト先数（列N）、デフォルト先数（列D）のそれぞれについて、実績値と理論値の差の２乗を理

図表２－11　ピアソンのカイ二乗検定の例

格付	貸出先数(実績値)①				貸出先数(理論値)②				$(①-②)^2/②$	
	N	D	率		N	D	率		N	D
1	1,000	990	10	1.0%	980	20	2.0%		0.1	5.0
2	1,000	981	19	1.9%	980	20	2.0%		0.0	0.1
3	1,000	981	19	1.9%	980	20	2.0%		0.0	0.1
4	1,000	979	21	2.1%	980	20	2.0%		0.0	0.1
5	1,000	978	22	2.2%	980	20	2.0%		0.0	0.2
6	1,000	977	23	2.3%	980	20	2.0%		0.0	0.5
7	1,000	974	26	2.6%	980	20	2.0%		0.0	1.8
合計	7,000	6,860	140	2.0%	6,860	140	2.0%			
								カイ二乗値		7.8
								p値		0.257

理論値

(注)　N：非デフォルト、D：デフォルト

論値で割ったもので、これらをすべて合計したものが「カイ二乗値」である。この場合は7.8となる。カイ二乗値は計算式からもわかるとおり、値が大きいほど、実績値と理論値の差が大きいことをあらわしており、この場合、格付区分に意味があることになる。

　カイ二乗値がどのような確率分布に従うかというと、このケースでは自由度６のカイ二乗分布に従うことがわかる[10]。というのも、７つの格付区分それぞれにデフォルト・非デフォルトがあるので、計算対象は全体で14区分あるのに対して、実際には６区分のデフォルト件数が決まれば、残りの８区分の件数はおのずと定まる。

　さて、自由度６のカイ二乗分布によって、カイ二乗値が7.8の場合のp値は、Excel等でも簡単に計算できるが、0.257となる。これは、大まかにいうと、格付区分に意味がない可能性が25.7％もある、ということをあらわして

10　カイ二乗分布については154ページを参照。

2　信用格付制度　71

おり、実務的には「デフォルト率にもっと大きな差がないと格付区分の意味がない」という解釈になる。

次に、格付区分の数とも大きく関係するところだが、格付区分ごとに含まれる貸出先の数の分布形状についても、さまざまな考え方がある。現行の銀行規制上は、一部の区分に貸出先が集中しないことを意識すればそれで足ることになっており[11]、分布形状に関しては金融機関側の裁量が認められている。現状、多くの銀行は、最上位格と最下位格で相対的に件数が少なく、中位格の件数が相対的に多いという、なだらかな山型の格付分布（格付区分ごとの貸出先の件数）の形状を好む傾向がある。格付会社による伝統的な格付結果の分布がそうであるというくらいで、こうした分布をあえて選択することに、大して合理的な理由は見当たらない。山型の分布形状にすると、両端の格付において貸出先数が不足し、統計的にはPDと実績デフォルト率との間に大きな差異が生じる可能性が高まることから、格付の検証作業まで視野に入れるとあまりお勧めできるものではない。

上記の観点でお勧めしたい分布形状は、格付の各区分に均等に貸出先が配分される、ラダー型の格付区分である。PDと実績デフォルト率の整合性を真剣に追求するなら、債務者格付制度のあるべき姿として検討する余地はおおいにあろう。

格付分布は、格付区分の順位と実績デフォルト率の順序が整合しており、かつ分布の片寄りが小さいことが望ましい。図表2−12の上段では、特に問題のない格付分布の一例を示している。ここでは、格付が悪いほど（A格からE格に向かって）貸倒れも多い（右上がりの折れ線）という関係が成り立っているほか、格付ごとに含まれる取引先の数がある程度散らばることで、貸倒れの可能性に差がついているようにみえる。

これに対して、図表2−12の下段は、いずれも問題がある格付分布の一例である。左側は格付分布には問題がないものの、実績デフォルト率に問題があるケースを示している。実線のような実績デフォルト率の場合は、一見し

11　仮に集中した場合でも「十分な実証されたデータにより裏付けられている場合は、この限りでない」（告示第182条）。

図表2−12 良い格付区分（上）と悪い格付区分（下）

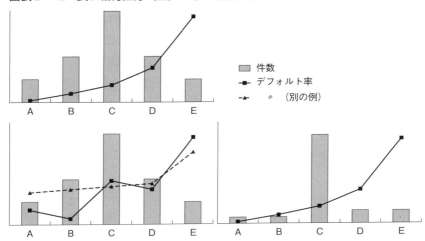

て格付区分の順位と実績デフォルト率の順序が整合していないのがわかる。また、点線のような実績デフォルト率の場合には、良い格付分布の例と比べて、格付区分ごとの実績デフォルト率の差が小さく、格付区分に意味があるのかないのか、これも判断のむずかしいところであろう。また下段右側の図は、実績デフォルト率には問題がないものの、格付分布に問題があるケースを示している。こちらは特定の格付区分に貸出先が偏っており、貸出先を各格付区分に分散させるような工夫が必要な例である。

2.3 PDの推計

　債務者格付制度では、債務者格付の区分ごとにPDを推計し、それを各貸出先のPDとして使用する。ここでは、格付区分ごとのPDの推計方法、および実績デフォルト率との比較・検証の方法について、詳細をみることとしたい。

　さて、信用リスク管理の本来の考え方からすると、PD推計にあたっては、予測値としての正確性が重要となることはいうまでもない。一方で、目下の

日本の銀行がPD推計の際にしばしば参照する、内部格付手法の要件にある「リスクパラメータ推計」の場合、手順そのものは整理されているものの、推計値の水準については、時に正確性よりも保守性を重視する、やや特殊な考え方もみられる。以降の説明では、内部格付手法の要件を参考にPD推計の方法論をみていくものの、一般的な信用リスク管理の現場を想定すると、推計値の特殊性をある程度是正するような調整が必要になることに注意を要する。

2.3.1 PD推計の3つの手法

内部格付手法を採用する銀行は、格付別のPDを規制上の自己資本比率の計算におけるリスクパラメータとして使用するため、金融庁告示にて定めるさまざまな推計の要件に従う必要がある。また、国内の銀行全般では一般貸倒引当金の計算に際して、信用格付別の貸倒実績率や倒産確率を用いることが、規制のうえで原則とされている[12]。後者については、デフォルト定義の違いもあって、格付別のPDがそのまま適用できるわけではないが、将来発生する損失を定量的に見積もる際の最小単位として債務者格付を位置づけているという意味では、内部格付手法の発想となんら変わるところはない。

内部格付手法では、格付別のPD推計について、3つの手法を想定している（告示第213条第1項）。

(a) 債務者格付に対応する長期平均PDの推計にあたって、デフォルトの実績に関する内部データから推計する手法

(b) 内部格付と外部格付を紐づけ、外部格付に対応したPDを格付に割り当てることによりPDを推計する手法（マッピング）

(c) 個々の債務者のデフォルト確率の推計値をモデルに基づいて算出し、当該推計値の単純平均をPDとする手法

最もオーソドックスなアプローチは、(a)の自社の実績値に基づく推計である。これに対して(b)と(c)は、自社にてデフォルトサンプルが十分に確保でき

---

12 債務者区分別の貸倒実績率、倒産確率も認められている。

ないなど、なんらかの理由で(a)の手法が採用できないケースに採用されることが多いようだ。

なお、内部格付手法が想定するPDは、(a)の文言にある「長期平均PD」である。詳細な定義は別の箇所で触れるが、必ずしも正確性を最優先とする推計値ではない点に注意を要する。

2.3.2 PD推計とデフォルト定義

内部格付手法を採用する銀行によらず、広く一般的に用いられるPD推計の手法が、(a)の自社の実績デフォルト率を参照する手法である。前章1.3節でみた「村の老人の話」は、この方法の最も単純な例といえよう。

ここで最初に決めるべきは、実績デフォルト率を算出する際の「デフォルトの定義」である。たとえば、内部格付手法の場合、デフォルトの定義に関する要件が次のように定められている（告示第205条第1項）。

・要管理債権以下の区分に該当する開示債権の発生
・重大な経済的損失を伴う債権譲渡の実施
・当座貸越における3カ月以上の延滞発生

ここでいう要管理債権とは、大まかにいうと、3カ月以上の元利金の延滞がある債権、貸出期日・返済額等の貸出条件を緩和した債権、および金利を減免した債権のことである。銀行の場合、内部格付手法の定義にならって、デフォルト定義を要管理先以下としていることが多い[13]。一方で要管理債権の発生は、いわゆる経営破綻や倒産に比べると、事象の定義に解釈の余地が残るほか、正常な返済状況へと回復するケースも多くみられるため、以下のように、デフォルト定義として注意すべき点がいくつか存在する。

デフォルト定義の一貫性

要管理債権の認定基準が、長期間でみると必ずしも安定的ではないというのは、銀行関係者の一致した見方であろう。たとえば、貸出条件緩和債権の

13　要管理債権を有する要注意先のことを、便宜上「要管理先」と呼んでいる。

2　信用格付制度　75

認定基準がきわめて厳しかった2000年代前半と、金融円滑化法を通じて経営再建計画の認定ルールが大きく緩和されたリーマンショック以降とでは、同じ貸出先、同じ債権であっても、要管理債権の認定結果が変わることは疑いのないところである。このため、要管理先をデフォルト定義に用いる場合、実績デフォルト率が規制動向から大きく影響を受けている点に注意が必要であろう。銀行によっては、実績デフォルト率をPD推計に使用する際に、現在の要管理債権のルールに引き直して、過去の実績デフォルト率を再集計しているケースもみられる。

正常化・ランクアップ

要管理先の多くは、いわゆる倒産や経営破綻のケースとは異なり、通常どおりの営業活動を続けている。このため、一定期間後に正常な返済状況に復帰する「ランクアップ」を果たす貸出先も少なくない[14]。後述するとおり、このランクアップの影響は本来、LGDに反映すべきものだが、LGDの推計プロセスが未整備の多くの金融機関においては、このランクアップの存在が、正確な信用リスクの計測にとって大きな障害となっている。これに対して、デフォルト定義を破綻懸念先、実質破綻先、あるいはよりシンプルに法的破綻（倒産）などとすれば、通常はランクアップの影響を小さくできる。

倒産確率との乖離

これも、要管理先が事業を継続しているケースが多いことに起因する問題だが、要管理先定義のPDの場合、銀行の貸倒引当金の計算に使用するパラメータの一つである倒産確率と、水準が大きく違ってくることがある。これは、定義の違いによる水準の差だけでなく、要管理先が実際の法的破綻に至るまでのタイムラグが原因となっている。

内部格付手法を採用する銀行であればともかくとして、特にそうした縛りのない金融機関においては、前述のような要管理先定義の問題点に鑑みて、

14　銀行規制上は、正常先や（その他）要注意先に復帰するケースがこれに該当する。

むしろ破綻懸念先以下、あるいは実質破綻先以下のように、実際の損失が発生する時点により近いポイントをデフォルト定義に据えたほうが、PD推計精度と手間、活用の余地など、さまざまな点でメリットが多いものと思われる。また、銀行においても、推計したPDの実践的な活用のためには、複数のデフォルト定義によって実績値を計測できる体制を整えておくことが望ましい。

　なお、しばしば誤解のあるところとして、債務者格付に使用するスコアリングモデルの構築に際して、構築に使用するデータのデフォルト定義も格付別PDのデフォルト定義にそろえなければならないという議論がある。これは、スコアリングモデルが算出したPDをそのままパラメータに使用する場合（前述の(c)）であり、(a)のように、スコアリングモデルを貸出先の格付区分の特定にのみ用いるケースでは、必ずしもそろっている必要はない。あえていうならば、スコアリングモデルの構築データのデフォルト定義が破綻懸念先基準で、これに対して格付別PDが要管理先基準であったとすると、スコアリングモデルが表現する「破綻懸念先以下になりやすい貸出先」の序列と、格付別PDに必要な「要管理先以下になりやすい貸出先」の序列とが整合していれば、両者の定義の相違は特に問題とはならない。

2.3.3　PD推計と期間の概念

　実績デフォルト率を計測する際に、次に考えておくべきことは、時間の概念である。時間の概念のなかには2つの検討事項があり、一つは推計対象とする期間、もう一つは推計元となる時期の問題である。

推計対象とする期間

　将来のどのタイミングまでのデフォルト事象を推計対象にするのか、という問題である。貸出先の信用リスクとリターンの評価のためには、本来的には、貸出期間の終了時点までを時間的にカバーするPDが必要となるが、当座貸越のような超短期の貸出から、35年満期の住宅ローンまで、多様な貸出について貸出期間を考慮しなければならない銀行の場合、まずは「1年」を

2　信用格付制度　77

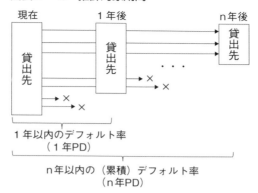

図表2－13　推計対象期間

最小単位として用いることが多い。これは、いまから1年後までに発生するデフォルト事象を推計対象とすることを意味している。

　図表2－13は推計対象期間の概念を図にしたものである。1年を最小単位とするPDを、ここでは「1年PD」として表現している。単にPDといえば、実務上はこの1年PDを指すことが多い。内部格付手法における推計対象も、通常は格付別の1年PDである[15]。また、推計対象期間をより長くとったデフォルト率を「n年累積PD」、あるいは単に「n年PD」などと呼ぶ。実績値を集計する場合には、当然同じ長さの期間をさかのぼって行うことになるが、累積PDのもととなる実績デフォルト率のデータは、期間が長くなればなるほど、データ蓄積のための期間もそれ以上に長くとる必要があるため、データ数が不足しがちとなる。たとえば、住宅ローンの35年PDを推計するために実績値をとる場合、過去35年分のデフォルトデータが貯まってはじめて、35年累積デフォルト率の実績値を1件とることができる。

　このように、長期累積の実績デフォルト率は、データ数を多くとることが通常はむずかしいため、長期PDの推計に際しては、より短い期間の実績デフォルト率と、同じ期間での債務者格付の遷移確率を用いて、期間を引き延ばして推計することがしばしばなされる（2.3.6項参照）。

15　告示第1条第48号
　　「PD……1年間に債務者がデフォルトする確率をいう。」

推計元となる時期

もう一つの問題が、推計に使用する実績値の時期である。銀行にて多くみられるのは、直前 n 年間の実績デフォルト率を集計対象にして、その平均値を翌年のPDとする方法である。

なお、内部格付手法においては、長期平均PDという考え方が求められる（告示第213条第1項）。これは5年以上の観測期間という要件とあわせて（同条第4項）、最低5年間以上のデータから1年デフォルト率の実績値を複数集めて、その平均値を格付別のPDとすべきものと解釈される[16]。つまり内部格付手法では、目先の経済状況だけにとらわれることなく、過去5年以上の平均的な状況における推計値をPDとすることが原則とされているのであ

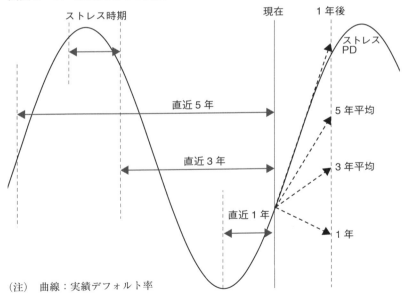

図表2-14　推計元となる実績デフォルト率の時期

（注）　曲線：実績デフォルト率

---

[16] 告示第213条第4項（一部略）
「内部格付手法採用行は、PD推計するに当たって、5年以上の観測期間にわたるデータを一以上利用しなければならない。」

る。銀行実務上は、過去の一定期間における実績デフォルト率の平均値をPDとするケースが、内部格付手法の採用いかんによらず多くみられる。さらには、過去の平均値に一定の上乗せ幅を置いて、PDを保守的に見積もるケースもある[17]。

このほかには、直近のデフォルト率が最も高かった時期の実績値を参照する方法（ストレスPD）、景気後退期のようにデフォルト率が比較的高い時期の実績値を参照する方法（ダウンターンPD）といった考え方もある。

自らの信用リスク管理の対象に適したPD推計のためには、推計対象とする期間と、推計元となる時期を適切に選択する必要がある。

2.3.4 実績デフォルト率によるPD推計のポイント

参照すべき過去の実績デフォルト率が特定できれば、後はその平均値や、平均値に保守的な調整を加えたものなど、なんらかのかたちでPDとして使うことができる。銀行の信用リスク管理においては、ほとんどの場合、過去の実績値の平均を使っているものと思われるが、そうした取扱いにも一つの問題があることを、実際のデータをもとに指摘しておきたい。

図表2−15は、格付別ではなく貸出先全体が対象ではあるが、2005年度から12年間の実績デフォルト率の推移をあらわしている。上下の図の違いは、各年度のPDをあらわす折れ線にあり、上図は前年の実績をそのままPDとした場合、下図は過去5年間の平均値をPDとした場合をそれぞれ示している。また棒グラフは、それぞれ実績値とPDの乖離をあらわし、棒グラフが上下に長く伸びていれば、それだけ実績値とPDの乖離が大きい、つまりPDの推計精度が悪いことを意味する。

一見して、上の前年実績をそのまま用いたケースのほうが、実績値とPDの乖離が全体的に小さいのがわかる。具体的な例をあげると、2016年度PDは、前年実績値（2015年度）を用いた場合が1.11％、過去5年（2011年度から

17　告示第212条
　「内部格付手法採用行は、予測される推計に誤差が生じることを考慮してPD、LGD及びEADの推計値を保守的に修正しなければならない。」

80

図表2−15 実績デフォルト率とPDの比較
（上：前年実績、下：過去5年平均値）

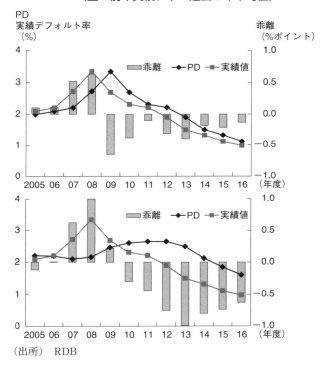

（出所） RDB

2015年度）の平均値を用いた場合が1.61％となるのに対して、2016年度の実績デフォルト率が0.98％である。どちらが推計値として近かったか、水準だけでみれば議論の余地はない。過去の実績デフォルト率の動きをみると、1年ごとに上げ下げを繰り返すような動きではなく、時系列でなだらかに動く傾向があることから、近年のような実績デフォルト率の低下局面では、過去の平均値を用いると、PDの過大推計につながりやすいことがわかる。

さらに保守性という観点からも、過去の平均値を使うことには疑問が残る。図表2−15の2008年度をみると、実績デフォルト率は3.34％だったのに対して、前年実績値によるPDは2.72％、過去5年平均値によるPDは2.16％である。推計精度だけを考慮するなら、長期間の実績デフォルト率をわざわざ平均して使用することには、時折訪れる実績デフォルト率の転換点におい

て、前年実績を使用するケースに比べて推計精度が高くなる可能性がある以外に、ほとんどメリットはないものと思われる。

2.3.5　実績データが利用できない場合のPD推計

　ここまでのPD推計の説明は、実績デフォルト率が計測できることを前提にしてきた。一方で、実務上しばしば問題となるのが、実績デフォルト率が不明な場合のPD推計の方法である。

　実績デフォルト率が不明なケースとして代表的なものが、デフォルト実績が乏しいLDP（low default portfolio）と呼ばれる貸出先である。LDPは、信用力の高い格付区分や、国・地方公共団体を対象とした貸出などでしばしばみられる。このほか、当該金融機関が新規に参入する市場や貸出先セグメントであれば、過去の実績はとりようがないほか、単純に自社のデータ蓄積が遅れているケースもあげられる。以下では、こうした実績データが利用できない場合に考えられる対応策を、いくつか取り上げておきたい。

対象を広げてデフォルト実績を探索

　LDPのように貸出先はあるもののデフォルト実績がない場合の問題は、だからといってPDをゼロにはできないところにある[18]。この場合、とにかく１件でもかまわないので、データのなかからデフォルト実績を探し出すことが重要である。そのためには、期間、地域、業種など、デフォルト実績を探索する対象範囲を広げることが基本となる。たとえば過去５年のうちにはデフォルト実績がなかったとしても、20年間さかのぼって１件のデフォルトが見つかれば、少なくともPDはゼロにはならない。

　また、探索する範囲を広げてもデフォルト実績が見当たらない場合には、デフォルトの定義を広げるという方法もありうる。３カ月以上の延滞事象はゼロだったとしても、１日の延滞ならば事象として見つけられるケースはある。ただしこの場合には、厳密な意味では、デフォルトの定義を広げた場合

18　内部格付手法では、いかなる信用状態の格付区分であっても、PDが0.03％を下回ることは認められていない。

と元のままの場合とで、デフォルトしやすさの序列が変わらないことを検証しておく必要がある。

外部データからデフォルト先データを補完

新規参入したマーケットや、自社にデータの蓄積がない場合に検討する方法である。また、LDPの場合で、外部のデータベースのほうが自社よりも長い期間のデータを保有しているケースにも、外部データベース活用の余地がある。

外部データの利用においては、当該データの母集団と自社の貸出先との間に十分な類似性があることを確認する必要がある。このケースでは自社のデータがないことから、デフォルト率を用いた類似性の検証はできないため、非デフォルト先の業種構成や規模構成、主要な財務指標の分布状況等の比較を通じて、類似性を検証することが有効であろう。

デフォルト率推計モデルを使用する

統計モデルや構造モデルといったいわゆるスコアリングモデルのなかには、貸出先1件ごとのPDを計算できるものがあり、これを格付区分別PDの推計に活用することがある。典型的には、証券化商品に格付を付与する場面で、プールといわれる貸出先グループごとのPD推計にてしばしばスコアリングモデルが用いられている。

格付区分ごとのPDに落とし込む際には、当該格付区分に属する貸出先全件についてスコアリングモデルによるPDを計算し（個社別PD）、個社別PDの平均値、ないしはなんらかの代表値をもって格付区分全体のPDとする方法が考えられる（格付区分PD）。

モデルを使用する際の注意点は、49ページに示した外部モデル利用時の注意点と同様であり、自社の貸出先とスコアリングモデルの構築に使用したデータとの整合性を考慮する必要がある。スコアリングモデルのロジックや構築に使用したデータの中身が明らかでない場合も多いほか、もともと、自社のデフォルトデータが乏しくモデルの検証は困難であることも想定される

2　信用格付制度　83

ため、自らの貸出先に当該スコアリングモデルを適用することの客観的な合理性を示すことがむずかしいケースもある。内部格付手法ではそうした場合、保守的なPD推計とすることが求められている。

なお、自社の貸出先に対する格付会社による外部格付[19]を参照して、これに当該格付会社が公表している格付区分ごとの実績デフォルト率を利用する「外部格付マッピング」などといわれる手法も、スコアリングモデルを使うわけではないが、外部の評価の割当てを通じて個別貸出先のPDを推計するという意味で、モデルの利用と本質的な違いはない。この手法は、外部格付を有していることが多い大企業向け貸出において活用されることが多い。また、外部格付を有していなくとも、外部格付を推計することでマッピングが可能になることもあり、以前から、外部格付を推計対象とするようなスコアリングモデルが、銀行では活用されている。

2.3.6 格付遷移行列と長期PDの推計

ここまでの説明では、債務者格付ごとのPDとして、向こう1年間のデフォルト確率を主に念頭に置いてきた。本項では、これをもとに1年を超える長期間にわたるPDの推計方法について少し触れておきたい。

格付遷移行列

同じ格付制度において、ある格付に区分された貸出先が、一定期間（通常は1年）後にどの格付に区分されるかについての割合を集計したものを「格付遷移行列」という。図表2－16は、前期末の格付A1からC2の貸出先がそれぞれ、当期末時点でどの格付に遷移したか、上の表は貸出先の件数を集計している。右端には、どの格付にも遷移していない件数、すなわちデフォルト先と与信解消先（＝期末に格付がない）を集計している。たとえば、前期末にB2格だった貸出先4,692件のうち、当期末にB1格に1ランク格上げになった貸出先数は493件であったことがわかる。

19　金融機関側からみて外部、という意味。

84

また下の表は、前期末に左端の列が示す格付に属する貸出先のうち、当期末に上端の行が示す格付に遷移した貸出先の件数割合をあらわしている。たとえば、前期末にA2格だった貸出先1,705件のうち、当期末にB2格に格下げになった貸出先137件の割合は8.0%である。なお、与信解消先の取扱いの違いによって計算方法はいくつか存在するが、ここでは、与信解消先を「当期末も同じ格付であった」とみなしている。

図表2－16　格付遷移行列の例（上：件数、下：割合）

		当期末								デフォルト	与信解消
		合計	A1	A2	B1	B2	B3	C1	C2		
	合計	15,000	96	445	3,895	4,978	3,752	923	174	288	449
	A1	261	80	85	77	9	1			1	8
	A2	1,705	13	321	1,155	137	13	2		14	50
前期末	B1	3,837	2	38	2,161	1,303	158	9	5	46	115
	B2	4,692		1	**493**	2,802	1,051	95	25	84	141
	B3	3,175	1		9	706	1,876	327	69	92	95
	C1	1,098				21	551	396	60	37	33
	C2	232					102	94	15	14	7

		当期末							デフォルト
		A1	A2	B1	B2	B3	C1	C2	
	合計	3.6%	3.0%	26.0%	33.2%	25.0%	6.2%	1.2%	1.9%
	A1	33.7%	32.6%	29.5%	3.5%	0.4%	0.0%	0.0%	0.4%
	A2	0.8%	21.8%	67.7%	**8.0%**	0.8%	0.1%	0.0%	0.8%
前期末	B1	0.1%	1.0%	59.3%	34.0%	4.1%	0.2%	0.1%	1.2%
	B2	0.0%	0.0%	10.5%	62.7%	22.4%	2.0%	0.5%	1.8%
	B3	0.0%	0.0%	0.3%	22.2%	62.1%	10.3%	2.2%	2.9%
	C1	0.0%	0.0%	0.0%	1.9%	50.2%	39.1%	5.5%	3.4%
	C2	0.0%	0.0%	0.0%	0.0%	44.0%	40.5%	9.5%	6.0%

2　信用格付制度　85

長期累積デフォルト率の検証

　期間が１年を超える長期の貸出金利の設定においてしばしば必要となるのが、計測期間が１年を超える長期PDという考え方である。これは「ｎ年累積デフォルト率」の考え方をもとに、実績値を計算するところから推計作業をスタートするのが一般的である。

　他方で累積デフォルト率は、たとえば累積５年の実績デフォルト率のサンプルを５つ以上取得するには最低９年以上のデータの蓄積が必要となるなど、期間が長くなればなるほどデータ数の制約が厳しくなるため、データ不足により満足な計測ができないケースもあろう。そこで、長期間の実績データが確保できない場合の、累積デフォルト率の推計にしばしば用いられるのが、この格付遷移行列を何度も掛け算する方法である。

　図表２－16の下段は、１年間の格付遷移の実績をあらわしたものだが、ここではこれをそのまま向こう１年間の予測値とみなす。このとき、１年後から始まる次の１年間についても同じ予測値で、かつ同じ確率で格付遷移が続くものと仮定すると、この格付遷移行列を掛け算することで、累積２年間分のPDを計算できる。図表２－17は、本事例において最初の時点で格付A2の貸出先が、向こう２年間で遷移する格付、および最終的にデフォルトする確率をあらわしている（星印内の数字）。１年後（まで）にデフォルトする確率は、格付遷移行列における格付A2のPD＝0.8％に等しい。また、１年後は生存し、２年後（まで）にデフォルトする確率は、１年後の各格付に遷移する確率（これを「遷移率」という）にその格付のPDを乗じたものの合計に等しい。両者を合わせて、２年以内にデフォルトする確率を式であらわすと、以下のようになる。

　　0.8＋(0.8×0.4＋21.8×0.8＋67.7×1.2＋8.0×1.8＋0.8×2.9＋0.1×
　　3.4＋0.0×6.0)＝0.8＋1.164…≒2.0（％）

　ここでは累積２年のPDを計算したが、同様の計算を繰り返すと、累積２年の格付遷移行列をつくることもできる（図表２－18）。これをみると、累積２年のPDが、単純に１年PDを２倍したものと必ずしも同じような水準にな

図表2-17　格付遷移を考慮した累積デフォルト率の計算

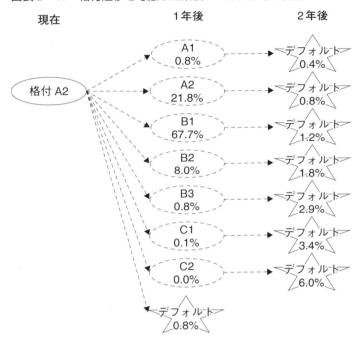

図表2-18　累積2年の格付遷移行列と累積PD

		2年後							デフォルト
		A1	A2	B1	B2	B3	C1	C2	
現在	A1	11.6%	18.4%	49.9%	16.1%	2.6%	0.2%	0.1%	1.2%
	A2	0.5%	5.7%	56.0%	30.0%	5.3%	0.5%	0.2%	**2.0%**
	B1	0.1%	0.8%	39.5%	42.4%	12.8%	1.4%	0.4%	2.7%
	B2	0.0%	0.1%	12.9%	47.9%	29.6%	4.6%	1.0%	3.8%
	B3	0.0%	0.0%	2.7%	28.0%	49.7%	11.7%	2.2%	5.6%
	C1	0.0%	0.0%	0.3%	13.1%	53.6%	22.7%	3.8%	6.5%
	C2	0.0%	0.0%	0.1%	10.6%	51.8%	24.2%	4.1%	9.2%

2　信用格付制度

るわけではないことがわかる。たとえば格付C2をみると、1年PD＝6.0%に対して、累積2年のPDはおよそ5割増しの9.2%にとどまり、これは単に累乗した場合の11.6%（＝0.06＋（1－0.06）×0.06）と比べても大きく乖離している。その理由は、1年目に格付C2から上位の格付に遷移する先については、2年目のPDが下がるからである。

一般に累積n年のPDは、格付遷移行列と1年PDの行列を用いて、以下の式で表現できる。

$$M_n = \sum_{k=1}^{n} R^{k-1} P$$

$$\left(ただし \quad M_n = \begin{pmatrix} m_{n,1} \\ \vdots \\ m_{n,i} \end{pmatrix} \quad R = \begin{pmatrix} r_{1,1} & \cdots & r_{1,j} \\ \vdots & \ddots & \vdots \\ r_{i,1} & \cdots & r_{i,j} \end{pmatrix} \quad P = \begin{pmatrix} p_1 \\ \vdots \\ p_i \end{pmatrix} \right)$$

ここでM_nは累積n年の格付別PDの行列をあらわしており、格付iのn年累積デフォルト率が$m_{n,i}$であることを意味している。またRは格付遷移行列であり、その中身である$r_{i,j}$は、前期末にi格に属する貸出先における1年後のj格への遷移率をあらわしている。同様にPは単年度の格付別PDの行列であり、p_iはi格の1年PDをあらわしている。

格付遷移行列と格付別PDを用いると、比較的簡単な計算で累積PDが推計できるため、長期間の信用リスクを評価する際にしばしば活用されている。また、格付会社が公表している格付別の格付遷移行列とPDをもとに、社債発行体の長期累積PDを計算するようなアプローチも、市場参加者の間では行われている。しかしながら、この手法を使うにあたっては、以下の前提に注意しておく必要がある。

一つは、格付遷移行列や格付別PDが、将来にわたって安定的であるという仮定が含まれる点である。実務上は、過去数年間の平均的な遷移率や実績デフォルト率をベースにこれら行列を作成していることが多い。

そしてもう一つは、各年の格付遷移やデフォルト事象は独立（150ページ）に発生する、という仮定である。これについては、相関を考慮するというアプローチが考えられるが、そもそも相関を推計するのは、PDや遷移率そのものの推計以上に困難とされる。実務上は、むしろ無相関での計算結果であ

ることを前提に、一定のストレスを考慮して保守的に取り扱うのが現実的で
あろう。

2.3.7　PD推計の前提となる経済環境の考え方　PITとTTC

　債務者格付は、貸出先のデフォルトしやすさの順番に並ぶものだが、この
デフォルトしやすさについて、いつの時点のデフォルトしやすさを前提とす
るのかについては、制度設計として大きな意味をもつ。すなわち、足元の経
済環境におけるデフォルトしやすさの順番なのか、経済環境がいまよりも悪
化したタイミングでのデフォルトしやすさを想定しているのか、という問題
である。そしてこの問題については、債務者格付の時間軸に対する2つの伝
統的な考え方、すなわち「point-in-time格付（PIT）」と、「through the
cycle格付（TTC）」という概念について、どちらの立場をより重視するのか
によって結論が変わってくる。

point-in-time格付（PIT）

　PIT格付は、直近時期の経済環境を前提として、貸出先のPDを評価する
格付手法のことである。

　この考え方では、貸出先の直近時期のPDを評価の対象にすることから、
直近の経済状況が景気後退局面にあれば、PDが高くなる貸出先がふえて、
格付を構成する貸出先の分布では下位格の構成比が高まることになる。逆に
景気回復期には、PDが低くなる貸出先がふえて、上位格の構成比が高まる。
また、格付ごとのPDは景気変動の影響を受けず、基本的には一定となる。

　こちらは、商業銀行において一般的な信用格付の考え方であり、2章を通
じて本書で説明している債務者格付制度とそこで推計するPDは、基本的に
こちらの考え方に従っている。

through the cycle格付（TTC）

　TTC格付は、PIT格付よりももう少し長い期間、一般的には景気循環全
体を通じて、その最悪期における貸出先の信用状態の評価に基づく格付手法

2　信用格付制度　89

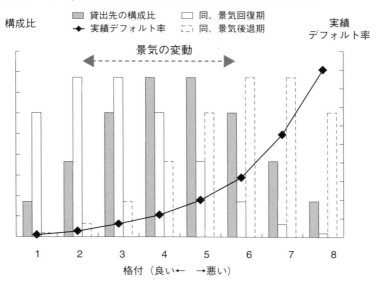

図表2－19　point-in-time格付における格付分布と景気変動

である。

　具体的には、5年から7年程度の期間におけるデフォルトしやすさの定義として、その期間中で最も景気が悪い時期におけるデフォルトしやすさ（ストレスPD）を適用する。ストレスPDは景気循環の影響を受けにくく、貸出先において毎年のように変化する値ではないものと考えられるので、格付ごとの貸出先の構成比は固定的となる。一方で、格付区分ごとの実績デフォルト率は、当然ながら景気循環の影響を受けるので、毎年変わることになる。

　こちらは、ストレス時期のPD（景気の悪い時期に想定するデフォルト率）に応じて格付を付与する、格付会社がしばしば用いる考え方といわれている。

　実際に金融機関が運用する債務者格付制度がどちらに近いかというと、貸出先を直近1年間のデフォルトしやすさをもとに評価する点はPIT的な運用といえる。一方で、格付区分ごとのPDを一定とせずに、その時々で見直すことがある点はTTC的な運用といえよう。このように考えると、実際の格付制度は両者の要素を併せ持っているのが通常で、どちらかに区分すること自体にはあまり意味がないといえる。

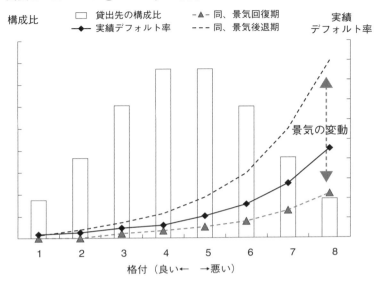

図表2-20 through the cycle格付における格付分布と景気変動

　ただし、信用リスク評価の基準となるPDが、直近時期に注目したPDなのか、ストレス時期に注目したPDなのかの違いだけで、格付制度自体がまったく別の分布になり、また時間的な変化に対してもまったく異なる動きを示すことになる点は、債務者格付制度を設計する場面では頭に入れておくべきであろう。

2.4 債務者格付制度の検証

　債務者格付制度の一連の仕組みにて最後に必要となるのが、検証のプロセスである。検証の最終的な目的は、検証結果をもとに、債務者格付制度全般をたえず改善していくことにある（フィードバックプロセス）。債務者格付制度は、検証とフィードバックがあってはじめて、運用を通じてその精度の維持・改善を図ることができる。具体的な検証作業は、大まかに分けて、以下の3つの観点から行われることが多い。

① **格付区分別のPDと実績デフォルト率の比較検証**

最初に検証すべきポイントとしてあげられるのは、格付別PDと実績デフォルト率との整合状況である。これは、債務者格付制度が最終的には格付別の精緻なPD推計を目指しているからにほかならない。

② **格付区分別の実績デフォルト率の序列検証**

①のPD検証の結果を受けた、その原因究明作業として位置づけられるのが、債務者格付の付与プロセスの検証である。具体的にいうと、一次評価に使用するスコアリングモデルや、二次評価における実態財務・定性情報による調整効果の検証がこれに相当する。①の結果に問題がなかったとしても、いわゆる「まぐれ当たり」の可能性を排除するためには、これら債務者格付のプロセス面の検証にはおおいに意味がある。

③ **債務者評価の安定性**

フィードバックや精度改善の観点というよりはむしろ、債務者格付の運用の利便性の意味合いが強い検証メニューである。特に、債務者格付制度を大きく改定するタイミングでは、改定前後の債務者格付の変化は、個別の貸出先への取組方針のみならず、金融機関自体の信用リスクの総量にも大きく影響することから、本検証の重要性は高まる。

本節では、①～③のそれぞれについて、具体的な内容とポイントについて紹介したい。

なお、検証内容をよりよく理解するには、確率・統計にかかる一定の予備知識をもっておくことが望ましい。本章末には補論として、信用リスク管理実務に関係する確率・統計の基本知識について記載している。

2.4.1 PDと実績デフォルト率の比較検証

格付区分別に推計したPDと、格付区分別の実績デフォルト率の整合性の検証には、「二項検定」といわれる統計的検定を行うのが、最も基本的なアプローチであろう。

図表2－21は、貸出先1万件、うちデフォルト先が250件ある金融機関における、10区分の格付別PDの検証事例である。ここでは二項検定の結果、

2格と10格において有意水準5％で不整合が示唆されている。解釈の詳細は補論に譲るが、第10格を例にとると、12.00％というPD推計が正しかったとすると、実績デフォルト率が10.20％以下にとどまる確率は4.20％しかない、したがって推計値が高すぎたのではないか、という解釈ができる。これにより、高すぎるPDになった原因を調査し、必要に応じて第10格のPDを見直すという次のアクションに移る。

　格付区分別のPDの検証で注意を要するのが、件数の少ない格付区分における検証結果の見方である。通常の債務者格付制度においては、格付区分別に含まれる貸出先の数にばらつきがあるのが通常である。上位格を中心に貸出先数が極端に少ない場合など、1件のデフォルト発生によって検定結果の解釈が大きく変わることも珍しくない。こうした件数の少ない格付区分やポートフォリオにおける検証では、1件ごとのデフォルト事象が、そもそも予測可能なものだったのか、個別に内容を精査する必要がある。

　よくみかける事例として、最上位格から1件のデフォルトが発生しただけで、最上位格と2格以下でのデフォルト率の序列不整合が生ずるケースがある。この場合、まずその1件のデフォルト事例について掘り下げて原因を探

図表2－21　二項検定の実施例

区分	貸出先数	デフォルト先	実績デフォルト率	格付区分別PD	上側確率	下側確率
1	1,000	1	0.10%	0.10%	63.23%	73.58%
2	1,000	1	0.10%	0.30%	95.04%	19.87%
3	1,000	4	0.40%	0.50%	73.57%	44.01%
4	1,000	10	1.00%	0.80%	28.29%	81.67%
5	1,000	13	1.30%	1.20%	42.40%	68.22%
6	1,000	12	1.20%	1.50%	81.72%	26.57%
7	1,000	20	2.00%	2.30%	76.52%	30.76%
8	1,000	31	3.10%	3.50%	77.75%	27.93%
9	1,000	56	5.60%	6.00%	72.13%	32.61%
10	1,000	102	10.20%	12.00%	96.64%	4.20%

2　信用格付制度　93

ってみるべきで、調べた結果、当該貸出先の大口取引先が突然に破綻したことによる連鎖倒産だったとすれば、それが信用リスク管理のプロセスを通じて予測可能な事態なのか、そこまで検討したうえで債務者格付制度のあり方やPD推計の方法について議論すべきであろう。こうした場面では、PD推計の方法を改めたとしても、あるいはその手前の一次評価、二次評価の内容を見直したとしても、同じ結果になったものと結論づけられることも多い。

検証に際しては、二項検定のほか、カイ二乗分布を用いた検定を併用することも多い。それぞれの具体的な手法については、2.8節〈補論〉信用リスク管理のための確率論（P.140）を参照されたい。

2.4.2 債務者格付の序列の検証

いまいちど図表2－21をみると、二項検定の結果とは別に、第5格と第6格との間で実績デフォルト率が逆転しているのがわかる。これは、債務者格付の序列が、本来想定する序列（第5格の貸出先は第6格の貸出先よりもデフォルトしにくい、という想定）と整合していないことを意味する。

このような序列の不整合は、すでに問題が顕在化している場合も含めてPD推計の精度に悪影響を及ぼす可能性があるほか、債務者格付の「共通尺度」としての機能にも問題が生じることから、PDの検証とあわせて実施しておくことが望ましい。

債務者格付の序列の検証に際しては、一次評価、二次評価、それぞれの場面で使用するスコアリングモデルや審査評点の性能評価のかたちで行われることが多い。性能評価に使用する具体的な統計量としては、AR（accuracy ratio）、ダイバージェンス（divergence）などがあげられるが、ARの詳細は3章を参照されたい。

ここでは、序列検証の結果を通じて、PD推計の方法や、一次評価、二次評価の具体的手法、スコアリングモデルの内容など、債務者格付制度のプロセスを改善する際の意思決定を誤らないために、検証方法に関して注意すべきポイントを2つ指摘しておきたい。

ベンチマーク比較の重要性

　特に、スコアリングモデルの検証にて重要なポイントである。ARをはじめとするスコアリングモデルの性能評価指標の多くは、絶対的な評価基準をもっていないことが通常である。たとえば、スコアリングモデルのARが50％であることがわかっても、それだけでは、そのモデルの性能の良し悪しは判断できない。このため、モデルの性能は常に、他のモデルとの比較や、データを変えた場合の結果との比較を通じて評価すべきである。

　ここでは、自社のスコアリングモデルと自社の貸出先データの組合せで計算するAR等の指標を、他のモデル、他のデータとの組合せと比較することで、総合的に評価する「ベンチマーク比較」について紹介しておきたい。

　図表2－22はスコアリングモデルのベンチマーク比較を行う際に用いるクロス集計の表をあらわしている。①から③にはそれぞれのモデルとデータの組合せによるARの数値が入る。この考え方では、①の数値の絶対的な水準ではなく、①＞②、①＞③という相対的な差異を重視する。たとえ①が80％であっても、②が85％であれば、自社モデルは相対的には能力が低いと評価する。また、逆に①が40％であっても、③が35％であれば、相対的には能力があるものと評価することになる。これは、ベンチマークとするモデルでさえ十分な性能を発揮できていないような環境下でモデルを再構築したとしても、精度回復の余地は限定的と判断できるからである。

　ベンチマーク比較のためには、自社のスコアリングモデルのほかに、比較対象となる外部のスコアリングモデルを用意しておくことが欠かせない（①と③の比較）。また、自社のスコアリングモデルが、未知のデータに対して

図表2－22　スコアリングモデルのベンチマーク比較表

スコアリングモデル	対象となるデータ	
	自社貸出先	外部データ
自社モデル	①	②
外部モデル	③	－

2　信用格付制度　95

も一定の性能を有しているか、いわゆる頑健性の評価のためには、外部の
データにもアクセスできる環境を用意しておくべきであろう（①と②の比
較）。

要因分析

　債務者格付制度の検証に際しては、業種別、企業規模別、地域別などの区
分別に実施することも重要である。区分別の検証を通じて、自社の債務者格
付の精度が「全体に下がって（上がって）いるのか」、あるいは「特定の区
分で下がって（上がって）いるのか」というあたりをつけることができる。

　たとえば、リーマンショックの時期に多くの金融機関でみられたのが、不
動産業、大企業といった特定の貸出先セグメントにおける債務者格付の精度
の低下、具体的にいうと上位格からのデフォルト発生の急増であった。この
ようなケースでは、特定のセグメントに使用するスコアリングモデルのパラ
メータの見直しや指標の入替えを行うだけで、債務者格付全体としての性能
を回復できることも多い。

2.4.3　定性情報、実態財務情報による調整の効果

　債務者格付の検証では、一次評価、二次評価、それぞれが最終的な債務者
格付の精度にどのように寄与しているのか、機能ごとに分けて把握すること
が、後の改善行動（フィードバックプロセス）まで視野に入れるときわめて重
要である。したがって、一次評価で中心的な役割を果たす、表面財務情報に
よる財務評価（スコアリングモデル）のほか、二次評価における定性情報や
実態財務情報による評価・調整の部分についても、その効果を測定する必要
がある。それぞれの効果を別々に計測することで、財務情報、定性情報、実
態財務情報といった情報源ごとに、最終的な債務者格付への影響度合いを
別々に把握できる。これにより、ひとたび債務者格付全体の精度に問題が生
じた際にも、修正箇所をある程度具体的に特定することが可能となる。

　最も簡単な検証方法の例としては、表面財務情報による「財務格付」とい
う仮の格付を用意して、最終的な債務者格付である「最終格付」とARを比

較する方法があげられる。財務格付はあくまで検証用途であるため、たとえば最終格付が7区分であるならば、当該7区分と同一の件数構成になるように、表面財務情報によるスコアリング結果の上位の貸出先から順に財務格付を割り振っていけばよい。

通常は、財務格付と最終格付のARを比較すると、財務以外の定性情報、実態財務情報などによる調整の効果により、最終格付のARのほうが高くなるはずである。したがって、この改善幅がどの程度維持できているのかが、検証のポイントとなる。

このとき、問題となるケースとして多いのが、一次評価の段階で、スコアリングモデルによる財務評価に加えて、「2期連続赤字」「債務超過」「債務償還年数X年以上」「非上場企業」といった外形的な基準に従って格付の上げ下げを行っている場合にみられる、財務格付と最終格付のARの逆転である。この場合、前述の改善幅どころか、こうした外形基準がむしろ最終格付の性能を損なう原因になっていることから、そもそもそのような調整を何の目的で行っているのか、そしてそれが本当に必要な調整なのか、あらためて検討する必要があろう。

2.4.4 評価の安定性に係る検証

債務者格付が単なるPD推計の道具ではなく、信用状態の共通尺度として業務全般に広く活用されるようになると、格付の変動は、貸出先に対する適用金利や取引方針など、従来の信用リスク管理業務の枠を超えて、取引先への金融機関の取組姿勢全般に影響を及ぼすようになる。その際に、PDとしての正確性のほかに、債務者格付の時系列での安定性がしばしば議論の対象となる。

たとえば、債務者格付制度のさまざまな検証結果をふまえて、スコアリングモデルの内容や、格付区分を見直すことになると、見直しの前後にて各貸出先の格付がどの程度変動するのかについては、単に信用リスク管理部門だけの問題ではなく、より広範な業務部門全体の関心の対象になる。

そこで注目されるのが、制度変更によって影響を受ける貸出先の数、およ

びその度合いである。そして、影響を受ける貸出先の数が極端に多い場合、あるいは格下げ（格上げ）幅が極端に大きい場合には、安定的な業務運営の観点から、制度変更に対して慎重な対応が求められよう。したがって、債務者格付制度を変更する際には、債務者格付の性能の維持・向上が主たる目的となるのはもちろんだが、同等の精度が実現する複数の変更手段がある場合には、この「評価の安定性」を考慮に入れるのが実務上は望ましい。

　評価の安定性を確認する最もオーソドックスな手法が、各貸出先の変更前と変更後の格付分布を用意して、両者をマトリクス状に並べ、変更前の件数に対して変更後の格付に残留した件数の割合をあらわす「残留率」を参考にするものである。図表2−23に示した事例では、貸出先1万5,000件、7区分の格付を有するケースで、変更前と変更後でどのように格付が遷移するかを集計している。右端の2つの列が残留率をあらわしており、「±0」の列は格付がまったく動かなかった件数の割合、「±1」の列は上下1区分以内の変動にとどまった件数の割合である。本事例の場合、全体で95％近い先で1区分以内の変動にとどまるが、最上位格の格下げ、最下位格の格上げが全体に比べて多いところに、この制度変更の特徴があらわれているのがわかる。

図表2−23　債務者格付制度の変更時の残留率の集計

		変更後								残留率	
		合計	A1	A2	B1	B2	B3	C1	C2	±0	±1
	合計	15,000	99	463	4,065	5,226	3,979	984	184	53.7%	94.8%
変更前	A1	261	83	88	80	9	1			31.8%	65.5%
	A2	1,705	13	334	1,201	142	13	2		19.6%	90.8%
	B1	3,837	2	40	2,256	1,360	165	9	5	58.8%	95.3%
	B2	4,692		1	518	2,943	1,104	100	26	62.7%	97.3%
	B3	3,175	1		10	750	1,994	347	73	62.8%	97.4%
	C1	1,098				22	589	423	64	38.5%	98.0%
	C2	232					113	103	16	6.9%	51.3%

98

2.5 案件格付制度

案件格付制度は、デフォルトした貸出先における実際の損失率、すなわちLGD（loss given default：デフォルト時損失率）を推計するための仕組みである。

具体的にいうと、貸出全般について、その貸出条件や担保・保証の状況を考慮して、貸出先が仮にデフォルトした場合に、貸し手側に発生する損失額の大きさを推定し、元の貸出残高に対する割合をLGDとして、これをもとに貸出をグループ分けすることになる。

債務者格付制度では、「デフォルトしやすさ」をPDによって定量化したが、案件格付制度では「デフォルト後の損失の可能性」をLGDによって定量化する。そして両者の組合せによって、信用リスクそのものである「損失の可能性」、つまりELを定量化できるようになる。

2.5.1 LGD（デフォルト時損失率）とは？

ある貸出について、一定期間中に発生が見込まれる平均的な損失額をEL（予想損失額）といい、図表2−24の式で計算できる。

このときLGDは、ある貸出がデフォルトした時点の貸出残高、すなわちEAD（exposure at default：デフォルト時貸出残高）のうち、回収できずに損失に至る金額の割合をあらわす。LGDの定義式は以下のとおりであり、「1−回収率」に等しい。

$$\mathrm{LGD} = \frac{EAD - R}{EAD} = 1 - \frac{R}{EAD} = 1 - r$$

（R：回収額、r：回収率）

図表2−24　予想損失（EL）とPD、LGD、EAD

たとえば、EADが100百万円、予想される回収額が30百万円の貸出の場合、LGDは以下のように計算できる。

$1-(30/100)=0.7$

以下、特に断りのない限り、LGDは事前の推計値をあらわし、実際にデフォルトした貸出にて観測した損失率は「実績デフォルト時損失率」、あるいは単に「実績LGD」と表記する。LGDを推計する場合、ある区分の実績LGDの平均値をそのまま推計値として用いる運用が主流なのは、実績デフォルト率とPDとの関係と同様である。

2.5.2 デフォルト定義とLGD

実績LGDを計算するにあたって避けて通れないのが「デフォルト定義」の議論である。何をもってデフォルトとするかという議論は、実績デフォルト率の算出に際しては分子に相当するデフォルトの件数に主として影響を与えるが、実績LGDにおいては、分母のEADにも大きな影響を与えることになる。

またLGDは、ELの計算の際にPDとともに同時に用いるリスクパラメータであり、前提とするデフォルト定義も本来は一致している必要がある[20]。これは、実績LGDの算出時には、実績デフォルト率の算出の際にデフォルト先と認定した貸出先すべてについて、デフォルト時点以降の損失額を集計対象にすべきことを意味する。一般に、デフォルト定義を厳しくすると、つまりデフォルト先の対象が広がると、実績デフォルト率の数値は上昇することが多い。このとき、回収可能性[21]のより高い貸出先もデフォルト先に含まれることになるため、LGDは逆に低下する傾向がある。したがって、デフォルト定義の違いは、PDとLGDの逆方向の動きによって相殺され、ELの値そ

---

[20] Studies on the Validation of Internal Rating Systems（バーゼル銀行監督委員会、2005年2月）（以下、筆者訳）
「LGD計測に使用されるデフォルト定義は、経済的資本や予想損失に関係する値を得るためには、PD推計時に使用したデフォルト定義と一致するべきである……」
[21] ここでの回収可能性には、ランクアップによって全額が回収されるのと同じ結果となる可能性を含んでいる。2.6.8項ランクアップの取扱いを参照。

のものには本来は影響しない。したがって、EL推計の観点からすると、デフォルト定義そのものよりも、PDとLGDのデフォルト定義を共通化することのほうが、より重要な問題といえる。

なお、内部格付手法においては、デフォルトの定義はおおむね次のように定められている[22]。

・要管理先区分以下に該当する開示債権の発生
・重大な経済的損失を伴う債権譲渡の実施
・当座貸越における3カ月以上の延滞発生

内部格付手法を採用する場合には特に、PD、LGDの推計にあたって上記の要件に沿った実績値の計測が必要となる。

2.5.3 LGDとEAD

PDとLGDのみならずEADの実績値を算出する際にも、デフォルト定義を整合させることは重要である。前に述べたように、デフォルト定義が決まるとデフォルト時点の残高をもってEADの実績値が定まる。本来的には、この実績値と推計時点での貸出残高との差異を明らかにすることが、EADの推計作業に相当する。ところが銀行実務においては、内部格付手法の影響もあって、実績値と推計値の差がなるべく小さくなるようなEAD推計の取組みはあまり積極的には行われていないようだ。

内部格付手法では、推計時点の残高を下回る金額をEADとして使用する

---

[22] 告示第205条（抜粋、一部改）
「デフォルトとは、債務者について次に掲げる事由（以下「デフォルト事由」という。）が生じることをいう。
一　内部格付手法採用行が、債務者に対するエクスポージャーを金融再生法第4条第2項に規定する「破産更生債権及びこれらに準ずる債権」、同条第3項に規定する「危険債権」又は同条第4項に規定する「要管理債権」に該当するものと査定する事由が生じること。
二　当該内部格付手法採用行が、当該債務者に対するエクスポージャーについて、重大な経済的損失を伴う売却を行うこと。
三　当該債務者に対する当座貸越については、約定の限度額（設定されていない場合は零とみなす。）を超過した日又は現時点の貸越額より低い限度額を通知した日の翌日を起算日として3月以上当該限度額を超過すること。」

ことが認められていない。このためEADのパラメータ推計上のポイントは「推計時点（多くの場合は期末時点を指す）からデフォルト時点までの間に、貸出金の残高がどの程度ふえるのか」という問題の解決に絞られる。このふえる可能性がある部分について、金融庁告示は「オフ・バランスシート項目に係るEAD」として推計を求めている[23]。具体的には、いわゆる極度与信の未引出し部分、つまり空枠のうち、デフォルト時点までに引き出される金額の割合をCCF（credit conversion factor）と称して推計の対象にしている。式にあらわすと以下のとおりである。なお、EADを引き下げる方向にCCFを計算することは規制上認められていないので、この数値の下限はゼロとなる。

$$CCF = \frac{\text{デフォルト時点の引出し額}}{\text{未引出し部分}}$$

$$= \frac{\text{デフォルト時点の残高} - \text{推計時の残高}}{\text{推計時の極度額} - \text{推計時の残高}}$$

このとき、EADは次のように推計できる。

EAD＝推計時の残高＋CCF×（推計時の極度額－推計時の残高）

CCFの推計に先立ち、EAD実績値の算出が必要となるが、このとき、もとになる未引出し部分を特定する時点に応じて、(a) fixed-horizon法、および、(b) cohort法の2つの考え方が存在する[24]。両者の違いは以下のとおり。

(a) fixed-horizon法：一定期間での残高増加率を推計

　　デフォルト先データすべてについて、デフォルトの1年前時点の未引出し部分を特定し、そこから1年間の増加率をCCFとして用いる。

(b) cohort法：ある時点からの残高増加率を推計

　　デフォルト先データすべてについて、デフォルトの直前期末時点[25]の未

23　告示第157条第3項
　「先進的内部格付手法採用行が事業法人等向けエクスポージャーの信用リスク・アセットの額の算式に用いるオフ・バランス資産項目のEADは、信用供与枠の未引出額に掛目の自行推計値を乗じた額をいう。ただし、基礎的内部格付手法採用行において100%の掛目が適用される場合は、掛目として100%を乗じた額をいう。」
24　Federal Register / Vol. 68 No. 149 / Mon., Aug. 4, 2003 / Notices

引出し部分を特定し、そこからデフォルト時点までの増加率をCCFとして用いる。

(b)を例にとると、必要となるのは、デフォルト先の極度与信について、デフォルト時点からさかのぼって最初の(1)3月末時点における極度額と(2)その時点の利用残高、および(3)デフォルト時点の利用残高、という3つの金額情報であり、CCFの実績値は以下の式であらわされる。

$$CCF実績値 = \frac{(3)デフォルト時利用残高 - (2)期末利用残高}{(1)期末極度額 - (2)期末利用残高}$$

EADに係る実務上の問題点は、おおむね次の2点に集約できよう。1つは、内部格付手法においては、残高を減らす方向でのEAD推計が認められていないが、実際には、前期末時点のような推計のタイミングと比べると、約定返済の進捗により、デフォルト時点の残高は減っている可能性が高く、規制上の推計値であるEADと実績値の間には乖離が生じやすい点である。LGDやELの推計値と実績値の比較作業においては、この点を必ず意識しておく必要がある。

もう1つは、EAD推計の対象となる貸出の範囲である。たとえば、国内の伝統的な銀行貸出形態の一つである当座貸越の多くは、契約上は、銀行側が貸出先の引出し依頼を拒否できる仕組みになっている。この点は、大企業向け中心にみられるコミットメントラインとは異なるところであるが、実態としては、特に預金残高がマイナスの値をとる形式の当座貸越を中心に、この拒否権が機能していないことが多い。このような貸出がCCFの推計対象となるのかどうかについては、その時々の規制の詳細を確認する必要があろう。

2.5.4　内部格付手法におけるLGDの特徴

LGDの計測は、銀行の内部格付手法への対応を通じて、実務上の体制整備が進んだケースが多い。本書での説明においても、随所で告示を参照する

25　以下特に断りのない場合は、期末とは3月末をあらわすものとする。

2　信用格付制度　103

部分がある点に、あらためてご理解いただきたい。しかしながらLGDの計測や推計作業自体は、内部格付手法の採用のいかんによらず、より正確なEL推計のために必要なプロセスであるというのが本書のスタンスである。告示やQ＆A[26]、あるいはバーゼル銀行監督委員会から示される考え方や具体的な手法については、規制対応を離れた実務的な観点からも有用な示唆に富んでおり、内部格付手法採用行のみならず一読の価値があろう。

リスクパラメータの計算手法の違い

現在の国際的な銀行規制の仕組み、いわゆるバーゼルⅢでは、銀行が自己資本比率を計算する方法として、標準的手法（SA）と内部格付手法（IRB）、そしてIRBのなかにはさらに基礎的内部格付手法（FIRB）と先進的内部格付手法（AIRB）があることは、2.1.3項で述べたとおりである。

このうち、リスクパラメータとしてLGDを推計する必要があるのはIRB採用行のみである。また、IRBのなかでもFIRBを選択する銀行に求められるのは、リテールエクスポージャーという限られた資産区分に対するLGD推計だけである。その他の資産区分に対するLGDは、FIRBを選択する場合を除いて、金融当局が定める固定のパラメータをそのまま使用すればよいことになっている。しかしながら、内部格付手法のそもそもの趣旨は、EL・ULの計測による、銀行のポートフォリオ全体でみた損失可能性のなるべく正確な把握と、それに対して十分な備えをすることにある。プール区分の設定、案件格付制度の運用、検証プロセスなど、FIRBにて求められる要件のなかには、実績LGDの集計やLGDの推計ができる体制を整えておくことでスムーズに進むものも少なくない。

資産区分（コーポレート・リテールなど）

内部格付手法においては、貸出先の種類（資産区分：asset class）によってLGD推計の要件が異なる。以下では、資産区分ごとに必要となるLGDの要

---

26 「バーゼルⅡに関するQ＆A」（金融庁、2006年3月）

件の違いを概観する。

　事業法人等向けエクスポージャー[27]の場合、個別債権ごとにLGDの自行推計が必要となるのはAIRBだけである。実際の自己資本比率の計算においては、個別貸出ごとに推計したLGD、ないしLGDを有意に序列づけするような評価値（スコア）をベースに、個別貸出に対して案件格付を割り当て、当該格付区分に相当するLGDをもって当該貸出のLGDとするような運用が想定される。これに対してFIRBの場合は、資産区分ごとに決められた当局所定のLGDを使用し、所要自己資本の計算においては自行によるLGD推計値を使用する必要はない。

　一方、リテール向けエクスポージャー[28]については、AIRB、FIRBともに自行でのLGD推計が必要となるが、LGD推計の前提となる格付制度については、事業法人等向けエクスポージャーのものとは大きく異なる。というのも告示によると、リテール向けエクスポージャーについては「債務者及びエクスポージャーに係る取引のリスクに基づく、これらの特性を考慮した内部

27　告示第1条第4号
　事業法人等向けエクスポージャー
　事業法人向けエクスポージャー、ソブリン向けエクスポージャー及び金融機関等向けエクスポージャーを総称していう。
　　　同第35号（一部略）
　事業法人向けエクスポージャー
　法人、信託、事業者たる個人その他これらに準ずるものに対するエクスポージャー（ソブリン向けエクスポージャー又は金融機関等向けエクスポージャーに該当するものを除く。）をいう。
　　　同第36号（一部略）
　ソブリン向けエクスポージャー
　次に掲げるエクスポージャーをいう。
　イ　中央政府及び中央銀行向けエクスポージャー
　ロ　地方公共団体向けエクスポージャー
　ニ　我が国の政府関係機関に対するエクスポージャー
　リ　信用保証協会等向けエクスポージャー
　　　同第37号（一部略）
　金融機関等向けエクスポージャー
　次に掲げるエクスポージャーをいう。
　イ　金融機関に対するエクスポージャー
　ハ　国際開発銀行に対するエクスポージャー
　ニ　外国銀行に対するエクスポージャー
　ホ　銀行持株会社及びこれに準ずる外国の会社に対するエクスポージャー

2　信用格付制度　105

格付制度」が求められているが、これは事業法人等向けエクスポージャーにて求められる「債務者格付と案件格付からなる内部格付制度」とは異なり、幾分緩やかな要件と解されるからである[29]。

　すでにみたように、PDについては、債務者格付制度の最終的な格付区分を一単位として推計していた。これは、事業法人等向けエクスポージャーでは必須の考え方だが、リテール向けエクスポージャーでは、格付区分という純粋な序列性の問われる区分ではなく、貸出先のリスクの特性が似ているグ

---

[28]　告示第1条第5号
リテール向けエクスポージャー
居住用不動産向けエクスポージャー、適格リボルビング型リテール向けエクスポージャー及びその他リテール向けエクスポージャーを総称していう。
　同第38号
居住用不動産向けエクスポージャー
不動産を所有し、当該不動産に居住する個人向けの貸付けであって、かつ、同様のリスク特性を有するエクスポージャーで構成されるプールに属し、当該プール単位で管理されているものをいう。
　同第39号（一部略）
適格リボルビング型リテール向けエクスポージャー
同様のリスク特性を有するエクスポージャーで構成されるプールに属するエクスポージャーであって、当該プール単位で管理されており、かつ、次に掲げるすべての性質を有するものをいう。
イ　契約上定められた上限の範囲内で、債務の残高が債務者の任意の判断で変動しうるエクスポージャーであって、無担保で、かつ、信用供与枠の維持について契約が締結されておらず、銀行が無条件に取り消しうるものであること。
ロ　個人向けのエクスポージャーであること。
ハ　一個人に対する残高の上限が一千万円以下であること。
ニ　当該エクスポージャーの属するポートフォリオにおけるPDの低いエクスポージャーの損失率（経済的損失に基づいて計算したものをいう）のボラティリティが低いこと。
ホ　当該エクスポージャーの損失率のデータが損失のボラティリティを検証することが可能な形式で保存されていること。
　同第40号（一部略）
その他リテール向けエクスポージャー
次のイ又はロに掲げるエクスポージャーのうち居住用不動産向けエクスポージャー及び適格リボルビング型リテール向けエクスポージャーに該当しないものであって、同様のリスク特性を有するエクスポージャーで構成されるプールに属し、かつ、当該プール単位で管理されているものをいう。
イ　個人向けのエクスポージャー（事業性のものを除く。）
ロ　イに該当しないエクスポージャーであって、一の債務者に対するエクスポージャーの合計額から信用保証協会等により保証されたエクスポージャーの額を控除した額が一億円未満のもの（当該控除した額が一時的に一億円以上となる場合を含む。）

ループであれば、それをPDやLGDを推計する一単位として扱うことが認められている。このリスクの特性の似たグループのことを「プール」あるいは「プール区分」などと呼んでいる。

　そもそもリテール向けエクスポージャーに含まれる貸出には、個人向けローンや、中小零細企業向けの定型商品などが多く、一般的には、債務者格付や案件格付の判定要素となる情報が不足することが多いとされるほか[30]、少額かつ大量の債権・債務者を含むため、通常の債務者格付や案件格付の作業を実施することは費用対効果の観点からも合理性に欠けると考えられている。このため、相応に厳密な序列性が問われる債務者格付や案件格付にかえて、プール区分別の信用状態の評価が認められている。とはいえ、債務者格付や案件格付をリテール向けに展開することが排除されているわけではない。実際に、個人ローンに対しても債務者格付制度を展開している銀行は少なからず存在する。

　プール区分については、先ほど「リスクの特性が似ている」と表現したが、これを告示に沿ってもう少し正確に表現すると「リスクが適切に区分され」「損失の特性を正確かつ継続的に推計することが可能な」グループとなる[31]。つまり、これはELを有意に識別できるグループ分けの作業にほかならず、プール区分を設定する際には、まずはELとの因果関係を基準に、債

29　告示第180条第1項
　　「内部格付手法採用行は、事業法人等向けエクスポージャーについて債務者格付と案件格付からなる内部格付制度を設けなければならない。」
　　同第181条第1項
　　「内部格付手法採用行は、リテール向けエクスポージャーについて債務者及びエクスポージャーに係る取引のリスクに基づく、これらの特性を考慮した内部格付制度を設けなければならない。」
30　最新の決算情報や、直近の所得・担保に係る情報などの、定期的なフォローが困難なケースがあげられる。
31　告示第181条第2項
　　「内部格付手法採用行は、次に掲げる要件を満たすように、リテール向けエクスポージャーを各プールに割り当てなければならない。
　　一　当該割当てによって、リスクが適切に区分されること。
　　二　各プールが十分に類似性を持ったエクスポージャーによって構成されること。
　　三　当該割当てによって、プールごとに、損失の特性を正確かつ継続的に推計することが可能になること。」

2　信用格付制度　107

務者ないし債権の属性を抽出することが重要と考えられる。そして、結果的に異なるプールが同じPD、LGDになったとしても規制上は問題にならないというのが、事業法人等向けエクスポージャーとの大きな違いである[32]。

なお告示では、プール分けに使用する属性として、以下のようなファクターが列挙されている（例は筆者注）。

・債務者のリスク特性
　　例：年齢、職業
・取引のリスク特性
　　例：商品区分、担保種別、担保比率、時期、保証状況
・エクスポージャーの延滞状況

このほか、プール区分といえども、個別債権・債務者のPD、LGDの推計に足るだけの情報が取得可能ならば、プール分けの基準として金融機関が計算したPD、LGDをファクターとして用いることもできる。

内部格付手法における案件格付制度

内部格付手法では、事業法人等向けエクスポージャーを対象に、債務者格付と案件格付からなる内部格付制度の構築が求められている。この案件格付こそがLGDを基準とした格付制度に相当する。

AIRBにおける案件格付は、債権を対象に、そのLGDの大きさに応じて格付区分を割り当てる。したがって、案件格付を付与する際には、そのLGDに影響する要素、たとえば、当該債権に係る担保種類、融資商品としての種類、資金使途や、当該債務者に関係する業種や地域の属性のほか、場合によっては貸出先の信用状態など、当該債権の回収可能性に関連するファクターであれば何でも考慮することができる。

一方、FIRBについては「債務者及び取引に特有の要素」を勘案できると

---

[32]　告示第181条第4項
「内部格付手法採用行は、リテール向けエクスポージャーについてプールごとに、PD、LGD及びEADを推計しなければならない。ただし、複数のプールのPD、LGD又はEADの推計値が同一となることを妨げない。」

いうただし書があり、これはLGDのみを基準とした案件格付ではなく、EL
を基準とする案件格付も許容されているものと解されている[33]。また、
FIRBにおける事業法人等向けエクスポージャーでの案件格付については、
そこでLGDを推計して自己資本比率の計算に直接用いるわけではないため、
従来の伝統的審査で使用している保全率など、厳密な意味での回収率・
LGDの評価とは異なる、一種のエキスパート・ジャッジメントによる債権
の評価もみられるようだ。

　余談となるが、バーゼルⅢの基礎となったバーゼルⅡの最終合意案では、
LGDに対応する格付を"facility rating"と称しており、わが国の告示でも
これに対応する概念として「案件格付」という単語が用いられている。これ
に対して、日銀のレポートではELに対応する格付制度をもって「案件格付」
としているケースも散見され、各種の文献を読む際にはどちらの意味で用い
られているのか、文脈から判断を求められることがある。なお、米国当局の
表現では、ELに対応する格付は"facility rating"、LGDに対応する格付は
"loss severity rating"となっており、言葉の使分けがなされている。

長期平均LGD

　内部格付手法においては、LGDパラメータの要件として、景気後退期を
勘案した内容であることがあげられている[34]。ここでポイントとなるのは、
「長期平均デフォルト時損失率」と、それを「上回る可能性」の2点の考慮
である。

　長期平均デフォルト時損失率とは、単年度のデフォルト先によって計算し
た実績LGDではなく、一定期間中に発生したデフォルト先すべてについて
算出した実績LGDの平均値を意味する[35]。

---

[33] 「バーゼルⅡに関するQ&A」（金融庁、2006年3月）
　　第180条-Q2への答「基礎的内部格付手法においては、事業法人等向けエクスポー
　　ジャーに係る所要自己資本の額の算出にLGDの当局設定値を用いることに鑑み、第180
　　条第4項において、取引に特有の要素を評価した場合のデフォルト時の回収可能性のみ
　　を反映した案件格付制度の整備だけでなく、「債務者及び取引に特有の要素を勘案」し
　　た期待損失ベースの案件格付の整備も許容されることと規定されています。」

2　信用格付制度　109

図表2-25 長期平均デフォルト時損失率のイメージ

長期平均デフォルト時損失率：
　(10×40％＋15×45％＋20×50％＋15×45％＋10×40％＋5×35％＋10×40％)
　÷(10＋15＋20＋15＋10＋5＋10)＝43.8％
「平均的な損失を上回る期間」：
　実績値が43.8％を上回る期間→2年目～4年目

　もう一つ考慮すべき点は「特定期間における損失率が長期平均デフォルト時損失率を上回る可能性」である。ポイントは、デフォルト率と回収率との間の相関であり、デフォルト率が高い（≒景気後退局面）時期においては回収率が低いという負の相関が観察される場合、LGDパラメータとしては、当該景気後退局面の実績値をもとにLGD推計値を算出することになる。また、上記の相関がない場合には、長期平均デフォルト時損失率をそのままLGD推計のベースとすることができる[36]。

内部格付手法が想定する推計フロー

　LGDの推計には、実績値の計算方法、推計手法など、さまざまな選択肢があるが、全体の作業の流れとしては、おおむね図表2-26のようなフローが一般的と考えられる。なお、以下の議論においては、債権売買市場におけ

---

[34]　告示第216条（一部略）
「内部格付手法採用行は、LGDを推計するに当たっては、LGDが次に掲げる性質をすべて満たす景気後退期を勘案したものとなるように、エクスポージャーごとに推計しなければならない。
　一　当該エクスポージャーの種類のデータ・ソース内で生じたすべてのデフォルト債権に伴う平均的な経済的損失に基づいて計算した長期平均デフォルト時損失率を下回るものでないこと。
　二　信用リスクに伴う損失率が長期の平均的な損失率を上回る期間において、当該エクスポージャーのデフォルト時損失率が長期平均デフォルト時損失率を上回る可能性を考慮に入れたものであること。」
[35]　ここでの平均値とは、デフォルト加重平均値である。
[36]　Guidance on Paragraph 468 of the Framework Document（バーゼル銀行監督委員会、2005年7月）

る価格を考慮しない、ワークアウトLGDの推計を前提としている[37]。

　第一段階では、推計の際に参照するデフォルト債権についての実績データを取得する必要がある。このデータを参照データセット（RDS：reference data set）と呼ぶ。RDSは通常、自社の過去データが基本となるが、データ量が不足するケースには、外部データベースによる補完も認められている。この場合、外部データが自社の貸出先ポートフォリオと整合していることを確認する必要があるのは、債務者格付のケースと同様である。

　第二段階では、RDSを用いて実績LGDを計測する。基本的には、額面上の損失（会計的損失）を対象とするが、内部格付手法を意識する場合には、これに加えて経済的損失も計測できる体制づくりが必要なこともある。

　第三段階は、上記の結果得られた実績LGDの分布をもとに、既存の債権に対してLGDを割り当てる推計のプロセスに相当する。手法としては債務者格付と同様であり、なんらかの方法で債権・債務者をLGDの大きさで序

図表2-26　バーゼル銀行監督委員会が示すLGDの推計・検証プロセス

---
[37]　デフォルトから最終損失確定までの実際の回収行動を予想し、それに基づいて推計するLGD。これに対し、デフォルト後のある時点における当該デフォルト債権の売買価格をもとに推計するのが「マーケットLGD」である。債権売買市場が整備されている地域では後者の手法が有効といわれている。

列化して、一定の区分ごとにLGDを推計する。ここでは、序列化の方法としてスコアリングモデルも有効ではあるが、国内の銀行実務では、保全率だけで序列づけを行うケースや、保全率と信用による回収率、正常化率などを組み合わせた、一種のスコアカード方式を採用するケースが中心とみられる。

格付区分ごとのLGD推計の方法としては、PD推計と同じく、格付区分の実績LGDに関する各種統計量（平均値、中央値など）を割り当てることが多い。これは、「実績値及び実証的な根拠に基づいてLGDを推計しなければならない」（告示第210条第4項）という内部格付手法の要件にも当てはまるが、PD推計とは勝手の異なるポイントも多い。以下では、この各段階における具体的な手順や論点を順にみていくことにしたい。

参照データセット（RDS）の構築

RDSの構築に際してはバーゼル銀行監督委員会の資料に詳細な記述があるが、おおむね以下の要件を満たしておくことが重要とされている[38]。

◆ 可能な限り長期間のデータを収集する

内部格付手法では、過去7年（リテールエクスポージャーは5年）以上のデータによるLGD推計と、景気後退期の影響を勘案することが定められており、理想的には1つ以上の景気循環を期間として含んでいることが望ましい。

◆ 期間中に発生したすべてのデフォルト先を含む

恣意的な推計を回避するためには、実績値の算出対象期間中に発生したすべてのデフォルト先をデータベースに含めておくのが望ましい。したがってデータ収集対象先の特定にあたっては、損失の確定といった事後的な基準ではなく、あくまでデフォルト事象の発生に基準を置くべきである。

◆ リスクパラメータの推計に関係する情報を含む

案件格付区分ごとにLGDを推計する際には、同じような回収率になりそ

---

[38] Studies on the Validation of Internal Rating Systems（バーゼル銀行監督委員会、2005年2月）

うな貸出をグループ化することになる。これは、同様のリスク特性をもつ貸
出と言い換えることができるが、このリスク特性に係る属性情報は、RDS
において欠くことのできない要素となる。一例としては、貸出先の業種・規
模、返済条件などがあげられる。

◆ **損失額に関連する情報を含む**

　損失額そのものに直接影響する情報である。例としては債権額、保全額な
どがあげられる。

　RDSにおけるデフォルト債権のデータについて実際の損失額を算出する
作業が、実績LGDの計算に相当する。損失額には、単純に元本の未回収に
よって生じる額面上の損失（会計的損失）と経済的損失の2種類があるが、
ここでは両方を計測することを想定している。そして、LGDの計測に際し
ては、各種の計算上の仮定を用意する必要がある。以下はその一例である。

- ・経済的損失
- ・回収完了先の定義
- ・景気後退期の影響

経済的損失

　内部格付手法ではLGDを「経済的損失」と定義している。これは、単純
な額面上の損失に加えて、①時間的価値、②回収に要する費用の2つを加え
た実質的な損失見込額と解されている[39]。この場合には、LGDは次の算式で
あらわされる。

$$LGD = 1 - \frac{R(r) - P(r)}{EAD}$$

　　　（r：割引率、$R(r)$：回収額、$P(r)$：回収費用）

---

[39]　告示第215条（抜粋）
「内部格付手法採用行は、LGDを推計するに当たり、次に掲げるすべての要件を満たさ
なければならない。
一　推計に用いる定義は、経済的損失であること。
二　前号に掲げる経済的損失を計測する場合は、回収までの期間に応じた重要な割引の
　効果（重要でない場合は除く。）、回収のための重要な直接的及び間接的な費用、その
　他の関連する要素が考慮されていること。」

したがって、内部格付手法における実績LGDの計測に際しては、回収金に加えて回収に要した費用の集計が前提となる。また、リスクパラメータとしてのLGD推計に際しては、原則としてこれらの金額のいずれも、割引率を通じて現在価値に引き直すことが求められる。上記の式は実績LGDを導くものだが、このまま推計に使用する場合には、$R(r)$、$P(r)$のそれぞれが推計の対象となる。

回収完了先

経済的損失のみならず、会計的損失を推計対象とする場合にも、実績LGDの計測への影響が大きい要素の一つが、計算対象に含めるべき回収金の計測期間の定義である。期間の始点についてはデフォルト時点で特に選択の余地はないが、期間の終点についてはさまざまな考え方がありうる。

基本的な考え方としては、各債権における回収行動の完了時点（ファイルクローズ時）、すなわちデフォルト債権の残高がゼロとなる時点までが、回収金の計測対象となるべきであろう。具体的にいうと、以下のいずれかが終点のトリガーとして考えられる。

① 全額回収

② （残額の）償却

③ 譲渡

しかしながら、実質的な回収行動は終えていても少額の未収利息が未償却であるケースや、直接償却後も回収金が発生するケースなど、①から③のように確定的な事象にて終点を定義するのが困難なケースも少なくない。バーゼル銀行監督委員会では、未回収残高がEADの５％を切る時点、デフォルトから１年間経過した時点、といった例が紹介されており、このような定量的な基準も定義に含めておくことが運用上は望ましい。

定量的な基準として定義しやすいのは、デフォルト時点から一定期間内に見込まれる回収額のみを、実績LGDの計測に含める考え方である。この場合、実際の貸出先の回収データをもとに、デフォルト時点からの経過期間ごとの回収率を集計して、回収率がこれ以上ふえない期間を特定する方法が、

最もオーソドックスな取扱いであろう。

LGD推計と期間の概念

どの時期の実績LGDを推計に用いるか、という期間の概念の問題である。会計的損失と経済的損失のいずれにかかわらず、LGDに影響を及ぼすことから、これは単に内部格付手法採用行だけの問題とはいえまい。

また、内部格付手法のリスクパラメータとしては、景気後退期を勘案した保守的なLGDが必要とされる。この場合には、推計上のベースとなるのは長期平均デフォルト時損失率、または景気後退期におけるデフォルト時損失率である。したがって、実績LGDの算出においても、当該観測データが景気循環上のどの局面に属するデータなのかを明確にしておくことが重要である。

具体的には、同じ時期の実績デフォルト率と実績LGDとを比較し、債務者・債権セグメントごとに、両者の相関関係の有無を検証することで、LGDと景気循環との関係を明らかにするアプローチが考えられる。たとえば、不動産担保の回収率について、資産価格の変動との間に因果関係がある

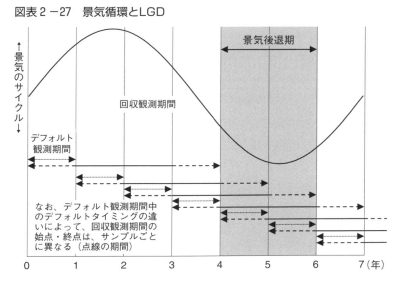

図表2－27　景気循環とLGD

2　信用格付制度　115

場合には、資産価格の下落局面における回収率の実績値をベースに推計をするのは、保守性という観点からは望ましいものといえよう。また、担保によらない回収について、ランクアップする貸出先の比率が大きく影響することが明らかな場合には、ランクアップ率の低い時期の実績値をベースにすることが、同じく保守的な選択肢として有効であろう。

こうした集計には、十分な過去データの蓄積が必要となるが、LGDは回収にかかる期間を考慮しなければならない分、PD以上に長期間のデータが必要となるため、データ数が不足しがちである。当面の取扱いとして、①実績デフォルト率と実績LGDとの間の相関関係を債権・債務者属性ごとに検証するプロセスを整備し、②データ整備の過渡期においては簡易な過去データをもとに保守的なLGDを割り当てる、というのが現実的な対応と考えられる。

なお、内部格付手法とは関係なく、本来のリスク管理の目的に立ち返ってLGDの推計精度を重視する場合には、保守的な推計が必ずしも望ましいケースばかりではない。この場合には、何が平時の実績LGDであり、それに対してどの程度の幅を考慮するべきかなど、起こりうる事象の背景をふまえた推計が重要である。

2.6 実績LGDの計測

前項では、内部格付手法におけるLGDの考え方と、関連する論点について紹介した。これをふまえて、実績LGDの計測について、以降で具体的な手順を示す。

$$\mathrm{LGD} = 1 - \frac{R}{EAD} = 1 - \frac{R_c + R_u}{EAD}$$

（R：回収額、R_c：保全要因による回収額、R_u：非保全要因による回収額）

実績LGDは、上の式のとおり、EAD（デフォルト時貸出残高）と、デフォルト以降の回収実績をもとに計算する。ここでは、デフォルト以降の回収実

図表2−28　回収源泉別の実績LGD計測のポイント

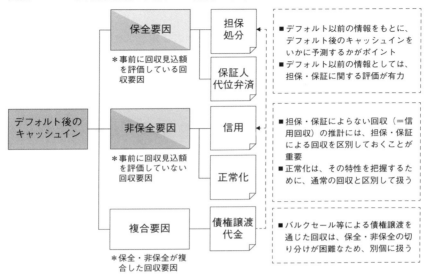

績について、回収源泉による推計の難易度の違いを考慮して、保全要因による回収と、それ以外の回収を分けて集計することを想定している。

LGDを計測・推計するうえで、LGDの水準に影響する最大のファクターは回収金のキャッシュフローであり、この回収金の大きさをいかに見積もるかが重要である。図表2−28では、回収源泉を保全要因と非保全要因に分けて、それぞれのなかで捕捉すべき回収事象とポイントをあらわしている。以降では、LGDの式を構成するそれぞれの要素について、集計上のポイントを紹介する。

2.6.1　集計対象債権の特定

最初に、すべての貸出について、実績LGD集計の対象となる残高をそれぞれ特定する必要がある。基本的にはEADそのものを対象とすることで議論の余地はないようにもみえるが、推計時の取扱いまでを視野に入れると、たとえば、保証によって保全されている債権は保証のない債権全般と分けて考えるなど、一定の処理を行っておくことが望ましい。

保証にてカバーされている貸出は、推計方法によっては、LGDではなくPDにて保全の効果を認識することがある。具体的にいうと、保証のついた貸出を、元の貸出先ではなく保証人に対する貸出とみなして、保証人のPDを用いて評価する方法が考えられる。この場合には、実績値の集計段階で、保証限度額と保証割合に応じて保証による保全額を特定しておく必要がある。また、極度保証で被担保債権が複数存在する場合など、直接に個別の保全対象額を特定できないようなケースは、EAD残高による按分とするなどの工夫も必要となろう。

2.6.2　集計の最小単位

回収実績の集計を、貸出先全体で行うのか（プール単位）、貸出先ごとに行うのか（債務者単位）、案件ごとに行うのか（案件単位）というのは、LGDの推計精度だけでなく、データの収集に係る事務負担にも大きく影響する問題である。

プール単位の考え方は、「住宅ローン」「手形割引債権」「格付A格」など、なんらかのルールでひとかたまりの貸出のグループを「プール」と定義し、プール全体でLGDを計算するものである。たとえば、デフォルトした借り手が100人、100人の住宅ローンの残高の合計が10億円、ここから予想される損失が5億円の場合、このプールのLGDは5÷10＝0.5となる。

この手法の便利なところは、実績値を集計するときに、デフォルトした借り手1件ごとの回収額や損失額をフォローする必要がない点にある。借り手1件ごとに計測した実績LGDの平均値と、プール全体として計測した実績LGDとは、いわば件数加重平均と金額加重平均の関係にあり、貸出残高が均等に分散したプールであれば、両者は同じような水準になる。消費性カードローンや住宅ローンのような、比較的均質性の高い貸出の場合には、プールによるLGD推計は有効であろう。内部格付手法でも、リテールエクスポージャーなどの一部の貸出については、プールによるパラメータの推計が認められている。

一方で、貸出1件ごとの属性に応じて、より細かくLGDを推計する必要

がある場合には、債務者単位、または案件単位でのデータ収集と推計を検討する必要がある。

　現状は、回収データの収集作業自体は案件単位で実施するほうが、推計に利用できる情報量が多く、LGDの大小と関連が深い情報にアクセスできる可能性が高まることから、より望ましいものと考える。一方で、実績LGDは、債務者単位、あるいは一定の条件に当てはまる案件をひとまとまりにした債務者単位に近い方法で計算することが、国内の金融機関では広く行われている。

　そもそもこの債務者単位か、案件単位かという議論は、銀行取引約定書に基づく債務者単位の与信管理を基本としている日本の銀行実務特有の問題と考えられる。

　銀行取引約定書の存在が前提となる日本の銀行の回収実務では、プロジェクト・ファイナンスなどの一部の貸出形態を除き、回収金をどの債権の明細に充当するのかが、金融機関の意思決定に委ねられているのが実情である。たとえば図表2−29は、2種類の債権があるデフォルト先の回収金の充当方法について、3通りの考え方を示している。いずれを選択するかによって案件ごとの実績回収率は大きく影響を受けることがわかる。実際に各金融機関内部でも、充当方法をルール化するのは必ずしも容易ではなく、個別の債務者・債権の状況に応じて現場担当者の判断に委ねられている部分も多いものと思われる。

　したがって案件ごとの回収実績値には、こうした充当方法の差異が織り込まれた結果として、まったく同じ債権額と回収額であっても、充当方法によって実績値に差が出るという問題がある。このように、充当方法の違いによって実績回収率が受ける影響を排除するためには、残高に応じて按分充当する手法が選択されたものと仮定して実績回収率を計測する方法が考えられる。これは、債務者ごとに実績回収率を算出するのと結果的には同じことになる。

2　信用格付制度　119

図表2－29　債務者単位と案件単位

デフォルト時点の貸出の状況					
手貸	50百万円		（金利：		2%）
証貸	100百万円		（金利：		3%）

60百万円の回収金を得た場合の充当方法と実績回収率

手法1：金利の高い債権から充当

手貸	50百万円	⇒	50百万円	（回収率：	0%）
証貸	100百万円	⇒	40百万円	（回収率：	60%）

手法2：約定の本数を減らす方向で充当

手貸	50百万円	⇒	0百万円	（回収率：	100%）
証貸	100百万円	⇒	90百万円	（回収率：	10%）

手法3：残高に応じて按分充当

手貸	50百万円	⇒	30百万円	（回収率：	40%）
証貸	100百万円	⇒	60百万円	（回収率：	40%）

2.6.3　保全要因と非保全要因

　実績LGDを計算するにあたっては、回収額（R）の把握がポイントとなる。また、回収額の推計に際しては、推計しやすいものと、推計のむずかしいものとに分けて考えることが有効とされる。具体的にいうと、デフォルト以降の回収可能性に大きな影響を及ぼす保全要因（担保処分や保証人による弁済）による回収と、それ以外の要因による回収とを、回収源泉別に分けることがこれに当てはまる。

$$\text{LGD} = 1 - \frac{R}{EAD} = 1 - \frac{R_c + R_u}{EAD}$$

（R：回収額、R_c：保全要因による回収額、R_u：非保全要因による回収額）

　回収額を回収源泉別にとらえた場合の実績LGDの算式は、上の式であらわせる。ここでは、前者を保全要因による回収（R_c）、後者を非保全要因による回収（R_u）としている。後者については信用による回収、あるいは単に信用回収と呼ぶこともある。

　保全要因と非保全要因の違いは、前者が、たとえば担保評価のように、貸

120

出先の信用状態とは無関係に回収額を事前に評価できるのに対して、後者は貸出先の信用状態そのものであり、デフォルト以前には通常は金額評価の対象とされていない点にある。この違いは、回収額を推計する際にさらに鮮明になる。保全要因は、担保評価に代表される「保全額の算定」が回収額の推計そのものであるのに対し、非保全要因は、債権ごとに別個に推計が必要となる。

このほか保全要因については、物品の価値評価で決まる「担保処分による回収」のほかに、保証人の信用状態の評価で決まる「保証人による代位弁済」も源泉の一つに含まれる。保証による保全効果については、前者を借り手のLGDにて調整する方法と、保証人のPDに置き換える方法の2つが考えられる[40]。

2.6.4　保全要因による回収額

保全要因による回収額に含まれるのは、通常は法的な担保権を具備した担

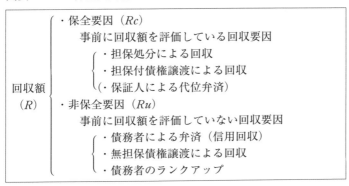

図表2-30　保全要因別に分けた回収額の内訳

---

[40] 告示第219条（AIRB行における保証の取扱い）
「先進的内部格付手法採用行は、事業法人等向けエクスポージャーについて保証を信用リスク削減手法として用いる場合は、当該事業法人等向けエクスポージャーのPD又はLGDのいずれかを調整することができる。ただし、調整後のリスク・ウェイトは保証人に対する直接のエクスポージャーに適用されるリスク・ウェイトを下回ってはならない。」

保の処分による回収金である。代表的な担保としては、預金、有価証券、不動産、売掛債権などがあり、担保差入書などなんらかの書面を通じて担保権を確認できるものをこれに含める。また、割引手形についても、基本的には手形担保の融資として同様の扱いが可能であろう。担保の処分による回収金としては、任意売却、競売等の形態を問わないのが基本であるが、たとえば任意売却と競売とで、回収可能性や回収率が明らかに異なるのであれば、あらかじめ別々に集計しておくことにも意味があろう。

　保全要因に含めるべきか判断が分かれるケースについては、審査業務において保全要因として見込んでいるかどうかを、一つの判断基準とすることが考えられる。たとえば登記留保のように、法的な担保権という部分で疑義が残るケースでも、審査の場面で当該登記留保の効果を保全額として見込んでいるのであれば、保全要因に含めるべきであろう。反対に、抵当権を設定していてもなんらかの内部的な理由によって保全額に見込んでいない[41]、いわゆる「見返り担保」については、回収額を保全要因に含めるべきではない。精緻なLGD推計を目指すうえでは、これらについても極力、事前に時価の算定など回収額の推計を行う体制を構築し、保全額として見込める実務運用に変えていくことが望ましい。

　このほか特殊なケースとしては、バルクセール等の債権譲渡による回収金について、保全要因と非保全要因のいずれに含めるべきかという問題がある。理論的には、デューデリジェンスの明細等に従って、回収金を保全評価部分とそれ以外とに割り振る取扱いが考えられるものの、簡便な方法として全額を保全要因による回収金とみなすことも多い。そしてこの場合は、非保全要因としての回収額を計算上はゼロとして扱うことになる。

2.6.5　回収源泉の捕捉が困難な場合

　ここまでみたように、推計を視野に入れた実績LGDの計測に際しては、

---

[41] 「添え担保」など、金融機関によって呼び方はさまざまである。たとえば、遠隔地物件（実査が困難）、農地（売買可能性が不透明）など、金融機関の内部的な基準で一定の精度の時価算定が困難と判断される担保物件の場合を指す。

回収金を保全要因、非保全要因に区別することが非常に重要となる。また、特に保全要因についてはその内訳が細かければ細かいほど、細かな担保の種類ごとに回収金を推計できる余地が生じるため、推計上のメリットも大きい。一方で、金融機関のデータ保有状況によっては、この区別が困難なケースがある。

保全要因の回収について、回収金と担保とを紐づけることができない場合、あるいは、回収金と担保の種類すら紐づけられない場合であっても、最低限、担保処分を伴った回収金と、そうでない回収金との区別は行うべきであろう。これにより、少なくとも非保全要因による回収実績は単独で集計できるため、後の推計段階では、非保全要因による回収を考慮したLGD推計のメリットをある程度享受できるはずである。

回収金を保全要因と非保全要因に分けるためには、回収源泉に係る情報を回収金の情報とセットで保有している必要があるが、こうした回収源泉と回収金を結びつける情報が不足している金融機関も多く、回収率の計測やLGDの推計を妨げる大きな要因となっている。

それでも、回収源泉に関する情報不足をカバーして回収率の計測に一歩踏み出すことはきわめて重要である。その場合にはたとえば、約定返済を非保全要因による回収とみなして、それ以外のものについてのみ回収源泉の特定作業を個別に行う、といったアプローチが考えられる。約定返済は、各金融機関がシステムにて有する各種のコードを生かすことで識別可能なケースも多いはずである。

2.6.6　保証による回収の取扱い

保全要因のなかでも、保証については担保とは分けて考える必要がある。というのも、保証による回収は、事前に見込まれる回収金額が、保証人の信用状態、すなわち保証人のPDと密接に関連しており、担保とは異なるアプローチによって回収額を推計できる可能性があるからだ。

内部格付手法における取扱いを参考にすると、保証による保全効果には、次の2つの方法が認められている。

① 保証人のPDへの置換

② 貸出先のLGDの調整

　実際には、多くの内部格付手法採用行が、①の方法を採用している。さらに、②の手法を選択する場合も、保証人への直接の貸出における所要自己資本額を下回ってはならないとのフロア（下限値）がある。これは、保証人向け貸出のPD・LGDの組合せよりも有利になってはいけないことを意味しており、結局は、①の手法によりフロアを計算しておく必要がある[42]。

　なお、2005年7月のバーゼル銀行監督委員会のガイダンスでは、以下の要件のもとで、リスクウェイト関数においてダブルデフォルト（DD：double default）[43]の効果を勘案することが認められている。

・保証人は、金融機関、または外部格付Ａ－格相当以上の事業会社であり、ソブリンは対象外

・原債務者は、事業法人、リテール等だが、金融機関、および保証人と同一グループに属する貸出先は対象外

・ダブルリカバリー（保証人と原債務者の双方からの回収可能性を見込むこと）は考慮しない

・債務者と保証人との間のデフォルト相関のリスクをモニタリングできるような体制の構築

　先ほどの①保証人のPDに置き換える方式でダブルデフォルトの効果を考慮する場合は、保証人のPDをさらに引き下げる、具体的には債務者格付のノッチアップをするような運用が考えられるが、ダブルデフォルトの効果を定量化することが技術的に困難ということもあり、今後のノウハウ蓄積が待たれる部分であろう。

---

[42]　告示第219条第1項、第2項（抜粋）

　「内部格付手法採用行は、エクスポージャーについて保証を信用リスク削減手法として用いる場合は、当該エクスポージャーのPD又はLGDのいずれかを調整することができる。ただし、調整後のリスク・ウェイトは保証人に対する直接のエクスポージャーに適用されるリスク・ウェイトを下回ってはならない。」

[43]　保証やクレジットデリバティブが完全に履行されない場合とは、保証人、原債務者が同時にデフォルトしてはじめて発生する事態であるため、いずれか一方のPDよりもその確率は低くなるという効果。

図表2-31 内部格付手法における保証の取扱い

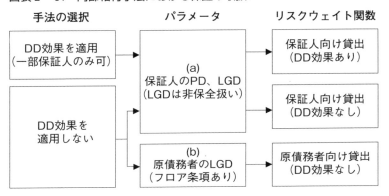

2.6.7 非保全要因による回収額

　担保処分に関連する代金以外の回収金は、基本的に非保全要因による回収額として扱うことになる。中心となるのが、デフォルト発生以降の、貸出先による任意の返済金である。保全要因として認識していない担保からの回収は、すべてこの非保全要因に含めることから、見返り担保からの回収実績が多い場合や、船舶・工場財団といった「その他担保」に分類されがちな担保の事例が多いなど、各金融機関の貸出の特性によっては、その影響が無視できないこともある。

　非保全要因は、デフォルト時点では評価の対象となっていないことからもわかるように、一般には、回収が見込みがたい部分である。たとえば貸出審査においては、回収額ゼロとして取り扱われるケースが大半と考えられる。しかしながら、デフォルト定義が、一昔前の法的破綻から実質破綻、破綻懸念、要管理と徐々に上方（＝信用状態がより「まし」な方向）に遷移するにつれて、デフォルト時点よりも後に見込まれる回収金も徐々にふえることになる。たとえば、要管理先の場合、条件緩和の実施後も、通常であれば（少額ながら）返済を継続しているケースが大半であろう。このため、非保全要因についても実際には回収金は発生しており、LGDに及ぼす影響は決して無視できない。

そしてもう一点、これらのほかに重要な項目としてあげられるのが、貸出先がデフォルト状態から正常な状態に復帰した場合に、貸出金を非保全要因による回収金とみなす「ランクアップ」の取扱いである。

ランクアップの取扱い

ひとたびデフォルト定義に該当した貸出先が、非デフォルトの状態に戻る事象を「ランクアップ」または「正常化」という。たとえば、デフォルト定義を破綻懸念先以下とする場合には、いったん破綻懸念先となった貸出先が、その後の資産査定等のタイミングで正常先や要注意先に区分されると、これはランクアップ先として定義される。

ランクアップは、延滞事象の有無や、債務者格付の遷移、銀行であれば債務者区分の変化などと結びつけて定義するのが一般的だが、このとき問題となるのが、いったんランクアップした先が、再度デフォルト定義に抵触した場合、すなわち再デフォルトの取扱いである。

図表2-32は、短期間に要管理先（デフォルト）と正常先（非デフォルト）の間を行き来する貸出先の例である。このとき、期初の貸出先100件に対してデフォルト先がこの1件だけだとすると、実績デフォルト率はどのように計測できるだろうか。

考え方の1つ目は、期中のランクアップ、その後のデフォルトは考慮せ

図表2-32　デフォルトとランクアップを繰り返す貸出先の例

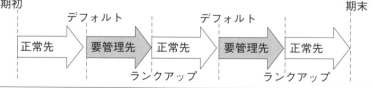

① 初回のデフォルトのみを1件としてカウント
　　実績デフォルト率＝1÷100＝1％
② デフォルト、ランクアップのつど、それぞれを1件としてカウント
　　実績デフォルト率＝2÷(100＋2)＝1.96％
③ 期末の状態だけでデフォルトをカウント
　　実績デフォルト率＝0÷100＝0％

ず、初回のデフォルトのみを1件としてカウントする方法である（①）。この場合、実績デフォルト率は1％（＝1÷100）となる。そして後続の2回のランクアップと再度のデフォルトの影響は、デフォルト率ではなく回収率（LGD）の側で「1件の」ランクアップ先として考慮することになる。

2つ目の考え方は、デフォルト時点ではデフォルト発生として、ランクアップ時点で新規貸出先が発生したものとしてそれぞれカウントする方法である（②）。この場合は、デフォルトは2回、新規貸出発生も2回で、実績デフォルト率は1.96％（＝2÷（100＋2））となる。また、後続の2回のランクアップについては前述のケースと同様に回収率の側で「2件の」ランクアップ先として考慮することになる。

3つ目の考え方は、期中の遷移を考慮せずに期末の状態だけでデフォルトを判断する方法である（③）。この場合の実績デフォルト率はゼロである。そして、期中のランクアップ先の件数もゼロとなる。

いずれのアプローチにも一長一短があるが、実績デフォルト率の計測、この場合はすなわちデフォルト先のカウント方法によって、おのずからランクアップ先の取扱いも決まってくる点に留意されたい。なお、実績デフォルト率計測の簡便性を考慮すると、③の手法にメリットが大きいものと思われる。ただし実績LGDを計測する際には、期中デフォルト先のうち期末時点でランクアップしているサンプルを取り除くような工夫が必要となる。

ひとたびランクアップ先として認定した貸出先には、次に回収率をどのように置くかという問題がある。この点については、(i)ランクアップ時点で全額が回収になったものとみなす方法（回収率＝100％）と、(ii)ランクアップ以降も回収金のフローを追いかける方法の、大きく分けて2つの考え方が議論の対象となっていたが、実務上は、(i)が主流ということで特段の問題はないものと考える。

デフォルト以降の追加貸出

ランクアップ先の取扱いと並んで、デフォルト定義が上方に遷移することで、LGDに与える影響が無視できなくなる要素の一つが、デフォルト以降

の追加貸出である。デフォルト先への追加貸出は、融資の現場ではごく普通に行われていることであり、たとえば、工場設備の長期資金の返済が滞っている貸出先から、従業員に支払う季節賞与の資金の申込みを受けて、経営再建を支援する目的で、短期融資に応じるケースなどが、これに該当する。

$$\mathrm{LGD} = 1 - \frac{R}{EAD} = 1 - \frac{R_c + R_u - C}{EAD} = 1 - \left(\frac{R_c}{EAD} + \frac{R_u - C}{EAD} \right)$$

（R：回収、R_c：保全要因による回収、R_u：非保全要因による回収、C：追加貸出）

　LGDの計算における追加貸出の取扱いには、いくつかの方法が考えられるものの、代表的な計算方法としてあげられるのが「非保全要因によるマイナスの回収」とみなして、回収金から差し引く取扱いである。上の式は、この場合のLGDの計算式である。この取扱いのメリットとしては、EADを計算し直す必要がないことのほか、実務上しばしばみかける「全額回収と同時に同額実行」という、事実上の継続融資の回収実績を一連の貸出として連続的に把握できることがあげられる。

2.6.8　利息収入の取扱い

　銀行融資の現場では、ある回収金を利息として収納するか、元本返済に充当するかという選択に際して、銀行側の裁量余地が大きいため、回収金のキャッシュフローを追いかける場合に、利息と元本を区別することには合理的な意味合いが乏しい。また、経済的損失という概念を前提とする場合、約定金利で回収金のキャッシュフローを割引計算する以上、利息収入までキャッシュフローに含めて回収率を計算しないと、決して回収率が100％にならないという問題がある。したがって、本来の実績LGD計測にあたっては、利息収入も回収金に含めるのが理論的には合理性がある。

　しかしながら実際には、利息収入のデータまで回収源泉の情報とともにそろえるのは、元本回収の回収源泉情報すらままならないことも多いなか、より技術的な困難が伴う。したがって、まずは元本のみを対象として回収実績を集計し、利息については考慮しないというアプローチも、現実的には容認されよう。実際に内部格付手法採用行の多くは、利息収入を考慮しない

LGD推計を実施しているものとみられるが、これは内部格付手法の要件上
は、利息収入に相当するキャッシュインをあきらめる保守的な推計方法とな
るため、所要自己資本の計算上は問題視されないからであろう。

2.7 LGDの推計

債務者格付制度におけるPD推計と同様に、案件格付制度でも、LGDの水
準の近い貸出をグループ化して格付区分を割り当て、区分ごとのLGDを推
計する。ここでは、格付区分を割り当てる際の、貸出のLGDによる序列づ
けと、区分ごとのLGD推計に分けて、それぞれの内容を紹介する。

LGDによる序列づけのためには、それぞれの貸出における回収見込額を
推定する必要がある。ここでは最初に、無担保・無保証貸出における推計方
法からみてみよう。

2.7.1 無担保・無保証貸出の回収額の推計

個人向けのカードローンに代表される無担保型の貸出商品の場合、回収源
泉はすべてが非保全要因となる。非保全要因の回収金の推計には、以下の3
つの考え方がある。

回収額をゼロとみなす方法

最も簡単な方法は、非保全要因による回収をいっさい考慮せずにゼロ（＝
LGD100％）とすることである。このとき、ランクアップ先の存在を考慮し
なければ無担保債権の回収率を一律にゼロとみなすのと同じであり、これに
対してランクアップ率のみを考慮すると、その分だけ回収率の推計値は上が
り、貸出の評価の差異は、ランクアップ率の水準にのみ依存することにな
る。

推計というのもはばかられる、実に単純な方法だが、伝統的な日本の銀行
における無担保融資の考え方は、古くからこのスタンスである。LGDとし

2　信用格付制度　129

ては、最も保守的な推計値になるので、一概に否定するものではないが、実績値との乖離が必ず生じる推計となることには注意が必要である。

定率の回収率を割り当てる方法

無担保カードローンにおける回収額の実績値を集計し、たとえばその平均値や中央値といった統計量を、すべての貸出のLGDとして適用する方法である。この場合も、ランクアップ先を分ける方法と、区別せずに一緒に扱う方法とがあるが、一般にランクアップ先とそうでない先とを区別せずに進めると、ランクアップ先のデータが実績回収率100％の標本として大量に含まれるいびつな回収金の分布から統計量を算出することになる点には注意を要する。なお、この方法でも、ランクアップ先以外の回収率は一定となることから、ランクアップ率以外の要素では貸出の評価に差異は生じない。

貸出ごとに回収額を推計する方法

ランクアップ以外の部分も含めた非保全要因による回収可能性を、貸出ごとに差をつけて評価するためには、借り手の属性や貸出方法などの情報を用いて貸出を分類し、グループごとに一定のLGD推計値を適用する、審査評点のようなアプローチが考えられる。これによって、同じ無担保カードローンでも、属性による回収率やLGDの差を貸出の評価に反映できる。

またPDの場合と同様に、決定木やロジスティック回帰モデルなどの統計モデルを構築して、LGDの評価に使用する考え方もある。このためには、過去の回収実績に係るデータを大量に蓄積することが必要になる。統計モデルの構築に際しては、代表的には、LGD（または回収率）を目的変数にする手法と、回収額を目的変数にする手法の2つのアプローチが考えられる。

LGDの実績値は、ゼロ付近と1付近の2カ所にピークをもつ、やや特殊な分布形状をとることが知られており（双峰分布）、LGDを目的変数とするモデルを構築する際には、ベータ分布を用いてこれに対応する事例が過去にはみられた[44]。また、回収額そのものを目的変数にする統計モデルとしては、ガンマ分布を用いた事例がみられる[45]。いずれも、PD推計のスコアリ

ングモデルとの比較では、推計精度になお改善の余地があるものと考える。

2.7.2 有担保貸出の回収額の推計

次に、有担保貸出のLGD推計の方法について考える。有担保貸出の回収金は、保全要因と非保全要因の2種類に分けることができる。両者の取扱いの違いにより、LGDの推計に際しても、回収見込額を一括で推計する「トップダウン・アプローチ」と、回収源泉ごとに回収見込額を積み上げて推計する「ボトムアップ・アプローチ」の2つの手法がある。

トップダウン・アプローチ

回収源泉を考慮することなく、一括で回収見込額を推計する方法である。たとえば、デフォルト時点の元本が30百万円、最終的な損失額が6百万円の住宅ローンの回収率は $1-6/30=0.8$ （80％）となるが、この回収率80％のなかには、住宅ローンの対象物件の売却代金による回収（＝保全要因）と、債務者本人による弁済（＝非保全要因）の双方が含まれている。それらを分けずに、一体として推計するのが、有担保貸出におけるトップダウン・アプローチである。

債権売買市場が整備されているケースなど、回収金の大部分を債務者からの直接の回収ではなく市場での債権売却代金に依存しているような貸出においては、トップダウン・アプローチが特に有効であり、北米を中心に利用されているマーケットLGDはトップダウン・アプローチとの相性がよいものと考えられる。

この方法は、回収源泉別に回収金の実績値のデータをためておく必要がないため、データの収集にかかる負担は比較的小さい。消費性カードローンのように回収源泉が非保全要因に限定される貸出や、住宅ローンのように、回収源泉に保全要因が含まれるケースでも担保と貸出の対応関係が明確な貸出では、この手法が向いているものと考える。

---

44 Losscalc V2, Moody's KMV Company, 2005年1月。
45 Gamma回帰によるデフォルト債権回収額の推計（今井・尾藤、2014）。

また、トップダウン・アプローチの一種として、広く日本の銀行にて用いられているLGD推計手法の一つが、「保全率」の水準で貸出先を区分して、区分ごとにLGDを推計する案件格付である。内部格付手法を採用する銀行では、案件格付制度を整備することが規制上の要件とされているが、ディスクロージャー誌を読んでいると、なかには保全率のみで案件格付制を付与していることを公言する銀行もみられる。

ボトムアップ・アプローチ

　担保・保証のある貸出について、回収源泉別に回収見込額を推計する方法である。回収源泉別に回収金の実績値のデータをためて、そこから推計ロジックを考える必要があり、データの収集と推計にかかる負担は、トップダウン・アプローチに比べると大きい。銀行の法人向け貸出のように、回収源泉が多岐にわたり、また担保と貸出の対応関係が一様でない貸出では、この手法が向いているものと考える。また、住宅ローンのように担保と貸出の対応関係が明確な場合でも、担保を処分する前段階での借り手の自助努力による返済の可能性を、担保による回収と分けて評価する際には、この手法が検討できよう。

　図表2－33は、銀行の事業法人向け貸出を例に、ボトムアップ・アプローチにて推計対象となる回収金の区分を示している。ボトムアップ・アプローチでは、回収源泉を保全要因と非保全要因とに分けて推計するが、保全要因のなかでも、手形割引や預金担保のように回収に充当できる金額があらかじめ決まっているものは、ここでの推計対象から除外し、これらはそれぞれの担保種別ごとに別の推計を行う。図表2－33の例では、除外すべき貸出の種類として、手形や優良保証付貸出、預金担保などに紐づく貸出などをあげている。これらは基本的に「額面」の存在する保全要因であり、それぞれに応じた「掛け目」を用いて、一律の回収率を適用することを想定している。

　したがって、ボトムアップ・アプローチにて推計対象となるのは、保全要因のなかでも、不動産担保に代表される、処分の方法・内容によって回収額が変わりうる担保と、非保全要因による回収額の2種類となる。ここでは、

図表2−33 ボトムアップ・アプローチによる回収金の推計

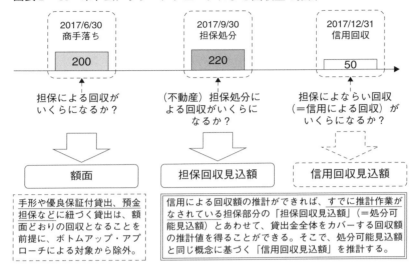

前者の回収額推計値を「担保回収見込額」、後者の回収額推計値を「信用回収見込額」と呼ぶことにする。

担保回収見込額は、担保処分の方法・内容によって回収額が変わりうる担保についての回収額の推計値である。通常は、融資業務のなかで行われる「担保評価」を通じて、十分な推計作業がなされており、具体的な推計値としては、銀行の資産査定実務でいうところの「担保時価」、またはそれに一定の掛け目を乗じた「処分可能見込額」と同じものと考えてよい。

もう一方の信用回収見込額は、同じ有担保貸出の貸出先から、デフォルト以降に保全要因以外で回収できる合計金額の推計値をあらわす。推計の方法は、2.7.1項にて述べたとおりだが、回収実績値の集計に際して、担保・保証による回収分を差し引いて計算する必要がある。

ボトムアップ・アプローチによる回収額の推計は、トップダウン・アプローチに比べると、回収源泉に係る情報がより細かく必要になるため、難易度は高くなるものの、回収可能性に応じて保全の種別ごとに異なる手法で回収額の推計ができるので、精度の向上が期待できる。

一方で、上で紹介した推計フローには、計算結果を回収額推計値、あるいはLGDとして使用する際には、注意すべき点が存在する。

というのも、担保回収見込額には担保の評価額をベースとした推計値を使用し、信用回収見込額には実績値からの推計値を使用すると、両者の合計値があらわすのは、「担保を処分した場合の」担保からの回収推計値と、「担保処分の有無とは無関係な」信用の回収推計値の合計となる。実際の回収のデータをみると、有担保貸出のデフォルト先の多くでは、必ずしも担保処分がなされているわけではない。RDBが銀行から収集しているデータの集計結果によると、要管理先基準のデフォルト定義で、デフォルトから36カ月以内に担保処分による回収金が発生する先は、不動産担保を有する貸出先全体のうちの25％程度にすぎない。したがって、担保回収見込額と信用回収見込額の合計を、当該貸出先から回収見込額として推計値に使用すると、実績値との間では「回収額の過大推計」の方向で乖離が生じる可能性が高い。

以上をふまえて、ボトムアップ・アプローチに基づく回収額の推計値については、そのままLGDとして使用するのではなく、スコアリングモデルのスコアと同じような扱いとして、案件格付の格付区分を決定するのに使用することが有効と考えられる。この場合、格付区分ごとのLGDは、区分ごとの実績値から別途推計することになるが、これは債務者格付制度におけるPDと、取扱いとしては同じことである。また、後述の検証においては、担保回収見込額と信用回収見込額の合計が、実際の回収額とある程度整合していることを確認しておく必要があることはいうまでもない。

2.7.3　案件格付における格付区分の設定

前述のような手法にて、貸出先、あるいは貸出債権ごとに回収額が推計できたら、これをもとに格付区分を設定する。格付区分を多くすると、格付ごとのLGDの違いをより細かに表現できる一方で、格付ごとに含まれる貸出先、貸出債権の数が減ることで、区分ごとのLGDと実績LGDとの差異が大きくなる可能性が高まる。この両者のトレード・オフについては、債務者格付制度のPDと同様である[46]。

134

図表2－34　実績回収率の分布

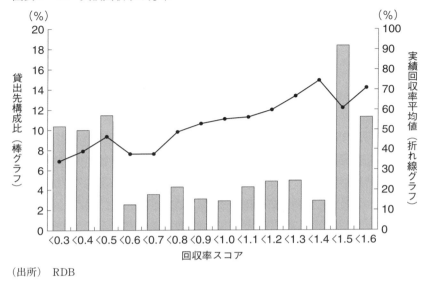

(出所)　RDB

　したがって、案件格付制度における区分の設定については、損失の可能性（この場合はLGD）を有意に切り分ける格付区分という案件格付の本来の意味合いに立ち戻り、実績LGD（回収率）の分布形状を確認したうえで、金融機関ごとに自らの貸出先の分布にあった区分設定を決める必要がある。
　実際のデータによると、実績LGDの分布形状は、ゼロおよび100％付近の両端に偏る「双峰分布」と呼ばれる形状をとることが多い。図表2－34は、RDBのデータにおいて、横軸に回収率スコア[47]の区分をとり、縦軸に貸出先の構成比（棒グラフ）と、各区分の実績回収率（折れ線グラフ）を示したものである。これによると、横軸の回収率スコアが高いほど、実績回収率の平均値も高くなっているほか、貸出先の構成比は、実績回収率の低いゾーンと高

46　区分数に関する記載は告示第182条第4項にて「先進的内部格付手法採用行は、LGDが大きく異なるエクスポージャーに対して同一の案件格付を付与することのないよう、十分な数の案件格付を設けなければならない」とあるのみ。
47　ここではRDBが構築した回収率推定モデルのスコアを使用。

いゾーンとに二極化しているのがわかる。

案件格付の区分を設定する際には、こうした分布の特性を十分に考慮に入れる必要がある。対応方法の一例としては、次のような3つの区分をベースにする方法があげられる。

(a) 無担保貸出先

(b) 有担保貸出先（カバー率100％未満）

(c) 有担保貸出先（カバー率100％以上）

この手法では、(a)を案件格付最下位の債務者として、(c)を最上位の債務者として、双峰分布の両端にそれぞれ区分したうえで、中間部分の(b)有担保債務者について保全率やその他のスコアを通じて細分化を試みる。両端を区分する目的は、最下位なら無担保、最上位ならフルカバーというように属性を極端に絞り込むことで、当該区分内の債務者の均質性が確保しやすくなるからである。図表2-34でみたとおり、両端には件数的に多くの債務者が含まれることから、この区分の推計精度を高めることが、案件格付制度全体の精度改善に非常に大きく影響するものと考えられよう。

なお、この両端部のみならず中間部分の区分についてもいえることであるが、案件格付制度の設計時、導入当初においては、この格付の序列にて実績LGDが並んでいることを必ず確認しなければならない。これは、図表2-34における折れ線グラフの形状に注目すべきことを意味する。というのも、ボトムアップ・アプローチの紹介の際に触れたとおり、ここでの貸出先の評価の根拠（図表2-34の横軸）は、あくまで「回収率スコア」であって、回収率そのものではないからだ。

2.7.4 格付区分ごとのLGD推計

格付区分別のLGDを推計する場合も、PD推計と同様に、当該格付区分に該当する過去の貸出先データにおける実績LGDの平均値を用いるのが最もオーソドックスなアプローチである。

実績LGD計測に際して注意すべき点は、すでに詳しく述べたとおりであり、特に、貸出先のランクアップ、回収完了の定義については、内部格付手

法の採用いかんによらず、あらかじめ取扱方法を決めておくべきであろう。このうえで、一定期間の平均値をもって案件格付別のLGD推計値とすることが多い。

内部格付手法の要件を意識しないのであれば、この「一定期間中の」という条件に制約はなく、直近一時点の数値や、過去n年間の平均値など、自社のポリシーと将来見通しをふまえて推計値を定めればよい。

これに対して、内部格付手法の要件を考慮する場合には、上記の推計値に対して、①経済的損失としての調整、②景気後退期の影響、という2点を加味したうえでリスクパラメータとしての体裁を整える必要がある。①については、割引計算と回収費用の影響を考慮した推計のことであり、また②については、先ほどの「一定期間中の」という算出定義のところで、任意の時期ではなく景気後退期の実績LGDを参考に推計しなければならない[48]。これらは本章前半にてすでに説明したとおりである。

2.7.5 プール区分におけるLGD推計

内部格付手法の特有の要件として、リテールエクスポージャーにおけるプール区分のLGD推計というものがある。推計値の求め方そのものは案件格付区分ごとのLGDと同様であり、プール自体の過去の実績LGDを計測し、その一定期間中の平均値などを使用するのが通常である。

案件格付区分におけるLGD推計と異なり、プールのLGDは、異なるプール同士で値が同一となっても特に問題はなく、プール同士のLGDについて序列性を問われることはない。

また、プール区分については、事業法人等向けエクスポージャーとは異なり、大量の小口債権から構成されるという特徴があるため、LGD推計の前提となる実績LGDの計測に際しても、債権、あるいは債務者1件ごとでは

---

[48] バーゼル銀行監督委員会の資料で単に「LGD」という場合、景気後退期の影響を考慮した「cyclical downturn LGD」を指していることがある点に注意されたい。一方、景気後退期のみを考慮するのではなく、景気サイクル全般を通しての推計値である長期平均LGDについては、これを特に「expected LGD（ELGD）」などと呼ぶことがある。

2　信用格付制度　137

なく、プール全体の損失額をもとに計算する、いわゆる貸倒実績率に似たアプローチをとることも一つの方法として考えられる。

2.7.6 LGDの検証

内部格付手法では、LGDの推計とあわせて、当該推計値についての検証プロセスが求められている。LGDの検証手法については、具体的な内容を示す資料が限られるなか、バーゼル銀行監督委員会のドキュメントには、若干ではあるが具体的な方向性を示したものをみることができる[49]。

図表2-35は、LGDの推計から検証までの一連のプロセスを再度示した図である。推計の第一段階から第三段階までは、具体的な手法をすでに説明したとおりであるが、推計手法そのものを最初に設計・構築する時点では、一定の検証作業が必要となることから、まずはその点について少し触れておきたい。

推計の第三段階において使用する案件格付別のLGD推計値や、案件格付を付与するための評点・スコアリングモデルなどについては、実用に先立って一定の検証作業が必要となる。その際に重要なのが、ロジックの構築に直

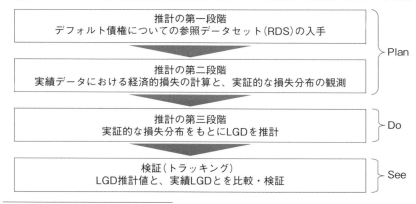

図表2-35 バーゼル銀行監督委員会が示すLGDの推計・検証プロセス（再掲）

---

[49] Studies on the Validation of Internal Rating Systems（バーゼル銀行監督委員会、2005年2月）

接的に使用したデータではない、別のデータでの検証、いわゆるアウトサンプルテストの実施である。これは、PD推計のフローにおいて、アウトサンプルテストを通じた精度検証が推奨されるのとまったく同じ意味合いであり、この点については国内規制においても明確に記載がある[50]。具体的には、参照データセット（RDS）の実績LGDデータを使用するにあたっては、サンプリング後の一部データによってLGD推計ロジックを構築し、アウトサンプルテストに使用するデータを残しておく方法が考えられる。このとき、自社内部のデータだけではサンプル数の制約が厳しいケースもあるが、その場合には外部データの活用も有力な選択肢となろう[51]。

　推計ロジックを構築し実際の運用が始まると、通常は１年ごととなるが、次に一定期間ごとのLGD推計値と実績LGDとの整合性に関する比較検証（トラッキング）のプロセスが必要となる。バーゼル銀行監督委員会の例では、LGD推計値と「関連する外部データソース」との比較が求められており、ここでは自社のLGD推計値と、「関連する外部データソース」に基づくLGD推計値との比較を想定しているようである。

　実際の比較・検証作業としては、案件格付ごとのLGD推計値と実績LGDとの比較が中心となるが、これは2.4節で示したPDの検証作業と基本的には同様である。

　そして、次に必要となるのが案件格付制度、あるいはそこに使用している序列化のためのモデルやロジックに関する、序列性能の検証である。LGDの場合、債務者格付に使用するような、連続的な序列化を行うスコアリングモデルを用いた序列づけは、必ずしも一般的とはいえない。このため通常は、案件格付、あるいは区分ごとの実績LGDの序列をもとに整合性を判断し、後は要因分析に委ねるという手順になるものと考えられる。要因分析では、最初に、非保全回収、保全回収のいずれの推計精度や序列性能に問題が

50　告示第211条第４項
　「推計に用いる手法は、抽出標本以外のデータによるテストで良好な成績を収めたものでなければならない。」
51　日本リスク・データ・バンク株式会社（RDB）では、LGD実績値に関する共同データベースを2006年よりサービス提供している。

2　信用格付制度　139

あるのかを特定し、次にランクアップ率の状況、あるいは特定の担保種類別の回収状況などを掘り下げて、推計値の妥当性に係る問題点を突き止めていくことになる。

　LGDの検証については、PDの検証以上に個別案件ごとの回収事情に左右される面が多いものと考えられる。特定の案件の回収率が高い（低い）ことを理由に区分別の推計値と実績値との間に不整合が生じている可能性を常に念頭において、個別の回収案件の実態把握作業にも、検証作業の一環と位置づけて積極的に取り組むべきであろう。

2.8 〈補論〉信用リスク管理のための確率論

2.8.1　確率変数とは？

　信用リスク管理業務にて検証の対象となるPDとはそもそも、一定期間中に貸出先がデフォルトする確率のことである。これは、格付区分ごとに観測されるデフォルト先の件数割合、つまり格付区分ごとのデフォルト率の推計値と言い換えることができる。たとえばここに、10件の貸出先を含む格付区分があると、この格付区分において今後発生するデフォルト件数は、次のような性質を有していることがわかる。

- ・デフォルト件数は0件から10件の間のいずれかの値をとる
- ・それぞれの貸出先のPDはあらかじめ決まっており、この格付区分における0件から10件までの11通りのデフォルト件数の発生確率は、事前に決まっている
- ・0件から10件までの11通りのデフォルト件数の発生確率をすべて合計すると100％になる

　ある変数が、①さまざまな値をとり、②とりうるすべての値についてゼロより大きい発生確率が事前に決まっており、③すべての値の発生確率を合計すると1（＝100％）になる、という3つの性質を満たす場合、これを確率

140

変数と呼ぶ。格付区分ごとのデフォルト件数は、上記の性質から確率変数といえる。また格付区分ごとのデフォルト率も、デフォルト件数を事前に決まっている貸出先の件数で割った値にすぎないので、これも確率変数になる。

また、確率変数がとりうるそれぞれの値の「起こりやすさ」をあらわしたものを確率分布という。先の事例であれば、10件の貸出先からなる格付区分において、デフォルト件数がゼロの場合、1件の場合、2件の場合……というそれぞれのデフォルト件数の発生確率のことである。

確率分布には母数（parameter）という未知の値が含まれており、母数がわかれば確率分布の形状を特定できる。この例であれば、同じ格付区分に属する貸出先のデフォルトする確率が、母数に相当する。これさえわかれば、10件の貸出先からなる格付区分にて発生するデフォルト件数の確率分布を得ることができる。

図表2－36は、デフォルト確率が10％の貸出先10件からなる格付区分において発生するデフォルト件数の確率分布をあらわしている。このとき、10件のうち1件だけデフォルトする確率は39％、1件もデフォルトしない確率は35％と計算される。では、この確率分布は、どのような計算によって導かれるのか、もう少し詳しくみてみよう。

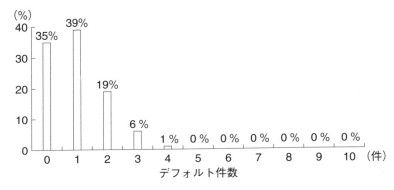

図表2－36　10件の格付区分におけるデフォルト件数の確率分布

2.8.2 二項分布と正規分布

ここでは、身近な確率変数の例として「10個のサイコロを同時に振ったときに1の目が出たサイコロの個数」を取り上げる。サイコロの目は、1から6までの発生確率がそれぞれ6分の1にあらかじめ決まっている。このため、10個のサイコロを振って1の目がいくつ出るか、についてもあらかじめ発生確率を計算できる。

図表2-37の棒グラフは、1が出るサイコロの個数の確率分布をあらわしており、1つも出ない確率が0.162、1つの確率が0.323、2つの確率が0.291などとなっている。個数がふえると確率は0.000と表示されているが、実際にはゼロではない。また折れ線グラフは、確率を左端から足し上げたもので、1つのところの0.485とは、1が出るサイコロの個数が1つ、またはゼロの場合の確率の合計をあらわしている。これも右に行くにつれて1.000に近づくが、正確に1に到達するのは右端のみである。

二項分布（binomial distribution）

サイコロを振って1が出るか、出ないか、という2つの結果しか発生しない独立した実験を複数回繰り返すテストを「ベルヌーイ試行」という。このとき1が出る確率をp、出ない確率を$1-p$とし、これをn回繰り返すときに

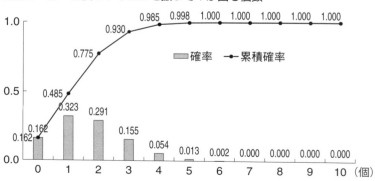

図表2-37　10個のサイコロを振って1が出る個数

1が出る回数Xは「二項分布」という確率分布に従う。つまり図表2－37は、$p=1/6$、$n=10$の二項分布をあらわしていたことになる。参考まで、それぞれの確率の計算式は以下のとおり。

$P(X=0) = {}_{10}C_0(1-p)^{10} = (1-p)^{10}$

$P(X=1) = {}_{10}C_1 p(1-p)^9 = 10p(1-p)^9$

$P(X=2) = {}_{10}C_2 p^2(1-p)^8 = \frac{10 \cdot 9}{2 \cdot 1} p^2(1-p)^8$

…

$P(X=10) = {}_{10}C_{10} p^{10} = p^{10}$

($P(X=x)$：確率変数Xがxをとる確率)

さて、サイコロの1の目が出る確率は6分の1なので、10個のサイコロを振れば、平均すると、1の目は$10 \times 1/6 = 1.666...$回出ることが予想され、これを「期待値」と呼ぶ。二項分布は、繰り返しの回数が十分に大きければ、期待値を中心として両側に均等に広がる分布形状をとる。

図表2－38は、1,000個のサイコロを振って1の目が出るサイコロの個数の確率分布を、先ほどと同様にあらわしたものだ。この場合、期待値は$1000 \times 1/6 = 166.666...$個となる。実際に1の目が166個出る確率は0.03383...と計算され、分布のピークをなしている。図表2－37と比べると、見た目のうえでは左右対称のかたちに近づいているのがわかる。試行回数を十分に大きくすると、二項分布は「正規分布」と呼ばれる確率分布に近づく。

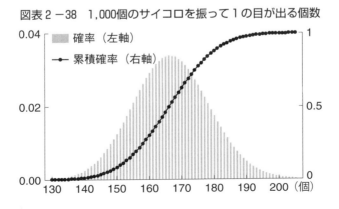

図表2－38　1,000個のサイコロを振って1の目が出る個数

正規分布 (normal distribution)

正規分布は、連続型の確率変数による確率分布の一つで、次の関数式であらわすことができる。といっても、本書の内容でこの式を覚える必要はないだろう。

$$f(x) = \frac{1}{\sqrt{2\pi}\sigma} e^{-\frac{(x-\mu)^2}{2\sigma^2}}, \ -\infty < x < \infty$$

確率変数Xが正規分布に従う場合、その平均値はμ、分散はσ^2となり、より簡便な表現として$N(\mu, \sigma^2)$が用いられる。

また、正規分布に従う確率変数Xから、平均値μを引いて標準偏差σで除した確率変数X'は、次の関数式であらわすことができる。

$$f(x) = \frac{1}{\sqrt{2\pi}} e^{-\frac{x^2}{2}}, \ -\infty < x < \infty$$

これは、平均値が0、分散が1、つまり$N(0, 1)$の正規分布にほかならない。これを「標準正規分布」といい、グラフであらわすと図表2-39のような形状をとる。また、平均値を引いて標準偏差で除すことで標準正規分布に変換する処理を、確率変数の「標準化」という。

標準正規分布を描く曲線とx軸の間で挟まれた面積の合計は1であり、確率変数の満たすべき性質の一つである「すべての発生確率の合計が1」とい

図表2-39 平均0、分散1の正規分布（標準正規分布）

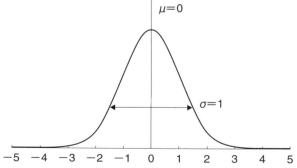

う条件に当てはまる。なお、「正規分布」は"normal distribution"の訳語であり、意味としては「普通の分布」であって、特に「規範性」のような意味合いはない。

　正規分布は、自然科学、人間社会における多くの現象に当てはまる確率分布とされている。代表的な例では、長さの決められた工業製品における誤差や、人間の身長などがあげられる。後で説明するように、本節にて取り上げる「デフォルト件数」も、一定の条件下では正規分布に従うものとみなすことができる。

　このような正規分布の応用可能性を支えるのが、「中心極限定理」という確率変数の一つの性質である。中心極限定理とは、非常に単純にいうと、同一の確率分布に従う独立した確率変数の合計は、元の確率分布がどのようなものであっても、確率変数の数が十分に多ければ正規分布に従う、というものである。これにより、多くの自然科学、人間社会で観測される現象について、正規分布を仮定した観察がなされている。また、ある変数が正規分布に従うことがわかると、先ほどの式にあるとおり、正規分布は、平均と標準偏差によって関数のかたちを特定できるため、計算がしやすいという特徴がある。以降の説明でも、随所にこの正規分布の性質・特徴を用いている。

　さて、前述の二項分布では、サイコロを振って1が出るか出ないか、という確率分布を取り上げた。これは、確率変数としては次のような式であらわせる。

$$\mathrm{P}(X=0)=1-p=5/6$$
$$\mathrm{P}(X=1)=p=1/6$$

この式では、1が出る場合を$X=1$、出ない場合を$X=0$として、それぞれの発生確率を6分の1、6分の5としている。複数のサイコロを同時に振って1が出るサイコロの個数は、上記のような同一の確率分布に従う独立した確率変数の合計にほかならない。したがって二項分布は、（サイコロの）数が十分に多ければ、という条件のもとで正規分布に従うことがわかる。

　あらためて、ある格付区分にて発生するデフォルト件数の話に戻る。ある格付区分に含まれる貸出先がデフォルトするかしないか、これを表現する次

2　信用格付制度　　145

のような確率変数を考える。

$$P(X=0)=1-d$$

$$P(X=1)=d$$

この式は、デフォルトする場合が$X=1$、デフォルトしない場合が$X=0$にそれぞれ対応しており、確率変数Xが1をとる確率、すなわち今後1年間に当該貸出先がデフォルトする確率をdとして表現している。このように書くと、デフォルト事象もサイコロの目も、確率変数としては同じようにあらわせることがわかる。

図表2-36に戻ると、これは、デフォルト確率$d=0.1$を母数とする、試行回数10回の二項分布そのものであることがわかる。

2.8.3 二項検定による検証

格付区分ごとのデフォルト発生件数が二項分布に従うという性質を利用して、格付区分ごとに推計したPDが、正しかったかどうかを検証する手法の一つが、二項検定と呼ばれる統計的検定である。

たとえば、貸出先数が100件のある格付区分について、PDを3％と推計する場合、当該格付区分から発生するデフォルト件数は、図表2-40のように$p=0.03$、$n=100$の二項分布に従うはずである。これによると、デフォルト件数3件のケースが発生確率としては最大で（0.227）、そこから前後に分布が広がっているのがわかる。3件というのはこの場合、デフォルト件数の期待値に相当する（$100×0.03=3$）。

また、この発生確率をデフォルト件数の少ないほうから累積的に足し上げたものが図表2-40の折れ線であり、累積確率分布などと呼ばれる。これによると、デフォルト件数が3件以下で収まる確率は0.647、5件以下で収まる確率は0.9を超え、以降、件数がふえるごとに100％に近づいていく。

次に、1年後にこの格付区分から発生したデフォルト件数を数えたところ、5件のデフォルトがあったとしよう。実績デフォルト率は5％であり（$5÷100$）、PD＝3％という当初の想定を2％ポイント上回っている。このとき、もともとのPD＝3％という推計には2通りの解釈が成り立つ。

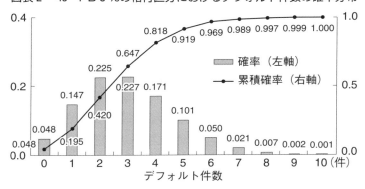

図表２−40　ＰＤ３％の格付区分におけるデフォルト件数の確率分布

◆２％ポイント「しか」はずれていないので、PD＝３％という推計は間違っていなかった
◆２％ポイント「も」はずれているので、PD＝３％という推計は間違っていた

この違いは、推計値が３％に対して実績値は５％だったという、事前の予測と実績の差異について、どの程度まで許容するかという、みる人のスタンスの違いによって生じるものといえる。この許容範囲の大きさを測る考え方の一つに「有意水準」というものがある。

あらためて、図表２−40に戻ってみよう。デフォルトが５件発生する場合の累積確率をみると0.919となっている。これは、PDが３％のときに、貸出先100件のうちデフォルトが５件「以下」に収まる確率が0.919であることを意味している。また、すべての発生確率の合計は１となることから、このとき、５件「以上」のデフォルトが発生する確率は、デフォルトが４件「以下」に収まる確率0.818を１から引いた0.182となる。

先ほど述べた許容範囲とは、ここでみた発生確率をもとに、「どこまでレアなケースが発生した場合に、PD＝３％という推計が誤りと判断するか」という基準のことを指す。ある人は、「５％しか発生しないようなレアケースに遭遇したら、推計が誤っていたものと判断しよう」と考えるかもしれないし、またある人は、「20回に１回（５％の発生確率のこと）程度ではレアと

はいえないから、１％しか発生しないケースに出会ったら前提を疑うことにしよう」と考えるかもしれない。この場合、PDの推計精度に対するスタンスとしては、後者のほうが前者よりも許容範囲が広いといえよう。つまり、この両者のスタンスの違いとは結局、どれくらい小さな確率で発生するレアなケースをもってPDを疑うのか、その水準の違いであることがわかる。

このとき、ある人がα％よりも発生確率の小さいケースを「レアケース」と考え、元のPDを疑うと決めた場合、「有意水準α％」による評価、などという。これは、ある確率変数（ここではデフォルト率）の結果が、有意水準に示す発生確率を上回っていれば、確率変数に関する元の推計値（ここでは３％）は「間違っているとはいえない」と判断することを意味している。

確率変数の結果（実績値）を推計値と比較して「推計値が間違っていたかもしれない」と判断するケースとしては、推計値と比べて実績値が大きすぎる場合と小さすぎる場合の、２つのパターンが考えられる。たとえばここに、発生確率が５％以下のレアケースについては、大きすぎる場合も小さすぎる場合も、前提を疑うと決めている人がいたとする。この考え方を特に「有意水準は片側５％」などと表現することがある。これは、大きすぎるほうで５％、小さすぎるほうで５％となり、両側を合わせると10％の確率で「ハズレ」という評価を下す可能性があることになる。

先ほどの例について、有意水準片側５％で検証すると、デフォルトが５件以上発生する確率は0.182であり、これは５％を上回る確率で「起こりうる」と判断できる。また、５件以下で収まる確率は0.919であり、これも５％を上回る確率で「起こりうる」ことから、PD＝３％という推計は「間違っているとはいえない」という結論に至る。

2.8.4　債務者格付における二項検定の例

前項の考え方をもとに、二項検定を用いた、格付区分ごとのPD検証の例を以下で示す。

図表２−41は全部で10区分からなる債務者格付制度における、PD検証の例である。格付区分ごとに異なるPDが推計されており、これに対して実際

に発生したデフォルト件数、および実績デフォルト率（図表では「割合」）が並んでいる。ここでは、格付区分ごとのPD、および貸出先数を前提とした二項分布をもとに、実際に発生したデフォルト件数が有意水準（ここでは片側5％とする）と比較して「起こりうる」のかどうかを検証する。

図表の「上側確率」は実際のデフォルト件数「以上」のデフォルト件数が発生する確率を、「下側確率」は逆に実際のデフォルト件数「以下」のデフォルト件数が発生する確率を、それぞれあらわしている。したがって、上側確率が有意水準を下回れば、PDに比してデフォルトが発生しすぎ（PDの過小推計）、下側確率が有意水準を下回れば、逆にデフォルトが少なすぎ（PDの過大推計）ということになる。この例では、格付区分3の上側確率が5％を下回っており、この格付区分のPD＝0.5％という推計に対して、デフォルト10件、実績デフォルト率1％は「デフォルトが発生しすぎ」であり、もともとのPD＝0.5％が過小推計だったことが疑われる。

さて、本書では詳しい計算式の説明を省くかわりに、Excelによる計算方法を参考までに以下に示す。

図表2−41　二項検定による格付区分ごとのPD検証の例

格付区分	貸出先数	PD	デフォルト先		上側確率	下側確率
			件数	割合		
1	1,000	0.1%	1	0.1%	63.2%	73.6%
2	1,000	0.2%	3	0.3%	32.3%	85.7%
3	1,000	0.5%	10	1.0%	3.1%	98.7%
4	1,000	0.7%	11	1.1%	9.8%	94.7%
5	1,000	1.2%	13	1.3%	42.4%	68.2%
6	1,000	1.5%	12	1.2%	81.7%	26.6%
7	1,000	2.3%	20	2.0%	76.5%	30.8%
8	1,000	3.5%	31	3.1%	77.8%	27.9%
9	1,000	6.0%	56	5.6%	72.1%	32.6%
10	1,000	12.0%	114	11.4%	73.4%	29.9%

2　信用格付制度　149

Excelでは、二項分布における発生確率の計算にbinom.dist関数を用いる。たとえば、先ほどの格付区分3の下側確率であれば、デフォルト件数（10）、貸出先数（1,000）、PD（0.005）の3つのパラメータを用いて次のように計算する。

= binom.dist(10,1000,0.005,true)

関数のなかにある「true」は、累積発生確率、つまりデフォルト10件以下の発生確率の合計を計算することを意味している。これを「false」にすると、デフォルトがちょうど10件の場合の発生確率を得ることができる。また、上側確率は全体から9件以下の発生確率を引けばよいので、次のように計算する。

= 1-binom.dist(9,1000,0.005,true)

ここまで、二項検定による検証方法をみてきたが、統計的検定とは本来、各種の前提を満たしたうえで行うものである。ここでは、検定の結果を解釈する際の注意点を、特に2つ取り上げておきたい。

「独立」の前提

二項検定は、デフォルト発生件数が二項分布に従うことを前提とする検定である。そして、二項分布に従う確率変数には「独立」という前提が存在する。

独立とは、ある事象の発生する確率が、他の事象から影響を受けないことをいう。前述のベルヌーイ試行を通じて確率変数が二項分布に従うためには、それぞれの確率変数が「独立」の条件を満たす必要がある。

前にサイコロの目の例を取り上げたが、サイコロの目は、最初に1の目が出たからといって、次に振るときに1の目が出る確率には何の影響も及ぼさないので、これは確率変数として「独立」である。一方で、デフォルト事象は「独立」かというと、必ずしもそういえないケースをいくつも思い浮かべることができる。同じ業界内で企業が連鎖倒産を起こすケースや、特定の企業の倒産に伴って従業員のローンが一斉に焦げ付くケースなどが一例だ。これは、1つの貸出先のデフォルトが、他の貸出先のデフォルトしやすさに影響を与えた結果ともいえるだろう。サイコロの例を借りると、1が5回続け

て出たら、次も1が出やすくなるようなサイコロなのかもしれない。

　通常は、独立でない確率変数を合計して得られる分布は、二項分布よりも裾野が広くなる傾向にある（fat tail：ファットテール）。つまり、ある貸出先のデフォルトが、他の貸出先のデフォルトに影響することで、デフォルトが一斉に発生したり、逆にまったく発生しなかったり、という結果が起きやすくなる。格付区分別のPD検証に二項検定を用いる際には、この点で、現実のデフォルト事象よりも「裾野の狭い分布」を想定したものであることは頭に入れておきたい。

　後述する「非予想損失」の箇所では、極端にデフォルトがふえるケースでのリスク評価が目的となる。このため、乱数によるシミュレーションを用いて、二項分布よりも裾野の広い分布を再現する方法をとることが多い。

検定の多重性

　もう一つ、二項検定の問題点として指摘すべきは、検定の多重性の問題である。

　先ほどの図表2−41の事例では、有意水準片側5％（両側10％）で二項検定を実施している。これは、デフォルト件数が上側・下側のいずれか5％の範囲内に入って、PDが過大・過小推計と評価される可能性が、10％（5％＋5％）の確率で存在していることを意味する。そして、この検定を10個の格付区分に対して同時に行うと、少なくとも1つの格付区分においてPDが過大・過小推計と評価される確率は$1-(1-0.1)^{10}=0.651...$と計算される。つまり、有意水準を片側5％（両側10％）で検定したとしても、10区分同時に検定を行うと、1区分でもPDの過大・過小推計と評価される確率は、約65％にも達することになる。

　このように、検定を同時に重ねることで、結果的に意図する有意水準とは異なる検定になることを「検定の多重性」の問題という。PD検証のケースでいうと、もともと想定している有意水準よりも、意図せず厳しい検証になっていることを意味する。

　この問題を避けるために行うのが、次項で説明するカイ二乗（χ^2）分布を

2　信用格付制度　151

用いた検証である。

2.8.5　カイ二乗分布を用いた検証

検定の多重性の問題を避けるために、複数の格付区分に対して単一の有意水準にて一括でPDの検定を行うのが、「カイ二乗（χ^2）分布」を用いた検証である[52]。

図表2−42にて、図表2−41と同じ事例を用いて、カイ二乗分布を用いたPD検証の方法を示す。

この検証では、格付区分ごとのデフォルト件数（図表では「デフォルト」）が、格付区分ごとのPDと貸出先数から想定される二項分布に従うことを前提に、標準化を通じて標準正規分布に従う確率変数に変換するところがポイントである。

標準化とは前述のとおり、正規分布に従う確率変数について、平均値を引いて標準偏差で除す処理のことである。デフォルト件数は二項分布に従うものと仮定しているが、二項分布は元の数（この場合は貸出先数）が十分に大きければ正規分布とみなすことができるので、平均値と分散がわかれば、標準化が可能である。そして、母数 p（この場合はPD）と試行回数 n（この場合は貸出先数）がわかれば、二項分布の性質により、平均値は np、分散は $np(1-p)$ にて計算できる。

標準化の計算例として図表2−42の格付区分2をみてみよう。格付区分2の標準化後のデフォルト件数は次のように計算できる。

（標準化後デフォルト件数）＝（デフォルト件数−平均値）÷標準偏差

$$= \frac{D - np}{\sqrt{np(1-p)}}$$

$$= \frac{3 - 1000 \cdot 0.002}{\sqrt{1000 \cdot 0.002(1 - 0.002)}} = 0.708...$$

（D：デフォルト件数、n：貸出先数、p：PD）

---

[52]　ここで示す検証手法は、いわゆる「ピアソンのカイ二乗検定」とは異なる。

152

図表 2 −42　カイ二乗分布を用いたPD検証の例

格付区分	貸出先数	PD	デフォルト	標準化後①	①の 2 乗
1	1,000	0.1%	1	0.000	0.000
2	1,000	0.2%	3	0.708	0.501
3	1,000	0.5%	10	2.242	5.025
4	1,000	0.7%	11	1.517	2.302
5	1,000	1.2%	13	0.290	0.084
6	1,000	1.5%	12	−0.780	0.609
7	1,000	2.3%	20	−0.633	0.401
8	1,000	3.5%	31	−0.688	0.474
9	1,000	6.0%	56	−0.533	0.284
10	1,000	12.0%	114	−0.584	0.341
				カイ二乗値	10.020
				p 値 （上側確率）	0.439

　この標準化後のデフォルト件数は、PDから計算される平均的なデフォル
ト件数の場合にゼロとなり、そこから離れるほど大きい、あるいは小さい値
をとる、標準正規分布に従う確率変数とみなすことができる。したがって、
この値がゼロから離れるほど、実際に発生したデフォルト件数がPDから想
定されるデフォルト件数からはずれていたことになる。ここで検証したいの
はPDとの整合性なので、プラス・マイナスを考慮せずに「はずれ幅」だけ
を考慮するために 2 乗したのが図表 2 −42の右端列（①の 2 乗）であり、す
べての格付区分についてこれを合計したのが図表 2 −42の「カイ二乗値」で
ある。

　カイ二乗(χ^2)値とは、標準正規分布に従う k 個の独立な確率変数Z_1、
Z_2、…、Z_{k-1}、Z_kの二乗和であり、次の式で定義される。

　　$\chi^2 = Z_1^2 + Z_2^2 + \cdots + Z_{k-1}^2 + Z_k^2$

確率変数の二乗和は確率変数になるので、χ^2も確率変数となるが、これは

2　信用格付制度　153

「自由度kのカイ二乗分布」という特殊な確率分布に従う性質がある。

図表2-43は、自由度（k）の大きさに応じて形状が変化するカイ二乗分布の様子を示した。PD検証の例では、10個の格付区分を合計してカイ二乗値を求めたので、自由度10のカイ二乗分布に従う確率変数となる。

また、図表2-44に自由度10のカイ二乗分布を示した。横軸はカイ二乗値であり、点線はカイ二乗値を0.5刻みで集計した場合の確率分布、実線はカイ二乗値の大きいほうから確率を足し上げた累積確率をあらわす。これによると、確率分布のピークはカイ二乗値が8付近にあるが、10区分の格付検証の例でいうと、すべての格付区分のデフォルト件数が、平均値から1標準偏差だけ離れていた場合のカイ二乗値は10になることから、確率分布のピークには、それよりももう少し小さい乖離が想定されていることになる。

さて、図表2-42の事例におけるカイ二乗値は、10.020となっていたが、これに対応する累積確率（p値）は0.439である。これは、カイ二乗値が10.020を上回る確率が0.439であることを意味する。カイ二乗分布を用いた検証では、これを有意水準と比較して「起こりうる」ことなのかどうかの判断を行う。有意水準5％であれば、p値0.439はこれを上回っており、推計

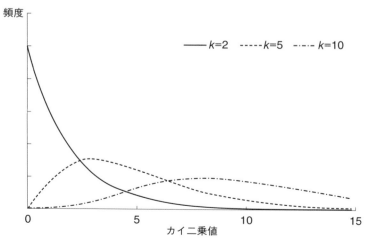

図表2-43　カイ二乗（χ^2）分布の例

図表 2-44　自由度10のカイ二乗分布

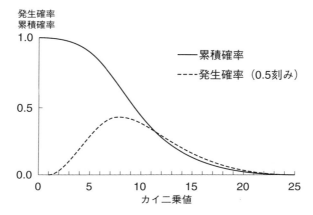

したPDに対して実際に発生したデフォルト件数が「起こりうる」こと、という結論を得ることができる。

　カイ二乗分布を用いた検証についても、具体的な計算方法については、Excelによる関数を紹介するにとどめる。先ほどの事例にあった、カイ二乗値10.020、格付区分10の場合の累積確率は、以下の関数式にて計算できる。
　　＝chisq.dist.rt(10.020,10)
　カイ二乗分布を用いた検証にも、いくつかの前提があったことから、検証結果を評価するうえで注意すべき点がある。

「独立」の前提

　カイ二乗分布を用いた検証でも、デフォルト発生件数は二項分布に従うことを前提としている。二項検定の際に述べたとおり、確率変数の「独立」の問題は依然として存在している。

正規分布への近似の問題

　カイ二乗分布を用いた検証では、カイ二乗値を計算する際に、格付区分ごとのデフォルト件数が正規分布に従うことを前提に、標準正規分布への確率変数の変換処理を行っている。ここで問題となるのが、格付区分の件数が少

ないケースや、PDが極端に小さいケースにおける、二項分布の正規分布への近似の可能性である。

たとえば、図表2－37と図表2－38を比較すると、両者の違いはサイコロの個数だけだが、分布の形状の違いは明らかだろう。図表2－39にみられる正規分布の姿に近いのは、図表2－38であって、サイコロの数が10個しかない図表2－37のケースで正規分布を仮定することには、少々違和感をもつのが自然な感覚であろう。

仮に格付区分ごとのデフォルト件数が、標準化を通じて正規分布に変換できないとすると、本来「ファットテール」の分布を正規分布とみなして検証していることになる。カイ二乗分布への近似に問題が生じている可能性があることは、頭に入れておいてよいだろう。

ここで紹介した「カイ二乗分布を用いた検証」とよく似た検証手法にHosmer-Lemeshow検定がある。こちらは、カイ二乗分布の自由度として、格付区分数ではなく、格付区分数から2を引いた値を用いるが、それ以外の考え方は同様である。

本節では、信用リスク管理の実務者が、必要最低限の確率・統計の知識をなるべく単純に習得できるよう、議論の厳密性よりも直感的な理解を優先して記載した部分が多い。より本質的な確率・統計の知識を基礎から深めるには、まずは『統計学入門 基礎統計学Ⅰ』（東京大学教養学部統計学教室編、東京大学出版会、1991年）を精読されることをお勧めしたい。

3

スコアリングモデル

3.1 スコアリングモデルの種類

　前章で説明した債務者格付制度のなかで、貸出先のデフォルトしやすさを評価するツールとしてたびたび登場したのが「スコアリングモデル」である。本章では、現代の信用リスク管理業務を理解するうえで欠かすことのできないスコアリングモデルの内容について、その生い立ちから構築方法、実用上の問題点について概観する。

　目下の信用リスク管理業務において、スコアリングモデルが最も活躍している分野は、債務者格付制度における一次評価の場面であろう。また、信用リスク管理業務を離れると、貸出の諾否を判定するツールとしておおいに活用している金融機関も少なくない。そして、いずれの場面においても、スコアリングモデルに求める性能は、貸出先のデフォルトしやすさの評価、という意味で違いはない。スコアリングモデルを取り巻く議論のなかで、目的は信用格付なのか、審査なのか、といった問題提起をしばしばみかけるが、両者の違いは、途中で何を考慮するのかという過程の話であって、スコアリングモデルに求める最終的な性能は、結局のところ「近い将来のデフォルトのしやすさ」に収斂することが多い。本書で説明するスコアリングモデルは、まさにこの「近い将来のデフォルトのしやすさ」を評価することを目的としている。

　最初に、スコアリングモデルの種類について整理しておこう。スコアリングモデルは、その構造の違いによって、大きく2つに分けることができる。

　一つは、デフォルト事象に一定の構造を仮定して解析的にデフォルト確率を算出する確率過程モデルである。そしてもう一つは、デフォルト事象に係る実績データをもとに、構造に特定の仮定を置くことなく直接的にデフォルト確率を推計する統計モデルである。

　もう少し簡単にいうと「デフォルトはこうして発生する」という構造を頭のなかに思い浮かべて、方程式のかたちにつくりあげたものが確率過程モデルである。これに対して、統計モデルは、実際に発生したデフォルトデータ

を一つひとつ見比べて、実際のデータから地道につくりだされた方程式を指す。以下、もう少し詳しく内容をみることとしよう。

3.1.1 確率過程モデル

ほとんどのサラリーマンは一定の年齢を超えると、健康診断の受診を義務づけられる。たとえば、血圧値が140を超えたら再検査と決められているケースでいうと、この場合、血圧がその人の健康状態をあらわすスコアに相当する。そして、再検査をデフォルトとして定義するならば、140というスコアが、デフォルトが発生しているかどうかを決める閾値（しきいち、境界線となる値）になる。

信用リスクの評価に用いる確率過程モデルも、貸出先の信用状態をあらわすなんらかのスコアを想定し、このスコアが一定の値を下回るケースをデフォルトとして定義している点で、健康診断結果の見方と構造は同じである。スコアとして使用する代表的な数値の一つが、貸出先の「企業価値」である。確率過程モデルは、この企業価値を日々変動する確率変数とみなして、これが一定の値を下回ることをデフォルトと定義している。実際には、企業価値がゼロを下回った場合、つまり債務超過のケースをデフォルトとすることが多いようだが、このように、企業価値が一定の値を下回った場合をデフォルトと定義し、その発生確率を計算で求めるのが、信用リスクの評価に用いる確率過程モデルとして代表的なMertonモデルの基本的なかたちである（図表3－1）。

デフォルト事象を、「企業価値がゼロを下回った場合」という構造に置き換えて考えることから、この方法はしばしば構造型モデルとも呼ばれる。構造型モデルは比較的シンプルなモデルのつくりになることから、金融機関実務でも多く用いられているが、次のようなメリットとデメリットをもっている。

メリットとしては、構造さえ仮定できればどのような貸出先母集団に対しても、たとえ背景となる実績データが手元になくとも、とりあえず使うことができるという点があげられる。また、「企業価値が一定の閾値を下回った

3　スコアリングモデル　159

図表3－1　Mertonモデルの基本的な構造

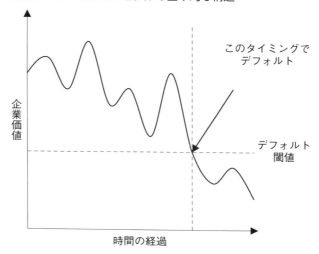

らデフォルトとみなす」というアイデア自体は、債務超過をもってデフォルトとすることの妥当性の問題を脇に置くとすれば、構造としては非常に直観的で理解されやすく、これも実務で支持されている理由の一つであろう。

　反対にデメリットとしてあげられるのは、構造が単純すぎると、モデルによる推計値と実績デフォルト率との間にしばしば乖離が生じやすい、という点であろう。また確率過程モデルの多くは、企業価値の変動を再現するために、株価や社債利回りのような時系列の価格情報を参照することが多い。したがって、時系列の価格情報が存在しない非上場企業や、中小・零細企業の企業価値をどのように表現するのかについては、方法論が確立されているとは言いがたい状況にある。そして当然のことながら、連続的な時系列の情報をとることがむずかしい個人の貸出先には、このアプローチを単純に当てはめることはきわめて困難である。

　Mertonモデルは信用リスク評価の場面では、上場企業のように、企業価値に係る市場価格情報が一定の頻度と内容で取得可能な貸出先に限って使われていることが多い。また、上場企業向け貸出のポートフォリオはデータ件数が限られており、デフォルト先のデータ件数を十分に確保することも困難

なため、後述する統計モデルの構築がむずかしいことも、構造モデルに頼る理由の一つとなっている。構造モデルについては、統計モデルの構築が困難で、かつ時系列データの利用は可能という特定の管理対象に限って実務利用されているのが現状であろう。

なお、次章（249ページ）で触れる非予想損失の計測に際しては、シミュレーションのために構造モデルを利用することが多い。

3.1.2 統計モデル

信用リスクの評価に使用する確率過程モデルの多くは「企業価値がゼロを下回る（債務超過）＝デフォルト」という構造を前提として、企業価値の変化になんらかの確率分布を仮定して、デフォルト確率を推計している。一方で、金融機関が業務で直面する本来のデフォルト事象は、債務超過ではなくて債務不履行であり、両者は必ずしも一致するわけではない。また、確率過程モデルの多くが仮定する確率分布も、想定される企業価値の動きに既知の関数を当てはめた結果にすぎない。

これに対して統計モデルは、デフォルト事象を別の構造にて置き換えることは行わず、デフォルトに該当する事象と、該当しない事象とのそれぞれのデータを大量に用意して、両者の比率をもとにデフォルト確率を推計するモデルである。したがって、統計モデルの構築のためには、実際にデフォルトした貸出先と、デフォルトをしなかった貸出先、それぞれに関するデータが大量に必要となる。仮定や構造への置き換えが基本的には発生しないので、モデルによるデフォルト率の推計精度は、一般に確率過程モデルよりも高いといわれている。

このほかの統計モデルのメリットとしては、貸出先に関する情報であれば、基本的にはどのような内容でもモデルに投入可能という、受け入れられる情報の幅の広さがあげられる。たとえば、債務者格付のためのモデルの場合、通常は貸出先の決算書の情報や、業種などを使うことが多いが、貸出先母集団全体で取得可能な情報であれば、取引年数であれ、社長の自家用車の車種であれ、それがモデルの精度にプラスの効果をもたらすかどうかは別と

して、モデルに使うことができる。また、確率過程モデルの多くが必要とする、企業価値の変動を示す時価に相当するような時系列情報は、特に必要としない。相対貸出中心のポートフォリオ構成を前提とする日本の金融機関の信用リスク管理では、時価情報のない貸出先の信用リスク評価が避けて通れず、またそのウェイトも相応に高いことから、確率過程モデルよりも統計モデルを活用する余地が大きいとされる。中小・零細企業向け貸出が中心の地域金融機関ではさらにこの傾向が強く、統計モデルが実務で使用するモデルの中心を占めている。

　一方、統計モデルのデメリットは、メリットの裏返しだが、貸出先母集団に関するデータがあらかじめ用意できないとモデル自体が構築できない、という点である。これは、データが存在しない新規開拓先であったり、これから進出する海外の市場であったり、あるいはデータ自体は存在してもデフォルト事例が少ない公的機関向けの貸出であったりと、新たな分野やデフォルトの少ない分野での有効なモデル構築が困難であることを意味する[1]。また、多くの統計モデルは「大数の法則」を前提にしており、集められるデータの数が多ければ多いほど、できあがるモデルの精度も高いのが通常である[2]。このため、データの数が不十分なケースでは、確率過程モデルと比較して統計モデルが精度面で優位に立てるとは限らない。

　データ数量面での制約は、統計モデルを考えるうえで長らくネックになっており、たとえば、クレジットカード債権や住宅ローン債権などの個人向けの貸出業務で、単独の金融機関でも自前の情報だけで十分なデータ数量の確保が容易な分野においては統計モデルの実務利用が先行したものの、事業法

1　デフォルト事例の少ない貸出先の一団を特にLDP（low default portfolio）などと呼ぶことがある。たとえばソブリンリスクとは、国家や国際機関のように従来なら信用状態が最上位にあると考えられてきた貸出先のデフォルト可能性を指すが、LDPが潜在的に抱えるリスクがあらためて意識されるようになった一つの例といえよう。
2　試行回数をふやせばふやすほど経験的確率は理論的確率に近づく、という統計学における法則。たとえば、サイコロを6回振っても1が1回出る（確率6分の1）とは限らないが、60万回振ればおよそ10万回は1が出るというもので、サイコロを振る回数をふやせば（大数）、実際に1が出る割合（経験的確率）は、6分の1（理論的確率）に近づく。

人向け貸出の場合、以前は大手行といえども、統計モデルの構築に十分な量のデータを集めるのがむずかしかった。これに対して国内では2000年頃から、日本リスク・データ・バンク株式会社（RDB）をはじめとして、銀行貸出先に関するデータベースコンソーシアムがいくつか設立されたことで、統計モデル構築における、データ数量のボトルネックがようやく解消されるようになった。

　なお、統計モデルはモデルの構築方法の観点から分類すると、機械学習によって構築するモデル、すなわち「機械学習モデル」の一種とも定義できる。機械学習モデル全般の説明については、3.2節であらためて論じることとしたい。

3.1.3　統計モデル以外の機械学習モデル

　ニューラルネットワーク、あるいはそこから派生するディープラーニング等に代表される、伝統的な統計モデルにかわる機械学習モデルが、近年注目を集めている。

　統計モデルも含めて、機械学習モデル、あるいは人工知能といった用語でしばしばひとくくりにされるこのアプローチだが、それらに共通するのは、基本的には統計モデルと同様に構造を仮定せず、実際のデータをもとに、デフォルト、および非デフォルトそれぞれのデータの特徴をなんらかのかたちで数値化してとらえる、というものである。

　インターネット時代の情報通信技術の飛躍的な発展は、「ビッグデータ」と呼ばれる膨大な量のデータの蓄積と分析を可能にした。このビッグデータを、ディープラーニングやランダムフォレストといった新たな機械学習手法によって分析した成果が、人間の社会生活におけるさまざまな場面で活用されるようになり、統計モデル以外の機械学習モデルが、近年あらためて注目を集めるに至った。代表的な例では、IBM社が開発した音声認識システム「Watson」が、2011年2月にテレビ番組でクイズ王に勝利したケースや、Google社傘下の企業が開発した囲碁のソフトウェア「Alpha Go」が、2016年3月に当時世界最強といわれた棋士に圧勝したケースがあげられる。

3　スコアリングモデル　163

これらに共通するのが、音声や画像といった従来の統計分析ではあまり分析対象とされてこなかった情報を用いて、大きな成果をあげているところであるが、もととなっているデータ分析の手法そのものは、ニューラルネットワークや決定木モデルなど、既存の統計モデルに劣らず古い歴史をもつものも多い。次節では、統計モデルも含めたこれら「機械学習モデル」全般について、その内容をみてみることにしたい。

3.2　機械学習モデルの種類

　ここでは最初に、機械学習、人工知能といった用語の内容をおさらいしたうえで、目下の信用リスク管理業務で最もポピュラーな「統計モデル」がど

図表３－２　人工知能・機械学習の概念図

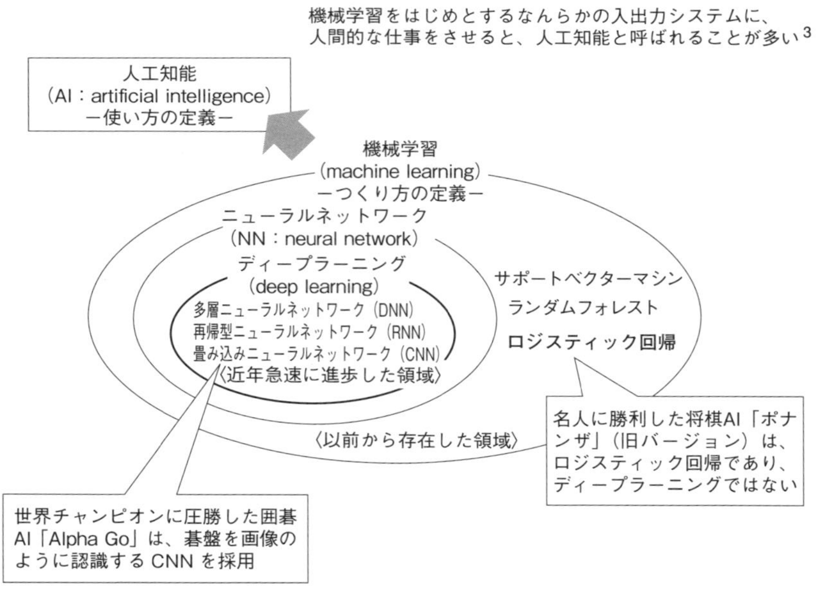

機械学習をはじめとするなんらかの入出力システムに、
人間的な仕事をさせると、人工知能と呼ばれることが多い[3]

人工知能
（AI：artificial intelligence）
－使い方の定義－

機械学習
（machine learning）
－つくり方の定義－
ニューラルネットワーク
（NN：neural network）
ディープラーニング
（deep learning）
多層ニューラルネットワーク（DNN）
再帰型ニューラルネットワーク（RNN）
畳み込みニューラルネットワーク（CNN）
〈近年急速に進歩した領域〉

サポートベクターマシン
ランダムフォレスト
ロジスティック回帰

名人に勝利した将棋AI「ポナンザ」（旧バージョン）は、ロジスティック回帰であり、ディープラーニングではない

〈以前から存在した領域〉

世界チャンピオンに圧勝した囲碁AI「Alpha Go」は、碁盤を画像のように認識するCNNを採用

（出所）　RDB

164

のように位置づけられるのかについて、簡単に整理しておきたい。

　図表3－2は、人工知能、機械学習の考え方を整理した図である。

　人工知能（AI：artificial intelligence）という言葉に明確な定義は存在しないとされるが、多くの使われ方から類推すると「何らかの入出力システムに、人間的な仕事をさせると、人工知能と呼ばれることが多い」ものと考えられる[3]。つまり人工知能とは、あるシステムの「使い方」を定義した言葉といえる。

　これに対して機械学習（machine learning）には、しばしば引用される定義が存在する。そのなかでも有名なのが「明示的にプログラムしなくても学習する能力を与えたコンピュータ上のシステム」というものであろう[4]。たとえば、本書でこれから詳細に説明する統計モデルの一つである「ロジスティック回帰モデル」であれば、つくり手が用意するのは、過去の貸出先それぞれの特徴をあらわす情報（例：決算書の数字）と、それぞれについてのデフォルト事象の有無の情報だけであり、「赤字は危険」「借入は少ないほうが安全」といった経験的な知恵を明示的に教える必要はない。具体的な計算式をつくりだすのはコンピュータであることから、統計モデルの構築プロセスは、機械学習の定義を満たすものといえよう。人工知能、機械学習といった用語は、しばしば同じような意味合いで使われる場面を目にすることがあるが、ここからわかるのは、人工知能がシステムの使い方による定義なのに対して、機械学習はシステムの「つくり方」による定義であるということだろう。

　図表3－3には、機械学習によるモデルのうち主なものを一覧にした。機械学習によるモデルといっても、モデルを構築する際のデータの取扱方法や、できあがった式のかたちなどによって、当然のことながら複数のアプローチが存在する。信用リスク管理業務において、貸出先の評価に用いるモ

3　山下智志「実務的信用リスク評価モデルの潮流：人工知能とデータ構造化について」、統計数理研究所リスク解析戦略研究センター　第5回金融シンポジウム「ファイナンスリスクのモデリングと制御Ⅳ」、2017年

4　A. L. Samuel. "Some studies in machine learning using the game of checkers." IBM Journal of Research and Development, 44(1.2): 206-226, January 2000.

3　スコアリングモデル　165

図表3－3　機械学習による主なモデル

手法	アプローチ	説明能力	監査性	発展性
判別関数	分類	△	○	×
決定木	分類	△～○	○	×
ロジスティック回帰モデル	数式	○	○	×
サポートベクターマシン	数式	○	△	×
ランダムフォレスト	分類	○	×	○
ニューラルネットワーク	数式	○	×	×
多層ニューラルネットワーク	数式	○～◎	×	○

（注1）　説明能力：当該する手法により作成されるモデルの性能
（注2）　監査性：スコア算出過程の容易な追跡
（注3）　発展性：技術革新等による将来的な性能改善の可能性
（出所）　安田隆二・大久保豊編著『信用リスク・マネジメント革命』（金融財政事情研究
　　　　会、1998）より一部改

デルとして現状最もポピュラーなものが「ロジスティック回帰モデル」である。ここでは先に、ロジスティック回帰モデル以外のモデルのなかから代表的なものとして、「判別関数」「決定木」「ニューラルネットワーク」の3つを取り上げ、ロジスティック回帰モデルとの特徴の違いを中心に簡単に触れておく。そして、ロジスティック回帰モデルについては、次節以降で詳しく説明を行うこととしたい。

　なお、昨今注目を集めるランダムフォレスト、多層ニューラルネットワーク（ディープラーニング）については、本書の最後に内容を紹介する。

3.2.1　判別関数

　信用リスク評価に係る統計モデルの嚆矢ともいえるのがAltman（1968）のZスコアであるが、この時に用いられた手法が判別分析であった。判別分析とは、複数のグループ（この場合はデフォルト先と非デフォルト先）において観測された情報（たとえば決算書の数値）をもとに、両者をよりよく区分する判別関数を求める分析手法である。モデルを使用する際には、最新の決算

書の数値を使って、その企業がどちらのグループに区分されるのかによって、たとえば貸出実行の可否を判断するような利用が可能である[5]。

判別関数は、グループを区分する線を直線（線形）とするか、曲線（非線形）とするかで最終的な式の形状に若干の違いはあるものの、線形とする場合は、指標選択の手法が同じであれば、後述するロジスティック回帰モデルと結果的にほとんど変わりない線形式になり（線形判別関数）、いわゆる序列性能においても遜色ない結果を得られることが大量データにおける実証研究で明らかになっている。ただし、この判別関数から算出される得点は、あくまで得点でしかなく、PDそのものを表現したものではない。

3.2.2 決定木

決定木（decision tree）は、特定の変数の値に応じて集団を2つに分割し、それら分割された集団をさらに、それぞれまた別の変数を使って2つに分割し、という作業を繰り返すことで、最終的に残った集団におけるデフォルト先・非デフォルト先の比率をもってデフォルト率の推計値とする手法である。図表3－4に一例を示したが、変数の値によって集団を分割する分かれ

図表3－4 決定木によるスコアリングモデルの例

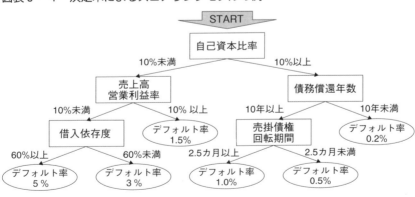

---
[5] 信用リスク分野における判別関数、決定木、ニューラルネットワークの詳細は、安田隆二・大久保豊編著『信用リスク・マネジメント革命』（金融財政事情研究会、1998）を参照のこと。

目を「ノード」、それ以上分割が行われない末端部分を「リーフ」、あるいは「ターミナルノード」という。ちょうど、木の幹が枝分かれして終端に葉がついているようなかたちをしていることからこの名前がついたものと思われる。

　ノードを構成する変数の選択や変数の閾値の決定方法、どこで分岐を終わらせてリーフを設定するのかなど、具体的な構築に際してはさまざまな統計量を使用することで客観的・合理的なモデル構築プロセスを実現できるほか、構造が視覚的にもわかりやすく、実務上受け入れられやすいという点もメリットであろう。

　最大の問題は、リーフをふやしてきめの細かい結果を得ようとすると、大量のデータが必要になる点にある。たとえばリーフが100個ある決定木モデルであれば、データ数が1万件あっても、リーフ1個当りのデータ数は平均100件であり、そこに含まれるデフォルト先の件数比率を用いてデフォルト確率を算出しようとすると、1％刻みでしかデフォルト率の違いを表現できないことになる。したがって、決定木モデルを実務適用するためには、リーフの数が多くなりすぎないような設計のもとに構築する必要がある。そして、リーフの数をあまりふやせないということは、貸出先1社ごとにPDを推計して信用力に応じたグラデーションをつけるような用途には不向きということになる。実務上は、銀行における債務者区分の判定やプール区分の設定、案件格付の割当てなど、貸出先や貸出案件を一定の区分に対して割り当てるような場面でしばしば採用されている。

3.2.3　ニューラルネットワーク

　ニューラルネットワーク（neural network：神経網）とは、人間の脳のなかにある神経細胞の働きをヒントにつくられたモデル構造のことである。このモデルは、入力層、中間層、出力層の3つの層からなり、たとえば入力層に貸出先の財務指標を入力すると、中間層に当該指標値が渡され、そこではそれらの指標に任意の重み付けがなされる。中間層での出力値は次の中間層に渡されてまた別の重み付けがなされて、という動きを何度か繰り返して、最

168

図表3－5　多層ニューラルネットワークによるモデルの例

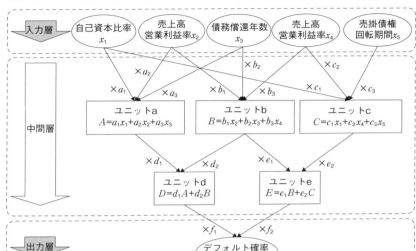

終的に出力層に達するときには、たとえば0（非デフォルト）か、1（デフォルト）かの出力値を得ることができる。

　ニューラルネットワークでは、説明変数（入力層）と目的変数（出力層）との間に、中間層と呼ばれる中間指標をもっている。図表3－5は2層の中間層をもつニューラルネットワークの例である。中間層で指標値を受け取る部分をユニットと呼び、各ユニットは1つ前の層の変数すべての線形結合で表現される。各ユニットの関数（活性化関数）にはロジスティック関数やランプ関数[6]が用いられることが多い。なお、活性化関数にロジスティック関数を採用する場合、中間層がないニューラルネットワークは、ロジスティック回帰とまったく同じ見た目のモデルになる。

　ニューラルネットワークのメリットは、精度の高さである。モデルの構造

---

[6] x が0以上で x、x が0未満で0をとる関数。ReLU (rectified linear unit) ともいう。以下の式で表現される。
$$y = \frac{x+|x|}{2}$$

上、中間層をいかようにも複雑化できるため、構築に使用するデータに対しては100％適合するようなモデル式を得ることも可能である。また、近年のIT技術の発展により、計算負荷が大きいという問題もクリアされつつある。

一方で、構築データに適合するモデルが、新しいデータにも同じように適合するかというと、必ずしもそうとはいえない。構築データの特徴を過剰に取り込むと、構築データに固有の特徴までも過度に重視するような評価方法になり、結果として新しいデータに対する精度を落とすことがある。これは「オーバーフィッティング（過学習）」ともいわれ、ニューラルネットワークのモデルを構築する場合には特に、構築データへの過度な依存を回避する工夫が必要となる。また、ニューラルネットワークの最大の問題点としてしばしば指摘されるのが、検証可能性が低いことである。図表3－5に戻ると、何重もの中間層を有するモデル構造の場合、たとえば自己資本比率の水準の変化が、最終的な出力値にどの程度影響するのかを追跡しようとしても、それは非常に困難な作業となる。したがって、債務者格付のためのモデルで事後の検証が必要なケースなどでは、モデルによるPD推計値と実績デフォルト率との間に乖離があったとしても、原因の特定が困難なことを意味する。このようにブラックボックス的な性質を有するニューラルネットワークについては、結果さえ正しければ事後の検証にはこだわらないような、たとえば貸出の諾否判定モデルのような用途には向いているが、規制上、高度な監査性・検証可能性が求められる内部格付モデルとして用いる際には注意を要する。

なお、近年、画像解析の分野などで高い性能を発揮しているディープラーニングは、このニューラルネットワークを基礎とする機械学習手法である。詳細は後述するが、IT技術の発展のほか、機械学習処理の前段階に相当するデータの変換処理にさまざまな工夫がなされた結果、非構造化データといわれる、従来機械学習処理の対象としてなじまなかったデータソースの分析に成功したことが、ニューラルネットワークの「復権」につながった。

3.3 ロジスティック回帰モデルとは

前節で示したいくつかの機械学習モデルとの比較において、精度、監査性、直観的なわかりやすさといった点で最もバランスがとれているとされるのがロジスティック回帰モデルである。ここでは、ロジスティック回帰モデルの基本的な考え方について、基礎となる統計的手法の一つである「回帰分析」の概念から、ロジスティック関数の内容、PD推計に用いる背景までを、簡単にみてみることにしたい。

3.3.1 回帰分析

ある数の大きさを、それと関係する別の数の大きさにて説明するための分析を「回帰分析」という。また、ある数とある数との対応関係を示す数式を「モデル」という。

ここでは一例として、気温と桜の開花日の関係をみることにしよう。図表 3 − 6 は、横軸に月の平均気温、縦軸に桜の開花日をとった回帰分析の例である。2 月の平均気温と桜の開花日の関係ははっきりしない一方で、3 月の気温と桜の開花日には明確な関係がみられるのがわかる。

回帰分析は、主たる分析の対象（開花日）と、関係する要素（気温）という 2 つの数値の関係を記述するものであり、分析の対象を被説明変数（目的変数、従属変数ともいう）、関係する要素を説明変数（独立変数ともいう）と呼ぶ。また、平均気温のほかに、たとえば「晴天日数」も開花日に関係するものとして説明変数に加えると、複数の説明変数からなる回帰分析ということで、これを特に「重回帰分析」と呼ぶ。

PD推計に用いるスコアリングモデルは、主たる分析の対象がデフォルト確率であり「PDを被説明変数とする重回帰分析によるモデル」と表現できる。このとき、PDに関係するものと考えられる要素はすべて、説明変数の候補となりうる。

また、被説明変数と説明変数との間に成り立つ式の種類によっても、回帰

3 スコアリングモデル　171

図表3－6　平均気温と桜の開花日（東京、上：2月、下：3月）

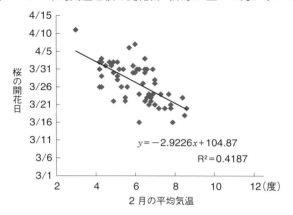

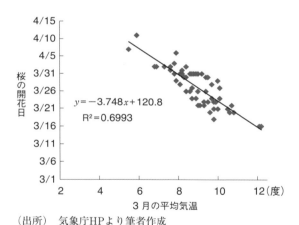

（出所）　気象庁HPより筆者作成

モデルを分類できる。たとえば、桜の開花日と、3月の平均気温との関係が、気温が高ければ高いほどそれに比例して開花日は早くなるという状況にある場合、両者の関係は図表3－7のような右肩下がりの直線で表現できよう。このように、被説明変数（桜の開花日）と説明変数（平均気温）の対応関係が$y = ax + b$という直線をあらわす数式で表現できる場合には、この数式を線形回帰モデルと呼ぶ。なお、図表3－7に記載の数式によると$a = -3.748$、$b = 120.8$となっている。これは1月1日から数えて120.8日目（5月

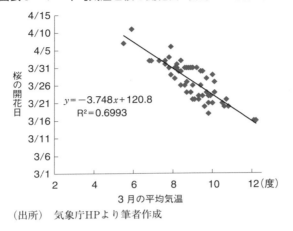

図表3-7 平均気温と桜の開花日（東京、3月）（再掲）

（出所）気象庁HPより筆者作成

2日）を始点として、3月の平均気温が0度から1度上がるごとに、桜の開花日が3.748日ずつ繰り上がることを意味している。

本書で取り上げる、信用リスクの評価に用いるスコアリングモデルは、PDを被説明変数とする重回帰モデルである。ただし、PDに関係するものと考えられるさまざまな要素、たとえば決算書の数字や個人の所得などの説明変数とPDとの関係は、直線で表現することがむずかしく、単純に線形回帰モデルを採用することはあまりみられない。これに対して、PDを被説明変数とするモデルに適した手法として多く用いられているのが、次項で説明するロジスティック回帰である。

3.3.2 ロジスティック回帰

ロジスティック回帰とは、被説明変数と説明変数との間に「ロジスティック曲線」と呼ばれる曲線状の関係を想定して行う回帰分析のことである。

図表3-8に、ロジスティック曲線をあらわす関数式（＊）とグラフを示した。ロジスティック曲線は、0から1の間の値をとる右肩上がりの形状であり、xの値が大きくなるとともに、yの値は1に近づく。xの値が小さくなると、yの値は逆に0に近づく。またxが0のときには、yは0と1のち

図表3－8　ロジスティック曲線の基本形

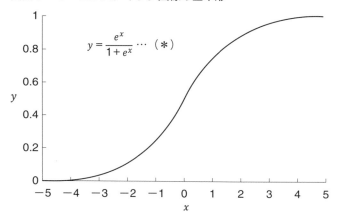

ょうど中間の値の0.5をとる。このように、ロジスティック曲線をあらわす関数（ロジスティック関数）における、0と1の間の値をとる性質は、同じように0から1の間を動く変数を表現するのに都合がよいため、社会科学におけるさまざまな分野で利用されている。

　信用リスク評価に使用するモデルの被説明変数はPDだが、PDは確率変数であり、これも0から1の間の値をとる。また、たとえば「審査評点」のような一種のスコアを説明変数として、これがPDとの間に一定の関係をもっていれば、両者の関係をロジスティック関数で表現することが可能ではないかと考えられるのである。

　図表3－9は、デフォルト先と非デフォルト先を同じ件数含む貸出ポートフォリオにおける、貸出先のスコアとデフォルト・非デフォルトの区別（以降では「ステータス」と呼ぶことがある）のデータをもとに、ロジスティック回帰を行う場合のイメージをあらわしている。

　まず棒グラフは、デフォルト先、非デフォルト先それぞれの貸出先における、スコアの水準ごとの件数をあらわしている。スコアが貸出先のPDと一定の関係を有しているのであれば、デフォルト先のスコアは低く、非デフォルト先のスコアは高くなる傾向があるはずであろう。スコアの水準ごとの件数の分布も、これを受けて、デフォルト先はスコアの低いほうに、非デフォ

図表3－9　貸出先の分布とロジスティック関数

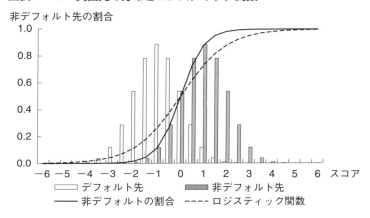

ルト先はスコアの高いほうに、それぞれ別の山型の分布を構成することになる。

　次に、曲線のグラフのうち実線があらわしているのが、同じスコア水準の貸出先に占める非デフォルト先の件数割合であり、具体的にいうと以下の式で計算できる。この式はよくみると、1からデフォルト率を引いた、いわば「非デフォルト率」のかたちをしているのがわかる。

　　（非デフォルト先）÷（（デフォルト先）＋（非デフォルト先））

　非デフォルト先とデフォルト先の件数は、それぞれ棒グラフがあらわすとおりだとすると、スコアが低いほうには非デフォルト先がほとんど分布しておらず、デフォルト先が大半となるため、非デフォルト先の件数割合は0に近づく。逆にスコアが高いほうには非デフォルト先ばかりが分布しているので、1に近づくことになる。そして、スコアが0のところで両者の分布が同じ件数で重なっており、ここの件数割合は0.5となる。

　このように、デフォルト先と非デフォルト先の分布をうまく切り分けるスコアをつくって、それぞれの分布を横に並べると、同じスコアにおける「非デフォルト率」を計算できるが、これは図表3－9の点線で示した「ロジスティック関数」に近い形状となっている。したがって、ロジスティック回帰によるPD推計モデルの構築とは、過去のデフォルト実績のデータをもとに、

3　スコアリングモデル　175

このロジスティック曲線に最も当てはまり（＝デフォルトを低く、非デフォルトを高く評価する性能）のよいスコアの計算式を推定することにほかならない。

3.3.3　ロジスティック回帰モデルのスコアの意味

前項でみたように、ロジスティック回帰モデルにおけるスコアとは、過去のデータにおける非デフォルト先の比率を説明するものであった。ここでは簡単な数式を用いて、このスコアの意味について、もう少しだけ詳しく内容をみておきたい。

$$y = \frac{e^x}{1 + e^x}$$

（y：非デフォルト先の比率）・・・（i）

$$e^x = \frac{y}{1 - y} = \frac{N}{D}$$

（N：非デフォルト先の件数、D：デフォルト先の件数）・・・・・・・・・・・・・・・・・・・・（ii）

$$x = \log\left(\frac{N}{D}\right) \cdots\cdots\cdots\cdots\cdots\cdots\cdots\cdots\cdots\cdots\cdots\cdots\cdots\cdots\cdots\cdots\cdots\cdots\cdots\cdots（iii）$$

式(i)は、前項図表3－8の（＊）と同じロジスティック回帰モデルの基本的なかたちである。これをe^xを左辺にまとめるかたちに変形したのが式(ii)であり、あわせて非デフォルト先の比率yを、非デフォルト先の件数Nとデフォルト先の件数Dを用いるかたちに書き直している。これの両辺の対数をとったのが式(iii)である。式(iii)をみると、ロジスティック回帰モデルのスコアxが実際には、非デフォルト先とデフォルト先の件数比率の対数と一致していることがわかる[7]。

さて、もともとスコアxには、非デフォルト先の比率と関係のあるなんらかの変数、たとえば審査評点のようなものを想定していた。より一般的なか

---

[7]　非デフォルト先とデフォルト先の比率を「オッズ」、オッズの対数を「対数オッズ」と呼ぶことがある。ロジスティック回帰モデルにおけるスコアとは、対数オッズそのものをあらわしている。

176

たちとしては、次のように、複数の説明変数の線形結合によって定義できる。

$$x = \log\left(\frac{N}{D}\right) = a_0 + a_1 x_1 + a_2 x_2 + \cdots + a_k x_k$$

（k：説明変数の数、a_k：回帰係数、x_k：説明変数の値）……………………(iv)

x_1からx_kまでの各変数が、貸出先の非デフォルト先の比率に関係する説明変数の値そのものをあらわす。1から非デフォルト先の比率を引けばデフォルト先の比率になることから、ここでの説明変数には、結局のところデフォルト先の比率に関係するような、各種の財務指標や定量情報などを想定している。また、a_1からa_kは、それら説明変数のスコア全体に対する重み付けをあらわしており、これを回帰係数という。単に係数という場合には、回帰係数のことを意味していることも多い。

したがって、スコアリングモデルの性能は、説明変数と回帰係数の組合せからなるスコアが、実際の貸出先データにおける対数オッズと整合しているかどうかによって決まる。スコアリングモデル構築のポイントは、適切な説明変数の選択と、回帰係数の推計にある。3.5節以降では、ロジスティック回帰を用いたスコアリングモデルの構築プロセスについて、より精緻なスコアを得るためのさまざまな工夫とともに、その詳細を説明する。

3.3.4 ロジスティック回帰モデルのメリット

ここまでで、さまざまなスコアリングモデルの手法を紹介してきたが、そのなかでも、多くの金融機関の債務者格付制度にて採用されているのが、ロジスティック回帰モデルである。ロジスティック回帰モデルは、先ほどみたとおり、回帰分析という伝統的な統計的手法に基づくモデルであり、「スコアが対数オッズをあらわす」という理論的背景が明確であることから、実務家のみならず、学術界からの支持も広く集めているものと思われる。また、前項までの説明において目にした数式で、少々嫌気が差した向きもあるかもしれないが、ロジスティック回帰モデルは、説明変数と被説明変数との関係が他の手法と比べて理解しやすいといわれている[8]。

3　スコアリングモデル　177

これは、ニューラルネットワークと比較すると明らかであり、ロジスティック回帰モデルの場合、たとえばある1つの説明変数の大きさが変化した場合、その説明変数についた係数の符号と大きさをみれば、被説明変数がどの程度変化するのかを簡単に確認できる。一方で、ニューラルネットワークの場合には、ある1つの説明変数が複数のユニットに渡され、それぞれが異なる係数の符号をもつことがある。この場合、あるユニットではプラスの評価、別のユニットではマイナスの評価、といったことが起こりうるため、被説明変数の変化と簡単に結びつけることができない。

　前章2.2節（37ページ）における債務者格付制度の説明の際、債務者格付制度を採用する最大のメリットの一つとして「検証の可能性」をあげたが、ニューラルネットワークには、被説明変数と説明変数の間の因果関係の特定が困難という問題がある。これは、仮にモデルの性能が大きく落ちたとしても、モデルのどこに問題があるのかを特定することが困難であることを意味しており、一般には、検証に向かない手法として避けられる傾向にある。これに対して、ロジスティック回帰モデルであれば、説明変数と被説明変数の間の因果関係を特定することが、比較的容易であり、債務者格付制度のような検証可能性を問われる業務との親和性が高いと考えられている。

　これは言い換えると、検証可能性をあまり厳密に問わない業務、たとえば単純な貸出の諾否判定や、マーケティングのような分野では、必ずしもロジスティック回帰モデルにこだわる必要がないことを意味している。昨今の新たな機械学習手法は、もっぱら、こうした監査性（図表3-3　注2参照）を問わない業務分野を中心に発展を続けているものと考えられる。

8　ただし、説明変数と対数オッズとの間に、たとえば2次の項や交互作用項を含むような非線形の関係を想定するロジスティック回帰モデルの場合には、この限りではない。正確に表現するならば、ロジスティック回帰の場合、つくり手次第で、理解しやすいモデルに仕上げることができる、といえよう。

3.4 スコアリングモデルの評価指標

　以降では、信用リスク分野におけるスコアリングモデルを、実際にどのような工程を経て構築するのかについて、順を追って説明していく。その前に、「よいスコアリングモデル」の構築方法を知るうえで、どうしても理解しておきたい統計量がある。それは、スコアリングモデルの性能を評価するための指標である。

　本項では、信用リスク分野におけるスコアリングモデルには、どのような性能が必要で、またその性能評価にどのような統計量を用いるのかについてみていきたい。

3.4.1　AR（accuracy ratio）とは？

　スコアリングモデルの性能評価とは、前節（177ページ）の式(iv)で計算するx（対数オッズ）がどの程度あてになるのかを評価することにほかならない。このときの基本的な考え方の一つとして「序列性能」というものがある。

　序列性能とは「良いものにより高い順位を、悪いものにより低い順位をつける」という、スコアリングの基本的な性質のことである。学校の期末試験であれば、勉強した人が高い順位に、勉強しなかった人が低い順位になるような点数がつくのが、本来あるべき出題のあり方ということになろうか。これと同じようにスコアリングモデルの結果にも、デフォルトしそうな貸出先には低い順位を、デフォルトしないような貸出先には高い順位をつけるという序列性能が求められる。

　たとえば、世の中に完璧なスコアリングモデルがあったとすると、スコアの低い先から順にデフォルトしていくはずである。逆に、まったく役に立たないスコアリングモデルとは、スコアの高い低いにかかわらずランダムにデフォルトが発生するようなモデルであろう。スコアリングモデルの序列性能の評価は、このような両極端な性能のモデルを想定して、どちらにどれだけ近いのかという観点から計算された統計量にて行う。そのなかでも代表的な

3　スコアリングモデル　179

指標がAR（accuracy ratio）である[9]。

　たとえば、ここに10件の貸出先データがあり、うち5件がデフォルト先のケースで、モデルA、モデルBという2つの異なるモデルによるスコアリング結果を比較してみよう。

2つのモデルによる評価の比較事例

（モデルA）　［低］　××○××○○○×○　［高］

（モデルB）　［低］　×○×○××○○×○　［高］

（○：非デフォルト先、×：デフォルト先、右に行くほど評価が高いものとする）

　この事例では、たとえばモデルAをみると、左端の×が最も評価が低かった先をあらわしており、モデルAで最悪の評価を受けた先はデフォルトしていたことがわかる。また、2番目に評価が低かった先は×、3番目に評価が低かった先は○であり、右端の○が最も評価が高かった先をあらわす。ここから、最高の評価だった先はデフォルトしていなかったことがわかる。

　このようにモデルAとモデルBの結果を比較すると、モデルBよりもモデルAのほうが、×（デフォルト先）が早い順番で出現していることから、悪い先をより悪く評価できている、つまり序列性能が高いとみることができる。次に、この序列性能の違いをより定量的に評価するために、次のような絶対的な基準を設ける。

パーフェクトモデルとランダムモデル

（パーフェクトモデル）　　［低］　×××××○○○○○　［高］

（ランダムモデル）　　　　［低］　×○×○×○×○×○　［高］

　最高の序列性能とは、デフォルト先と非デフォルト先とを完全に区別できることを意味するため、上のパーフェクトモデルで示すように、順番の早い

9　CAP曲線やROC曲線などは古くからあったが、スコアリングモデルの評価方法としてARを発案したのはMoody's社であるといわれている。なお、ジニ係数、AUC（area under the ROC curve）、Somer's Dなども、微妙な定義の違いはあれ、意味合いはARとほぼ同じである。

180

ほうにデフォルト先が集中するモデルがそれに相当する。逆に、最低の序列性能とは、デフォルト先と非デフォルト先とをまったく見分けられないことを意味するため、上のランダムモデルで示すように、×と○が交互に均等に出現するモデルがそれに相当する。ARは、このパーフェクトモデルの序列性能を100％、ランダムモデルの序列性能を0％として、当該モデルがどの程度の序列性能を有しているかを定量的に表現した統計量である。

実際の計算方法を示したのが図表3－10である。用意するのは、デフォルト先を含む貸出先のデータと、それら貸出先1件1件に対する当該モデルによるスコアリングの結果である。なお、貸出先のデータには、それぞれのステータスに係る情報（フラグ）が必要である。ここでは、デフォルト先の件数をD、非デフォルト先の件数をNとあらわす。

貸出先のデータをスコアリング結果の悪い（＝デフォルトしやすい）ほうから順番に並べて、悪いほうからx番目までの貸出先を取り出したときに、そのなかにデフォルト先がy件含まれていたとすると、両者の組合せ(x, y)を貸出先の件数分$(N+D)$だけ取り出すことができる。

このとき、横軸を全体に対する比率に置き換えて$x/(N+D)$、縦軸をデフォルト先に対する比率に置き換えてy/Dとして、それぞれxy軸上に図示すると、図表3－10の「実際のモデル」のような曲線を描くことができる。

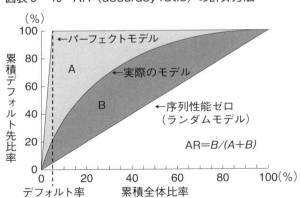

図表3－10　AR（accuracy ratio）の計算方法

3　スコアリングモデル　181

同様にパーフェクトモデルについても線を描くと、最初のD件まではすべて
デフォルト先となることから、図表の「パーフェクトモデル」のように最初
に縦軸100％のところまで直線的に立ち上がり、以降はx軸に平行な直線に
なる。逆にランダムモデルは、デフォルト先が全体を通じて均等に出現する
ことから、図表の「序列性能ゼロ」のように右45度線の形状になる。

　ARは、当該モデルの曲線とランダムモデルの直線で囲まれた面積（B）
の、パーフェクトモデルとランダムモデルで囲まれた面積（$A+B$）に対す
る割合として定義される。パーフェクトモデルに近ければ100％に、ランダ
ムモデルに近ければ０％になるのは、図表をみても明らかであろう。なお、
当該モデルの曲線のことをパワーカーブ、またはCAP曲線と呼ぶことがあ
る。

3.4.2　ARの具体的な計算事例

　ARは面積で定義されていることもあって、よほど高度な統計ソフトでも

図表３−11　スコアリングモデルのAR計算事例

順位	スコア	デフォルト	全体累積比率	デフォルト先累積比率	面積
			0.000	0.000	
1	1	D	0.100	0.333	0.017
2	2		0.200	0.333	0.033
3	5	D	0.300	0.667	0.050
4	6		0.400	0.667	0.067
5	6		0.500	0.667	0.067
6	10		0.600	0.667	0.067
7	11	D	0.700	1.000	0.083
8	12		0.800	1.000	0.010
9	20		0.900	1.000	0.010
10	22		1.000	1.000	0.010

ない限り、関数などで簡単に計算することができない。このため、Excelなどを使って簡便に計算するためには多少の工夫が必要となる。以下では、スコアリングモデルの序列性能、および債務者格付そのものの序列性能、それぞれをARにて評価する場合の具体例について説明する。

図表3－11は、貸出先10件のなかにデフォルト先が3件含まれるケースにおけるARの計算事例をあらわしている。計測の対象となるスコアリングモデルのスコアは左端の列のとおりで、あらかじめスコアの低い先から順番に並んでいる。

全体累積比率とあるのが、当該貸出先が全体で何番目の順位に位置しているのかを比率であらわしたもので、先ほどの$x/(N+D)$に相当する。この場合、貸出先は全体で10件なので、それぞれの順位を10で除すれば計算できる。

次にデフォルト先累積比率であるが、これは当該貸出先の順位までにデフォルト先の何件が含まれるかについてデフォルト先の件数比率であらわしたもので、先ほどのy/Dに相当する。本事例ではデフォルト先が全体で3件なので、当該順位までに出現したデフォルト先の件数を3で割れば計算できる。たとえば順位が5番目の先をみると、それより低い順位に含まれるデフォルト先の件数は2件で、デフォルト先累積比率は$2\div3=0.666...$となる。

図表3－11の全体累積比率を横軸に、デフォルト先累積比率を縦軸にとって図示したのが図表3－12である。図表3－10では滑らかな曲線で表現されていたパワーカーブが、実際には細かな直線のつぎはぎで構成されているのがわかる。そして計算すべき面積は、このモデルの線と、ランダムモデルの線で囲まれた部分であり、これは図表3－12で網掛けした台形を組み合わせたものから、ランダムモデルの直線で囲まれた三角形を取り除いた面積として計算できる。たとえば網掛け部分であれば、台形の面積の公式を使って次のように計算できる。

$$(0.667+0.333)\times(0.3-0.2)\div2=0.05$$

すべての台形の面積を合計して、そこからランダムモデルの直線より下の部分の三角形の面積を引くと次のとおりで、これは図表3－10の（B）の面積

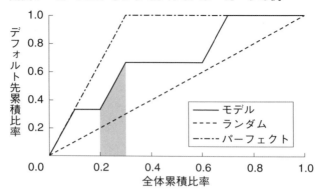

図表3－12　スコアリングモデルのパワーカーブの例

に相当する。

$(0.01667 + 0.0333 + ... + 0.1 + 0.1) - (1 \times 1 \div 2) = 0.18333...$ ……………（B）

　次にパーフェクトモデルとランダムモデルの直線で囲まれた部分の面積だが、パーフェクトモデルの直線がデフォルト先累積比率100％の線と交わる箇所は、必ずデフォルト先の件数比率に一致するため、この場合は3÷10＝0.3となる。後は、三角形の公式を使えばよい。

$(1 - 0.3) \times 1 \div 2 = 0.35$ ………………………………………………（A＋B）

　よってARは次のとおり。

$0.18333 \div 0.35 = 0.52381$ ……………………………………（B）／（A＋B）

　この方法で気をつけるべき点は、同じスコアでデフォルトしている先とデフォルトしていない先とが混在しているケースの取扱いである。同じスコアの先に対する順番のつけ方によってはARの値そのものが変わるので、同点の貸出先が多い場合にはその影響を無視できない。同点の場合にはデフォルト先の順番を前にしたほうがARは高く出るが、重要なことは、取扱いをあらかじめ決めておくことであり、この取扱いを恣意的に行うべきではない。また、統計ソフトなどで自動的に計算される場合などは、同点のデータの取扱いがどのようになっているのか、あらかじめ知っておいたほうがよかろう。通常は次の債務者格付のARの計算と同様に取り扱うことが多い。

　では、格付制度そのものの序列性能をARによって評価するケースについ

図表3－13　債務者格付のAR計算事例

格付	貸出先数	うち デフォルト	全体累積比率	デフォルト先 累積比率	面積
			0.000	0.000	
8	100	11	0.067	0.275	0.009
7	150	12	0.167	0.575	0.043
6	200	5	0.300	0.700	0.085
5	250	4	0.467	0.800	0.125
4	300	4	0.667	0.900	0.170
3	250	2	0.833	0.950	0.154
2	150	1	0.933	0.975	0.096
1	100	1	1.000	1.000	0.066
合計	1,500	40			

て、簡単に説明しておこう。

　図表3－13は貸出先1,500件に対して8区分の格付を有する金融機関における、格付別のデフォルト発生状況を示している。格付は1格が最高（＝最も信用状態が良い）で、8格が最悪であるものとする。ここでは8格から順に、つまり格付の悪い順にすでに並べ替えられているが、もしこの格付制度が完璧であるならば、最悪の格から順にデフォルト先が発生するはずであり、逆に格付が何の意味もなしていないのであれば、格付ごとに均等にデフォルト先が発生するはずである。格付制度のARとは、この両極端なケースとの比較でどの程度の序列性能をもっているのかを定量化したものといえる。

　スコアの場合と計算方法はほぼ同じであり、全体累積比率の出し方が、当該格付を含むそれ以下の格付に属する貸出先の総数の比率になっている点だけが若干異なる。デフォルト先累積比率も同様である。たとえば全体の貸出先数1,500件に対して、5格以下に属する貸出先の総数は100＋150＋200＋250＝700件であり、全体累積比率は700÷1,500＝0.466…となる。同様にデ

3　スコアリングモデル　185

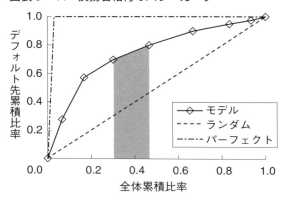

図表3－14　債務者格付のパワーカーブ

フォルト先累積比率は（11＋12＋5＋4）÷40＝0.8と計算できる。

　同様に台形の面積を計算して三角形部分を引くと次のとおり。

　　（0.009＋0.043＋…＋0.066）－（1×1÷2）＝0.248 ……………………（B）

　次にパーフェクトモデルとランダムモデルで囲まれた三角形の面積であるが、これもデフォルト先の件数比率を用いて次のように計算できる。

　　（1－40÷1,500）×1÷2＝0.487 ………………………………………（A＋B）

　（B）÷（A＋B）より、ARは以下のとおり。

　　0.248÷0.487＝0.509 …………………………………………（B）／（A＋B）

　このようにARを計算することで、悪い先をより悪く、良い先をより良く評価できるかという、スコアリングモデルや債務者格付の序列性能を、定量的・客観的に評価できる。信用リスク管理分野においてARは、スコアリングモデルのみならず、スコアリングモデルの説明変数となる各種指標単体の性能評価にも広く用いられることから、その考え方を理解して、できれば手元で計算できるようにしておきたい。

　なお、序列性能を評価する指標としてはARのほかには、KS値（Kolmogorov-Smirnov統計量）、AUC（area under the curve）などもしばしば用いられる。本書では説明を割愛するが、いずれもAR同様に序列性能のみを評価する指標であり、統計量としての基本的な特徴はARと大きく変わらない。

3.4.3 PD推計精度とGMP

ARはスコアリングモデルの「序列性能」を評価する指標であったが、こ
れに対して、スコアリングモデルから計算されるPDの精度を直接的に評価
する指標も存在する。ここではそのうちの一つとして、GMP（geometrical
mean of probability）について紹介しておきたい。

GMPは、複数の貸出先それぞれに対して計算されたPDについて、それぞ
れの貸出先がデフォルトした場合にはPDが、デフォルトしなかった場合に
は1−PDが、それぞれ実現したものとして、その実現確率の大きさによって
当初のPDの精度を評価する指標である。貸出先の総数をn、貸出先iのPD
をp_i、貸出先iのステータスをd_i（非デフォルトなら0、デフォルトなら1）と
すると、GMPは次の式で計算できる。

$$GMP = \left(\prod_{i=1}^{n} \{d_i p_i + (1 - d_i)(1 - p_i)\} \right)^{\frac{1}{n}}$$

なお、Π（パイ）は掛け算を連続して行う記号（連乗積）である。貸出先
全体における実現確率を、個別の貸出先の実現確率の掛け算で計算してお
り、GMPはその幾何平均をとっている。

図表3−15は5つの貸出先のステータスと、モデルA、モデルBそれぞれ

図表3−15　GMPの計算事例

貸出先	ステータス	PD	
		モデルA	モデルB
1	0	1%	2%
2	1	2%	4%
3	0	3%	1%
4	0	4%	1%
5	1	5%	5%
GMP		0.247	0.286

（注）　ステータスは0が非デフォルト、1がデフォルトをあらわす。

が推計するPDをあらわしている。どちらのモデルのPDの精度が優れているのか、GMPをもとに評価してみる。モデルA、モデルBそれぞれのGMPは次のように計算できる。

$$\{(1-0.01)\times 0.02\times(1-0.03)\times(1-0.04)\times 0.05\}^{\frac{1}{5}}=0.247\cdots\text{モデルA}$$

$$\{(1-0.02)\times 0.04\times(1-0.01)\times(1-0.01)\times 0.05\}^{\frac{1}{5}}=0.286\cdots\text{モデルB}$$

デフォルト先のPDをより高く、非デフォルト先のPDをより低く計算しているモデルBのほうが、GMPは大きくなる[10]。

3.5 スコアリングモデルの構築

本書では、現在、金融機関で行われている信用リスク管理業務を念頭に説明を進めている。以降の説明では、特に断りのない限り、スコアリングモデルといえばロジスティック回帰モデルのことをあらわすものとご理解いただきたい。より具体的にいうと、3.3.3項の式(iv)にて示した、ロジスティック関数を用いた統計モデルを想定している。また、対数オッズについては、同じく式(iv)にあるとおり、各種説明変数の単純な線形結合にてあらわすことを想定している。おそらく、国内の金融機関が債務者格付に使用するスコアリングモデル式の例としては、最もオーソドックスなつくりと考えられるが、必ずしもすべてのスコアリングモデルがこのかたちに収まるわけではないことも、あらかじめ頭に入れておいていただきたい。

ここでは最初に、スコアリングモデルを実際に構築する際の一連の流れを整理しておこう。統計モデルの構築は、おおむね以下の6つの工程に分けることができる。

① データセットの特定

② 説明変数候補の洗い出し

---

10 後述の尤度（ゆうど）とGMPは以下の関係にある。

$$\log GMP=\frac{1}{n}\log(\text{尤度})$$

③　欠損値補完と変数変換

④　説明変数候補の絞り込み

⑤　係数推計

⑥　最終確認

　最初にあげた①データセットの特定は、スコアリングモデルの構築に使用するデータを決定する工程である。PD推計の対象となる貸出先のデータを大量に用意し、それらのなかから、この後の工程で実際に使用する貸出先を特定するのが、この工程の具体的な役割である。モデル構築に使用する貸出先データの特性を、実際の貸出先の特性にできる限り近づけることと、構築データの件数をできる限り多く確保すること、多くの場合、両者はトレード・オフの関係になるが、これらを両立したデータセットの特定が、この工程のポイントである。

　次にあげた②説明変数候補の洗い出しは、①で特定した貸出先のデータにて、PDの水準と関係のありそうな項目を洗い出す作業である。従来のモデル構築プロセスでは、伝統的な貸出審査の場面にて参照されている情報を手本として、なるべく多くの候補を洗い出すような手順を踏むことが多く、本書でも基本的にはこのアプローチについて説明している。一方で、昨今の新たな機械学習手法においては、この工程を機械的な手法に置き換えて、さらに次の③の工程も省略するようなアプローチでも、十分な性能をもったモデルができることが明らかになっている。したがって、ここでのポイントは、説明変数候補の数もさることながら、統計モデルの特徴の一つである監査性を損なうことのない「だれにでも意味が理解できる」説明変数候補を洗い出すことにある。

　③欠損値補完と変数変換は、②で洗い出した説明変数候補について、スコアリングモデルにて扱いやすいかたちに加工する処理のことである。大きく分けると、値が参照できない「欠損値」の取扱いと、統計モデルに採用しやすい形式に変数の分布を変換する「変数変換」の2つの工程からなる。特に変数変換は、統計モデルの最初期から現在の円熟期にかけて、モデルの性能を改善するためのさまざまなノウハウが生み出された工程といえよう。一方

3　スコアリングモデル　　189

で、昨今の新たな機械学習手法の場合、いわば職人芸的な変数変換の手法をとらずとも一定の性能を実現できることがわかっている。また、CNN（畳み込みニューラルネットワーク）のように、革新性の本質が変数変換そのものにあるような機械学習手法も登場している。本工程については、今後さらなる技術革新の可能性が見込まれる（CNNについては、5章5.3.1項で詳述する）。

　④説明変数候補の絞り込みは、⑤の係数推計にて実施する繰り返し計算の工程にて実際に効果を試す説明変数候補を特定する作業に相当する。後述のとおり、伝統的な統計モデルの考え方では、よく似た動きを示す説明変数を同時に1つのモデルに用いることを嫌う傾向にあり、もともとはそのための説明変数の絞り込み、という意味合いの強い工程であった。一方で、昨今のスコアリングモデルの構築では、100万件単位の莫大なデータ量を回帰分析にかけることができるようになり、よく似た動きを示す説明変数を同時に採用しても、モデルの性能への悪影響は限定的であることがわかってきている。したがって本工程は、統計理論からの要請というよりは、単純に⑤の計算負荷を軽減することが主たる目的となっている。前述のとおり、新たな機械学習手法の場合には、この工程を省くことがあるが、その場合には十分な計算リソースがあることを前提としている。

　⑤は、確定した説明変数候補をもとに、実際のスコアリングモデル式を構築する計算処理のことである。具体的にいうと、被説明変数を最もうまく説明できるように、説明変数ごとに係数を推計するプロセスに相当する。本書で説明する「最尤法」という手法では、被説明変数となる各貸出先のステータス、およびそれらの貸出先における説明変数候補の値が確定すると、基本的に係数は1通りに定めることができる。この限りにおいては、一度の計算でスコアリングモデル式は確定することになる。しかしながら通常のモデル構築作業においては、⑥の確認作業まで含めて、一度の推計でモデル式を最終決定することはまれである。何度も説明変数の組合せを変えてモデル式を作り直し、複数のモデル式のなかから、金融機関自らが最も使いやすいと判断したモデル式を選択することで、モデル式は確定する。

⑥は、⑤で推計したモデルの係数、および説明変数の組合せについて、実際に使用する際に問題がないかを確認する工程である。通常は、⑤で推計する係数とは、与えられた説明変数をすべて使うことを前提として、最もうまくPDを計算できるように決定される。ここでは主に、できあがったモデルが別のデータに対しても十分な性能を発揮できるかという「頑健性」、および説明変数と係数の関係が説明変数の意味合いからして解釈可能なものなのかという「監査性」の2つの観点からモデルの内容を検証する。ここで合格点が与えられればモデル式は確定するが、満足いく結果が得られなければ、⑤の工程に戻って、説明変数の組合せを変えて係数の推計からやり直すことになる。

以降では、①から⑥の各工程について、金融機関の債務者格付制度にて使用するスコアリングモデルを前提に、具体的な方法論と、よいスコアリングモデルを構築するうえでのポイントを順に紹介する。

3.5.1　データセットの特定

スコアリングモデルを構築する第一歩は、母集団のデータを特定することにある。通常は、自らの貸出先に関する過去のデフォルト実績データを使用することが多いが、スコアリングモデルの性能に与える影響という点で、何よりも重要なのはデータの数量である。自らの貸出先のデータだけでは件数が不足する場合など、外部のデータベースを活用することも検討すべきであろう。

最近では、「事業法人全般」「消費性個人全般」のように、母集団の数が十分に確保できるポートフォリオの貸出先データについては、各種のデータベースコンソーシアムにて大量データを共有する仕組みが確立している。自前のデータをもたない金融機関にとっても、こうした貸出先については、大量・高品質のデータベースにアクセスすることは、以前よりも容易になっている。

以下、データセットの特定におけるポイントをいくつかあげておく。

3　スコアリングモデル　191

モデルの適用対象に類似した母集団データを使用する

モデル構築に使用するデータの選択は、モデルの用途・適用対象に応じて慎重になされるべきである。たとえば、債務者格付に使用するモデルであれば、モデルの適用対象の多くは既存の貸出先となる。過去の自らの貸出先データはこれとほぼ一致するはずであろう。逆に新規取引先の審査に使うモデルであれば、過去の取引先データとは異なる属性の企業がモデルの適用対象となる可能性がある。外部のデータベースのほうが、そうした潜在的な取引先の属性をよりよく表現しているかもしれない。また、外部のデータベースを利用する場合も、たとえば、売上高規模や業種構成を自社の貸出先母集団にそろえるようなサンプリング処理を行うなど、常にデータの類似性を意識した工夫も大切である。

モデルの利用目的にあわせた対象時期の選択

前項は貸出先の「顔ぶれ」の話であったが、もう一つ重要なのが、いつの貸出先を使用するかという問題であり、これもモデルの利用目的にあわせて考える必要がある。債務者格付に使用するモデルならば、景気循環を考慮した比較的長期間のデータが向いているであろうし、審査のためのモデルであれば、目先の序列性能を重視するために、直近期の比較的短期間のデータのほうが向いているかもしれない。

迷ったときには「多ければ多いほどよい」

スコアリングモデルを構築するためのデータを集める際に、多くのケースで直面する問題が、デフォルト先データの件数不足である。基本的な対処方法は、2.3.5項のLDPの説明箇所（82ページ）にて述べたとおりであり、なるべく多くのデフォルトサンプルがとれるように対象とするデータの範囲を広げることが重要である。そして、スコアリングモデルの構築においてもう一つ重要なのが、1つのスコアリングモデルが対象とする貸出先の区分を、あまり絞り込みすぎないことだ。ここでは、貸出先の業種ごとに異なるスコ

アリングモデル式を推定する場面を例に考えてみたい。

　たとえば、建設業に属する貸出先と、製造業に属する貸出先とで、異なるモデル式を推定することがしばしばみられるが、これは建設業と製造業では決算書の構造が異なるため、PDと関係する財務指標の顔ぶれや危険と判断すべき指標の水準なども、業種によって異なると考えられているからであろう。実際に、過去の伝統的な貸出審査における財務分析では、業種によって異なる財務指標に注目することは決して珍しいことではない。したがって、業種ごとに異なるモデル式を推定するのは、業種ごとの特性に応じた財務指標を使い分けることで、できあがったモデルがそれぞれの業種において、より高い性能を発揮できることを期待するからにほかならない。

　これに対して、業種別のデータで構築したモデル（以下、業種別モデルという）の性能を、全体のデータで構築したモデル（以下、全業種モデルという）と比較した結果の一例を図表3－16に示した。図表3－16は、RDBが2008年に構築したモデルにおける、2011年から2013年の業種別データに対するARを示している。AR①は業種別モデル、AR②は全業種モデル、それぞれのARをあらわしており、AR①がAR②を上回っていれば、業種別にデータを分けることの意義を認めることができる。

　差異のところに注目すると、AR①が3年間ともに1％ポイント以上優位

図表3－16　業種別モデルと全体モデルの性能比較（値はAR）

	2011年度			2012年度			2013年度		
	AR①	AR②	差異	AR①	AR②	差異	AR①	AR②	差異
建設業	0.626	0.615	＋0.010	0.640	0.632	＋0.008	0.667	0.660	＋0.007
卸売業	0.633	0.628	＋0.005	0.664	0.657	＋0.007	0.730	0.726	＋0.004
不動産業	0.618	0.631	－0.013	0.662	0.644	＋0.018	0.668	0.652	＋0.016
小売・飲食業	0.640	0.626	＋0.014	0.646	0.630	＋0.016	0.652	0.635	＋0.017
サービス業	0.664	0.672	－0.008	0.639	0.653	－0.014	0.615	0.627	－0.011
製造業	0.681	0.682	－0.001	0.685	0.679	＋0.006	0.719	0.712	＋0.007

（注）　AR①：業種別データで構築したモデル、AR②：全体データで構築したモデル
（出所）　RDB

3　スコアリングモデル　193

にあるのは小売・飲食業だけであり、不動産業、製造業はマイナスの年度も
みられる。サービス業に至っては3年間ともにマイナスである。ここからわ
かるのは、小売・飲食業の場合には、業種による財務指標の特徴が顕著であ
り、業種別モデルを構築するメリットが明らかであるのに対して、たとえば
サービス業や製造業の場合、業種による財務指標の特徴がさほど際立ったも
のではないため、ほかの業種のデータも含む全業種モデルでも十分な性能が
確保できるということであろう。さらにサービス業の場合は、安定的に全業
種モデルが優位にあるが、これは業種別モデルにすることで構築に使用する
データの数が全業種モデルよりも減ることのデメリットがあらわれた結果と
みることができる。

　一般に回帰モデルでは、モデルの構築に使用できるデータが少ないと、構
築時のデータの特徴を過度に重視したモデルができあがることがある。たと
えば小売業のモデルをつくる際に、デフォルト先のデータが1件だけ存在し
て、たまたま非デフォルト先の平均よりも売上高の大きい企業だったとす
る。このときできあがるモデルは、売上高の大きい企業を悪く評価するよう
なつくりになりがちだが、これが小売業全般のデフォルト先の特徴を示して
いるとは言いがたいのは、容易に理解できるところであろう。こうしたモデ
ルは、構築時のデータには高い性能を示しても、実際に使用すると十分な性
能を発揮できないことが多い。これが「オーバーフィッティング（過学習）」
である。1つのモデルの構築に使用できるデフォルト先のデータがふえれば
ふえるほど、業種区分全般に共通するデフォルト先の特徴はよりはっきりと
みえてくるものである。

　モデルを構築するデータの区分を特定する際には、たとえば貸金業、小売業
など、件数は少ない一方で説明変数に際立った特徴を有するような区分でな
い限り、なるべく広い区分を採用してデータ件数の確保を優先するほうが、で
きあがったモデルの性能は、中長期的に高い水準を維持しやすい。たとえば、
日本リスク・データ・バンク株式会社（RDB）とS&P Global Market Intelli-
genceが2013年に再構築した、事業法人貸出先を対象とするPD推計モデル
「中小企業クレジット・モデル」では、業種を以下の6区分に分けている。

◆建設業（デフォルト先サンプル2万6,030件）

◆不動産取引業（同3,142件）

◆不動産賃貸業（同3,250件）

◆小売・飲食業（同1万9,909件）

◆貸金業（同97件）

◆標準業種（同12万532件）

　（含む製造業、卸売業、サービス業ほか）

　業種別モデルの採用可否については、全業種モデルに対して安定的にARで優位性を確保できるかどうかが、一つの判断材料となる。貸金業のように説明変数のもとになる財務情報の形式がまったく異なる業種区分では、全業種モデルが使い物にならないような低水準のARを示すこともある。この場合には、圧倒的にデータ数の少ない業種区分でも、業種別モデルをつくることに意味が生じる。

　逆に、製造業や卸売業については、業種単独でも数万件単位のデフォルト先サンプルを確保できるが、モデルの性能面での優位性は乏しいと判断し、業種別モデルの構築を見送っている。財務分析の経験豊かな方からは「メーカーと卸の財務指標を同じ基準で比較するなど言語道断」などというお叱りの声も聞こえてきそうだ。しかしながら、できあがるスコアリングの性能に大差がないというのは、そのスコアリングモデルが、過去のデフォルト先のデータから、メーカー、卸、その他さまざまな業種に共通する財務指標の特徴を見出せていることを意味する。現実の貸出先データをもとに、先入観にとらわれることなくデフォルト先の特徴を見分けること、これこそが機械学習によるスコアリングモデル構築の本質である。

3.5.2　説明変数候補の洗い出し

　使用するデータセットが固まったら、次に、スコアリングモデルの説明変数となる財務指標や定性項目などの候補を特定する必要がある。基本的には「デフォルトする・しない」と関係のありそうな要素は、すべて説明変数候補となりうる。たとえば、以下のような例があげられる。

(a)　デフォルト率との関係が深い指標

　（＝大きい（小さい）ほどデフォルトしやすい）

　（法人）自己資本比率、当座比率　など

　（個人）青色申告の有無、持ち家の有無　など

(b)　ほかの説明変数との相互補完可能性のある指標

　（法人）支払手形決済比率、資産その他資産率　など

(c)　経験的に使用することが望ましいとされる指標

　（法人）債務償還年数

　（個人）返済比率

　最もオーソドックスなのが、(a)に分類される説明変数であり、財務分析の理論に基づく企業の信用状態に関係が深そうな各種の財務指標や、従来の審査業務にて注目している定性的な項目などがあげられる。また、過去のデフォルト先のデータが整備されると、デフォルト率との関係が深い指標は、ARをはじめとする統計量を計算することで、デフォルト率との関係の深さを定量的に評価できる。たとえば「その他流動資産対総資産比率」のように、定義式だけをみても内容がイメージできないような指標が、実はデフォルト先の特徴をよくとらえている、といった新たな発見がここから生まれる。したがって説明変数候補を洗い出す際には、先入観にとらわれることなく、過去のデータを存分に活用して幅広に候補を用意することが重要であろう。

　幅広に候補を用意するなかでしばしば発見されるのが、(b)のタイプの説明変数である。たとえば「支払手形決済比率」という財務指標は、バランスシート上の支払手形を、支払手形と買掛金の合計額で除したものであり、買入債務に占める手形の割合をあらわす。ARなどで評価すると、この指標単独ではPDとの関係は必ずしも強くないが、後で述べる変数選択（213ページ）においては、最後にこの指標を加えるとモデルのARが１％ポイントだけ改善する、などという場面がある。後述する相関の箇所（209ページ〜）でも述べるが、デフォルト率との関係が深い指標の多くは、似たような動きを示す傾向があるため、すでに多くの指標が採用されているモデルに後から追加しても、新たな情報を付加することにならない一方で、「支払手形決済比率」

のようにあまり目立たない指標が、新たな情報を付加してモデルの性能を改善することがある。この点からも、説明変数候補は初期段階では多いに越したことはないといえる。

　また、なんらかの理由でスコアリングモデルに必ず採用しておきたいという説明変数がある場合には、この段階でそれを明らかにしておくべきであろう。法人貸出先向けのモデルであれば、自己資本比率や債務償還年数、経常収支比率といった財務指標が候補にあげられることが多い。経験則に従って候補に加えることもあれば、自己資本比率規制上の説明の観点、債務者区分判定に用いている便宜上の観点など、これらの指標をあげる理由はさまざまである。

　一方で、候補にあげたとしても決して説明変数にはなり得ない指標も当然に存在する。ここでは説明変数として満たすべき条件について、特に3点あげておきたい。

　1つ目は、もととなるデータのうち、なるべく多くの貸出先にて取得可能な情報であるべき、ということである。たとえば、貸出先1万件のデータのうち、代表者からの借入額に関する情報は2,000社分しか取得できず、残りは欠損（null）である場合、代表者からの借入額をモデルに使用することは技術的にむずかしい。

　2つ目は、統一的な基準で取得された情報であるべき、ということである。たとえば「技術力の有無」という定性項目をモデルに使用したいのであれば、技術力の優劣を担当者が判定する際の基準が統一されていなければいけない。判断基準が担当者によってまちまちになりがちな定性項目や実態財務情報を活用したい場合には、特にこの点に注意が必要であろう。また、この種の情報にありがちなケースとして、たとえば、技術力がないから欠損なのか、技術力に関する判断をしていないから欠損なのか、区別がつかないデータの保存状況であることがままある。こうした項目も、利用に際しては慎重であるべきであろう。

　そして3つ目は、統計モデルの場合に特に重要と考えられるが、説明変数の意味が理解できないものをこの段階で候補に含めるべきではない、という

ことである。これは統計モデルがそもそも、外からみて意味がわかりやすいという特徴をもっているがゆえの制約であり、たとえPDとの関係が深い説明変数が見つかったとしても、それが人間の目でみて理解できない指標の場合、最終モデルの確定の場面で、あるいは実際に運用を開始して現場の目に触れる場面で、「使いにくい」と感じられることが多い。説明変数と説明変数を掛け算してつくる「交差項」と呼ばれる指標、たとえば、売上高に自己資本比率を乗じた指標などが一例である。

3.5.3　欠損値補完と変数変換

洗い出した説明変数候補について、スコアリングモデルにて扱いやすいかたちに加工する処理が、欠損値補完と変数変換である。

説明変数について大量にデータを集めると、なかには数値が不明なものが混じっていることがある。なんらかの理由で数値が欠落している項目を、「欠損値（null値）」などと呼ぶ。欠損値が残るデータの場合、そのままでは後の回帰式の計算に不都合が生じることがあるため、別の値に読み替える「補完処理」を行うのか、さもなければそのレコード、ないしその説明変数を使用しないという選択が必要になる。

また、大量にデータを集めると、なかには極端に大きい（小さい）値をとるレコードが含まれることがある。これを「異常値」と呼んでいるが、異常値が残るデータの場合も、そのままでは後の回帰式の計算に不都合が生じることがあるため、この段階でなんらかの変換処理を行うことが一般的である。これを変数変換という。

欠損値の補完

図表3－17では欠損値を含むデータセットの簡単な例を示した。IDが4番のレコードをみると、自己資本比率の値が「計算不能」になっている。このままでは自己資本比率を説明変数とする回帰分析ができないため、モデルをつくる場合には、ID4番のレコードを丸ごと削除するか、自己資本比率を説明変数候補から外すか、いずれかの選択を迫られる。データ数が十分にあ

図表3-17 欠損値を含むデータセットの例

ID	自己資本比率	売上高経常利益率	債務償還年数
1	0.2	0	3
2	−0.5	−0.1	5
3	0.6	0.15	25
4	(計算不能)	0.08	100
5	0.3	0.2	−5

る場合、あるいは説明変数候補がほかにも十分にある場合には、どちらの選択であっても大きな問題にはならないが、データ数が不足する場合や、どうしても自己資本比率を使いたい場合には、どちらの選択もとりたくないことがある。

そこで用いるのが、欠損値をほかの値に置き換える「欠損値補完」という処理である。欠損値補完にはさまざまな手法があるが、PD推計モデルにて実務上みかけることが多いのは、1つの値で置き換える「単一代入法」である[11]。

単一代入法にもいくつかの手法の違いがあるが、比較的多く目にするのは、各データを一律の値に置き換える方法である。たとえば、図表3-17の自己資本比率が欠損値の場合、最悪の評価となるように、残る4つのデータにおける最悪値(＝最小値)である「−0.5」(ID2番)に置き換えるような処理が考えられる。最小値をわざわざ計算するのではなく、一律に−999のような極端に大きい(小さい)値に置き換えることもある。欠損値、つまり不明なものを最悪値とみなすのは、一種の保守的な取扱いと考えられるため、銀行の債務者格付モデルでは、実際にモデルを運用する場面での欠損値の取扱いを視野に入れて、この方法を採用していることが多い。

一方で欠損値補完の本質を、不明なものの推計処理と考えると、最悪値への置き換えが合理的な推計とはいえないケースもあろう。最悪値にかえて、

---

11 これに対して、当該説明変数の分布形状を前提として、複数の値で置き換える「多重代入法」という手法もある。

3 スコアリングモデル 199

平均値や中央値に置き換えるという考え方もありうる。たとえば図表3－17の自己資本比率の欠損値を平均値に置き換えると、0.15という値が入る。また、不明なものの推計処理という観点から、ほかの説明変数候補による回帰式をもとに欠損値を補完するという手法もある。

　どの欠損値補完の方法を選択するかについては、スコアリングモデルの意味・役割と、使用できるデータ数、そして欠損値自体の発生状況を勘案して、総合的に判断することになる。たとえば、特定の時期の貸出先データに限って欠損値が集中している場合に[12]、一律の値で欠損値を置き換えると、結果的に、特定の時期の貸出先について偏った評価をした説明変数ができあがる。欠損値を補完した結果、実際にモデルを使用する場面の説明変数の分布形状とかけ離れたものになると、できあがったスコアリングモデルの性能にも悪い影響を与えることになりかねない。

領域判定

　図表3－17のID5番の貸出先の債務償還年数[13]をみると、「－5年」という負の値が入っている。債務償還年数は債務残高をキャッシュフローの大きさで割った指標で、値が大きいほど、債務の返済に時間を要する＝デフォルトしやすい、とされる。一方で、キャッシュフローが赤字の場合、指標値は負の値をとるが、値が小さいからといって、デフォルトしにくいわけではない。こうした場面でも、適切に説明変数の評価を行うために考えられたのが、説明変数が割り算の形式で与えられる場合に、分母・分子の符号の向きによって補完方法を変える「領域判定」である。

　財務指標の多くは、何かを何かで割る分数形式になっており、大きければ良い（悪い）、小さければ悪い（良い）といった大小関係の評価を通じて、貸出先を評価することが多い。ところがなかには、分母がゼロになる指標もあ

12　本来、欠損値を補完したデータによる分析は、欠損値がランダムに発生している状況（missing at random）で有効とされる。
13　定義式の一例は次のとおり。
　債務償還年数＝有利子負債÷（当期利益＋減価償却費）

り、この場合、ゼロ除算で指標の計算ができない。また、分母の符号がプラスにもマイナスにも動く指標の場合、分母の符号次第で指標の大小関係が逆になって、良し悪しの判断ができなくなる。こうしたケースを防ぐために、あらかじめ、分母と分子の符号の組合せごとに指標の評価方法を決めておくのが領域判定処理である。ここでは、伝統的な財務分析に使用する指標の一つである、インタレスト・カバレッジ・レシオを例に取り上げる。

インタレスト・カバレッジ・レシオ（X）の定義式はここでは次のとおりとする。この指標は、金利負担に対する事業利益の余裕度合いをあらわしており、一般には大きいほど信用状態が良いと評価される。

$$X = \frac{営業利益 + 受取利息・配当金}{支払利息・割引料} = \frac{A}{B}$$

このとき、AとBの符号の組合せにより、Xの計算式を4つのパターンに分けて、それぞれのケースについて(1)計算可能、(2)上限値適用、(3)下限値適用、(4)非該当、いずれかの処理をとるように定めるのが領域判定処理である。

領域1　A≧0、B＞0　⇒　(1)計算可能
領域2　A＜0、B＞0　⇒　(1)計算可能
領域3　A≧0、B≦0　⇒　(2)上限値適用
領域4　A＜0、B≦0　⇒　(3)下限値適用

領域1と領域2は普通に指標値が計算できるため、そのままの計算結果を使えばよい。問題となるのは領域3、領域4のケースである。支払利息・割引料は費用項目なのでマイナスの値はとらないものの、ゼロのケースはあるため、このとき割り算ができない。領域3は、分子の利益項目がプラスで、分母の支払利息・割引料がゼロのときに発生しうるが、これは指標の意味合いから考えて最もよい評価にすべく、上限値を適用するものと定義する。領域4はさらに評価が分かれるところであり、支払利息・割引料はゼロだが、分子の利益項目もマイナスというケースである。この事例では、利払いがないことのポジティブ要因よりも、利益が出ていないことのネガティブ要因を重視し、下限値を適用するものと定義しているが、これはモデルを使う側の

ポリシーによっては逆に考えることもありうる。なお、定量的に定めるのであれば、それぞれの領域に該当するデータを集めてきて、そこでのデフォルト先と非デフォルト先の比率をみて決める、という方法が考えられる。

このように、指標の領域判定処理を入れることで、指標値の取扱いがよりデリケートなものになるほか、なんらかの理由でデータが欠落している欠損値への対応という点でも、頑健なモデルの利用が可能になる。したがって、定義式が割り算の形式をとる説明変数については、候補指標すべてに対して、その指標の意味合いを考慮して4つの領域ごとの取扱方法を決定しておくことが望ましい。

上下限値処理

説明変数のなかには、時に、極端に大きい、または小さい値をとるデータが含まれることがある（以下、「異常値」という）。たとえば前述の「債務償還年数」の場合、分母の値がゼロに近づくと、指標の水準は飛躍的に大きなものとなる。たとえば、有利子負債が2億円の中小企業が2社あり、A社は年間のキャッシュフローが2百万円、B社は20万円だとすると、両者の債務償還年数は以下のとおり。

A社：200,000,000 ÷ 2,000,000 ＝ 100（年）

B社：200,000,000 ÷ 200,000 ＝ 1,000（年）

このとき、指標の水準だけに注目すると、B社はA社よりも10倍信用状態が悪いという評価になるが、100年でも1,000年でも「ほとんど返せそうにない」という意味では、危うさに差はないと考えるのが普通だろう。このように、異常値をとりやすい指標については、なんらかのかたちで限度を設けることで、そのまま使うよりもデフォルトとの関係がより明確になるケースがある。このとき、指標の計算可能範囲に限度を設定する処理を「上下限値処理」、あるいは「極値処理」などと呼ぶ。

上下限値の設定方法にはさまざまなものがあるが、定量的に設定する場合には、データ全体における当該指標値のパーセンタイル点（たとえば、下限値は5％点、上限値は95％点など）を機械的に割り当て、それよりも大きい

（小さい）場合には、そのパーセンタイル点の指標値を上限（下限）として一律に適用することが多い。また、より凝った方法としては、上限値、下限値を逐次変化させたときの当該説明変数単独のARを基準に、ARが最大になる上限値と下限値を探索して決めるケースもある。

離　散　化

異常値への対策の一つとして上下限値処理をあげたが、同様に多くみられる変数変換処理の一つが「離散化」である。

離散化とは、財務指標のように連続的に変化する説明変数をそのまま使うのでなく、一定の範囲ごとに区切って階段状に評価する変数変換の一手法である。離散化のメリットは大きく分けて3つあげられる。

◆ 異常値の影響を受けにくい

離散化した指標は、説明変数をそのまま使うのではなく、4段階、8段階のように区分して評価するため、どのような異常値があっても、どこかの区分で一律に評価できる

◆ 非線形な説明変数の評価が可能

たとえば売上債権回転期間のように[14]、値が大きすぎても（資金繰りが繁忙）、逆に小さすぎても（そもそも信用がない）よくないという意味合いをもつ説明変数でも、適切な評価をしやすい。

◆ 説明変数の解釈がしやすい

離散化した指標の場合、たとえば、自己資本比率が−5％未満の場合は係数がいくつ、−5％以上〜5％未満の場合はいくつ、5％以上の場合はいくつ、という具合に説明変数の水準ごとに一定の係数が与えられるため、かつての「審査評点」と同じような見た目になる。

図表3−18は指標の離散化の例である。横軸に「社会保険料控除額」の値を、縦軸に当該指標値の水準に相当するデータの件数をそれぞれとって、デフォルト先・非デフォルト先に分けて集計したのがこの図である。社会保険料控除額の場合、159千円よりも小さい場合にはデフォルト先である可能性が高く、指標値が718千円よりも大きいと逆に非デフォルト先の可能性が高

図表3－18　離散化指標の例

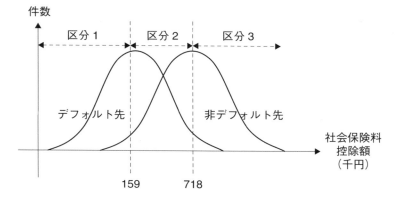

いといえそうである。このとき、元の「社会保険料控除額」を、新たな2つのダミー変数に分けて表現すると次のようになる。

変数①（図表の区分1に相当）
　　社会保険料控除額159千円未満のとき　　1
　　社会保険料控除額159千円以上のとき　　0
変数②（図表の区分3に相当）
　　社会保険料控除額718千円未満のとき　　0
　　社会保険料控除額718千円以上のとき　　1
（図表の区分2の場合、変数①②ともに0になる）

このときすべての貸出先のダミー変数の組合せ（変数①, 変数②）は、(1,0)、(0,1)、(0,0) の3通りのいずれかにて表現できる。また、モデル式に採用されると、次のようなかたちで係数推計がなされる。離散化対象が3区分であれば、ダミー変数は2つで足りる点に注意されたい。

　　β =（定数項）+（変数①）×（係数①）+（変数②）×（係数②）
　　社会保険料控除額が159千円未満のとき
　　β =（定数項）+（係数①）

14　定義式の一例は以下のとおり。
　売上債権回転期間＝（売掛金＋受取手形）÷（売上高÷12）

社会保険料控除額が159千円以上718千円未満のとき

$\beta =$（定数項）

社会保険料控除額が718千円以上のとき

$\beta =$（定数項）$+$（係数②）

　指標値のどの水準で離散化するか、すなわち離散化の閾値の決定方法について、確立された方法論はない。PD推計モデルにてしばしばみかけるのは、パーセンタイル点をもとに機械的に定める方法や、「情報エントロピー」を最小化する点で閾値を定める方法である。ここでは、ある指標を2つの区分に離散化する場合を例に、情報エントロピーについて少し説明を加えておく。

　情報エントロピーとは、次の式で定義される値である。

$$S = -\frac{1}{N}\sum_{i=1}^{L}(N_i d_i \cdot \log d_i + N_i(1-d_i) \cdot \log(1-d_i)) \cdots\cdots\cdots\cdots\cdots\cdots (*)$$

　　S：情報エントロピー

　　L：離散化する区分の数

　　N：データの総数

　　N_i：i番目の離散化区分に含まれるデータ件数

　　d_i：i番目の離散化区分に含まれるデフォルト件数の割合

　ここでは、2区分の離散化を想定しているので（$L=2$）、次のように書き換えることができる。

$$S = -\frac{1}{N_1 + N_2}\{N_1(d_1 \cdot \log d_1 + (1-d_1) \cdot \log(1-d_1))$$

$$+ N_2(d_2 \cdot \log d_2 + (1-d_2) \cdot \log(1-d_2))\}$$

　このとき、N_1とN_2はそれぞれ、1番目と2番目の区分に含まれるデータ件数をあらわす。またd_1とd_2は、それぞれの区分のデフォルト先の件数比率（＝実績デフォルト率）をあらわしている。そして、情報エントロピー（S）は、小さければ小さいほど情報が整理された状況、つまりデフォルトと非デフォルトの比率が2つの区分でよりよく分けられている状態を示している。

　たとえば、全体のデータ件数がX、デフォルト先と非デフォルト先の全体

の構成比を１：１として、いっさい分割を行わない場合の情報エントロピーを計算すると次のとおり。これは式（＊）に、$N_1 = X$、$N_2 = 0$、$d_1 = 0.5$を代入すればよい。

$$S = -\frac{1}{X}(X \cdot 0.5 \log 0.5 + X \cdot 0.5 \log 0.5) = -\log 0.5 = \log 2$$

これに対して、ある指標値において、一定以上の指標値をとる先はすべて非デフォルト、それ以下の先はすべてデフォルトとなるような、理想的な指標と閾値の組合せがあったと仮定すると、このときの情報エントロピーは次のように計算できる。これは、先ほどと同じ式でいうと、$d_1 = 0$、$d_2 = 1$を代入すればよい。

$$S = -\frac{1}{N_1 + N_2}\{N_1(\log 1) + N_2(\log 1)\} = 0$$

このように、情報エントロピーは理想的な状況下では最小値ゼロをとることがわかる。離散化に際しては、情報エントロピーが最小となるデフォルト先と非デフォルト先の件数構成になるような指標値の水準をもって離散化の閾値とすることがある。情報エントロピーは指標の離散化以外にも、ゼロかイチかという定性項目における序列性能の評価にも使われることがある。

その他の変数変換

異常値への対応としては、離散化以外にもいくつか手法がある。なかでも一般的な方法の一つが、対数変換である。

図表３－19は、売上高規模別の貸出先の分布、および売上高規模別の実績デフォルト率をあらわしている。上が対数変換前、下が対数変換後である。上の図をみると、デフォルト先の３割強、非デフォルト先の３割弱を占めるのが売上高１億円未満の零細企業で、実績デフォルト率は４％を超える水準にあったのがわかる。すなわち、売上高の分布は金額の小さいゾーンに偏った形状をしている。一方で裾野は薄く広いため、仮に売上高を説明変数としてそのまま使用すると、係数が小さすぎると零細企業のゾーンで評価に差をつけることができず、逆に係数が大きすぎると、今度は売上高が兆円単位に

図表3-19　売上高とデフォルト率の分布
　　　　（2009年度　上：対数変換前、下：対数変換後）

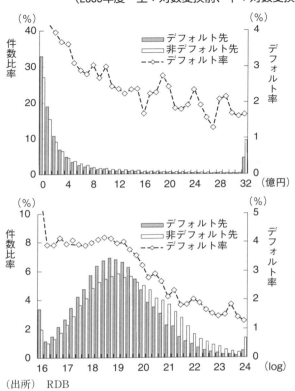

（出所）　RDB

のぼるような上場企業では途方もなく高い評価がついてしまう。

　このようなケースで指標の水準を調整するのにとられる手法が、元の数値の自然対数、または常用対数に置き換える対数変換である。下の図をみると、分布形状が釣鐘状に近づき、また件数比率の偏りが大幅に解消されているのがわかる（縦軸の目盛りの違いに注意）。平方根や、さらに一般化したBOX-COX変換なども、基本的には分布形状を整えて、係数の推計をしやすくすることをねらった処理といえよう。

　なお、ニューラルネットワークをはじめとする新たな機械学習手法では、分析に使用するパッケージソフトウェアの段階で、たとえば0から1のよう

な一定の範囲内に説明変数の定義域が制限されていることが多く、変数変換処理は必須となっている。ただし、変数変換の手法自体は、統計モデルよりもシンプルで機械的なものが選択されることが多いようだ。一例をあげると、100分位点への変換や、最大値と最小値を用いた基準化などがあげられる[15]。こうした機械的な処理でも、統計モデルを上回るようなARを実現できるのが、新たな機械学習手法の強みの一つともいえる。

3.5.4 説明変数候補の絞り込み

なるべく多くの説明変数候補を洗い出したら、次に行うのは絞り込みである。説明変数候補を絞り込む目的は、主に2つと考えられる。

一つは、単純に係数推計の計算負荷を軽減するためである。たとえば、スコアリングモデル構築の最終段階で20種類の説明変数を残すものとして、この段階で説明変数候補が500種類あると、すべての説明変数の組合せは、$_{500}C_{20} \fallingdotseq 10^{35}$ 通りという膨大な数にのぼる。これは毎秒1兆回のペースで計算しても8,000兆年以上かかる分量であり、いまのIT技術で計算は不可能といってよいだろう。説明変数候補のなかには、似た動きをする指標や、そもそもデフォルト事象との関係が認められない指標も含まれている可能性があり、それらをあらかじめ候補から落とすことで、計算負荷を現実的なレベルに下げることができる。

そしてもう一つは、回帰モデルの構築に際して古くからいわれている「多重共線性」の問題を回避するためである。多重共線性の問題とは、一つの重回帰式のなかに、似た動きを示す説明変数が複数含まれると、係数の信頼性が損なわれることをいう。たとえば、債務者格付のためのスコアリングモデル式で、売上高営業利益率と売上高経常利益率の2つの説明変数の係数を推計する場面を考えてみよう。後述する相関係数をみるまでもなく、売上高営業利益率と売上高経常利益率は、同一の貸出先であれば似たような値をとることが多いのは容易に想像できる。このような説明変数を同時に使用して、

---

15 具体的にいうと、以下の計算式で、指標値を0から1の範囲に収めることができる。
　（変換後指標値）＝（（変換前指標値）−（最小値））／（（最大値）−（最小値））

208

回帰係数を推計すると、片方はプラスの値、もう片方はマイナスの値になることがしばしばみられる。このときたとえば、売上高営業利益率の係数が＋1、売上高経常利益率の係数が−0.5だったとすると、スコアリングモデル式の結果への影響は、売上高営業利益率は「高いほどよい」、売上高経常利益率は「低いほどよい」となるが、これがそれぞれの指標単独の意味合いと一致するとは限らない。つまり、売上高経常利益率は、指標単独でみれば「高いほどよい」にもかかわらず、売上高営業利益率と同時に使用することで、本来の意味とは逆の係数が推計されてしまうことがあるのが、多重共線性の問題である。このため回帰分析の分野では、「係数が不安定になる」という理由から、あらかじめ「相関整理」という処理を通じて、似た動きの説明変数候補を減らすための工夫が古くからなされてきた。

　一方で、昨今のスコアリングモデルの構築に際しては、筆者を含むモデル構築にかかわる実務家を中心に、多重共線性を過剰に意識すべきでないという立場も存在する。理由は主に2つある。

　一つは、最終的にモデルができあがった段階で、説明変数ごとの係数の符号やp値を確認することで、係数の不安定性の問題は回避できるからである。説明変数候補を入れ替えて係数を再推計することの計算負荷が重かった時代ならいざしらず、昨今のIT技術の発展により、そこの作業負荷を過大に評価する必要性は著しく低下している。

　そしてもう一つは、多重共線性の問題は、できあがったモデルのPD推計精度とは基本的に関係がないからである。先ほどの売上高営業利益率と売上高経常利益率の例でいうと、それぞれの説明変数ごとの係数については解釈に困難が生じるものの、モデルの出力値そのものについて特段の問題が生じるものではない。

　したがって昨今では、説明変数候補の絞り込み作業は、どちらかというと「計算負荷の軽減」の観点に重きを置いて実施することが多い。以下で説明する相関整理も同様であり、そこでは、どの程度の相関を許容するかという絶対的な基準よりも、どの程度の候補数まで絞り込むかという相対的な基準が重視されることのほうが、昨今のモデル構築の現場では多いように見受け

られる。

相関整理

2つの説明変数の間の動きがどの程度似ているのかを評価する指標が「相関係数」である。すべての説明変数の組合せについて相関係数を計算し、一定水準以上の相関係数となった説明変数の組合せについては、片方の説明変数を候補から除外することを繰り返し、最終的な説明変数候補の数を絞り込む一連の作業を相関整理という。

相関係数には主に、ピアソンの積率相関係数と、スピアマンの順位相関係数という2種類が存在する。このうち、スコアリングモデルの構築に多く用いられるのはスピアマンの順位相関係数である。

図表3-20は、説明変数候補として、借入金依存度と自己資本比率という2つの財務指標がある場合の、両者の散布図と相関係数のイメージをあらわしている。借入金依存度は借入金を総資産で除した値、自己資本比率は株主資本を総資産で除した値であり、両者は異なる値をとるのが通常ではあるものの、一般に借入金の負担が大きい企業は株主資本に乏しいことが多く、逆に株主資本の潤沢な企業は借入金に頼る必要がないことから、2つの財務指標は、片方が大きければもう片方は小さいという「逆相関」の関係になりやすい。

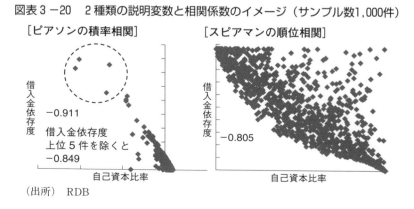

図表3-20　2種類の説明変数と相関係数のイメージ（サンプル数1,000件）

（出所）　RDB

この相関の度合いを測るのに一般的なのが、図表3−20の左図で示したピアソンの積率相関係数である。相関係数といえばこちらを指すことが多く、たとえばExcelでも"correl"という標準で含まれる関数によって計算が可能である。ピアソンの積率相関係数の計算式は以下のとおり。

$$\rho = \frac{\sigma_{xy}}{\sigma_x \sigma_y}$$

ρ ：ピアソンの積率相関係数

σ_x σ_y：x、yそれぞれの標準偏差

σ_{xy} ：xとyの共分散

x、yという2つの指標の共分散を[16]、それぞれの標準偏差の積で除したのがピアソンの積率相関係数ρである。xが大きければyも大きいという関係にあれば、ρは1に近づく。反対にxが大きければyは小さいという関係にあれば、ρは逆に−1に近づく。x、y両者が無関係に動いている場合には、ρは0に近い値をとる。図表3−20左図では、借入金依存度と自己資本比率の相関係数は−0.911とあり、両者は強い負の相関関係にあることがわかる。

ところで、このピアソンの積率相関係数には異常に大きい（小さい）値の影響を受けやすいという特徴がある。図表3−20の左図をよくみると、自己資本比率が極端に低く、借入金依存度が反対に極端に高いという、いくつかのサンプルがあるのがわかる（図の左上の円で囲んだ部分）。これは極端に大幅な債務超過の先で、総資産が借入金を下回るほど小さいという特殊なケースと思われるが、現実の財務として起こりうる。これらの借入金依存度上位5件のデータを取り除いてピアソンの積率相関係数を再度計算すると、相関係数は−0.849まで上昇する。

1,000件のサンプルから、わずか5件を取り除いただけでも大きく値が変動することからわかるように、ピアソンの積率相関係数は、異常値を多く含むようなケースでは値の解釈がむずかしい。特にスコアリングモデルの構築

16　共分散の説明は本書では割愛する。Excelでは"covar"という標準の関数で計算可能。

3　スコアリングモデル　211

において説明変数候補として登場する変数の多くは、もともと正規分布に従っていないことが多く、また異常値も少なからず含まれることから、相関係数の計測にはもうひと工夫必要となる。

そこでかわって用いられるのが、図表3−20の右図で示したスピアマンの順位相関係数である。これは単純にいうと、説明変数をそれぞれ、値の小さいものから順に1、2、3...と順位の値に変換したうえで、あらためてピアソンの積率相関係数を計算するのと同じことである。先ほどの例では、借入金依存度・自己資本比率、それぞれについて最も値の小さいサンプルを1、最も値の大きいサンプルを1,000という値に変換してから、ピアソンの積率相関係数を計算しており、結果は−0.805となっている。スピアマンの順位相関係数は、順位に変換することからもわかるように、必ず説明変数を一定の範囲内の値に収めてから計算しているので、異常値をとる説明変数に対しても、安定的な結果を返すことができる。

説明変数同士の相関係数が計算できたら、次に相関整理の対象とする相関係数の水準を決めたうえで、さらに対象となった説明変数の組合せのうち、どちらの説明変数を外すかを判断する必要がある。

相関係数の水準については、もともと合理的に決められたルールはなく、たとえば±0.8以上などと、経験的に決められてきたケースが多い。そして昨今では、絶対的な基準よりも、最終的な候補指標数をいくつに絞り込むかという相対的な基準によって、事後的に定められるケースのほうが多いものと思われる。

また、対象となった2つの説明変数のいずれを候補から外すかというルールについては、必ずしも決まった方法があるわけではない。多くの場合は、特に残したい指標が決まっているケースを除けば、ARのような、説明変数単独でのデフォルトとの関係の強さをもとに指標を選択することが多い。

説明変数候補の確定

通常は相関整理が終わった段階で、次の係数推計に使用する説明変数候補が確定する。また、さらに絞り込みが必要な場合には、この段階であらため

て、3.5.2項（195ページ）で示した(a)デフォルト率との関係が薄い指標、(b)ほかの説明変数との相互補完可能性のある指標、(c)経験的に使用することが望ましいとされる指標、のような基準をもとに、一定の候補数に絞り込む作業を行う。

また、なんらかの理由で候補を絞り込みたくないケースでは、逆に、絶対に外せない説明変数候補、いわば一軍と、それ以外の説明変数候補の二軍とに説明変数を分けておいてもよい。後述する係数推計において、一軍の説明変数候補についてはすべての組合せを試して、そのなかで性能が最大となるようなモデルを構築し、二軍の説明変数候補については、すべての組合せを試すのではなく、そのモデルに対して1つずつ追加してみて、性能が改善すれば採用するというアプローチをとることもできる。

3.5.5　係数の推計

説明変数候補が決まると、次に行うのが係数の推計である。係数の推計は、実際には2つの工程を含むものと整理できる。

一つは、文字どおりの係数推計のプロセスである。ロジスティック回帰モデルは、被説明変数と、説明変数の組合せが決まれば、後述する最尤法というロジックを通じて、原則として係数の組合せを1通りに定めることができる。たとえば、説明変数候補が10種類あったとして、10種類の説明変数すべてを用いるのであれば、モデルの性能が最大となるような係数の組合せは、原則として1つしかないうえに、これは計算で求めることができる。ところが、10種類の説明変数のいずれかを用いてモデルの性能を最大にするとなると、10種類の説明変数すべてを用いたモデルが性能最大とは限らないことから、説明変数についてさまざまな組合せを試す必要が生じる。

そこで係数推計には、もう一つの工程として、変数選択のプロセスが必要となる。実務上多く用いられる手法としては、変数増加法、変数減少法、ステップワイズ法などがあげられる。

ここでは、係数推計については、ロジスティック回帰モデルにて最もポピュラーな手法である「最尤法」について内容を説明する。また変数選択の

方法については、さまざまな手法の基礎となる「変数減少法」を中心に概要を紹介したい。

最尤法とは？

あらためて、ロジスティック回帰モデルの係数推計が何を意味するのかについて確認しておこう。3.3.3項（176ページ）で示した、ロジスティック回帰モデルの基本的な式を再掲する。下に示した式(v)は、式(iv)の対数オッズ部を省略したものである。なお、y は非デフォルト先の比率、k は説明変数の数、a_k は回帰係数、x_k は説明変数の値をそれぞれあらわしている。

$$y = \frac{e^x}{1+e^x} \quad\cdots\cdots\cdots\cdots\cdots\cdots\cdots\cdots\cdots\cdots\cdots\cdots\cdots\cdots\cdots\cdots\cdots\cdots\cdots\cdots\cdots\cdots\cdots (\text{i})$$

$$x = a_0 + a_1 x_1 + a_2 x_2 + \cdots + a_k x_k \quad\cdots\cdots\cdots\cdots\cdots\cdots\cdots\cdots\cdots\cdots (\text{v})$$

ここでは、モデル構築に使用するデータそれぞれのステータス、採用する説明変数が決まった状態で、各説明変数の重み付け、正確にいうと a_0 から a_k までの値を推計する方法のうち、ロジスティック回帰モデルにて最もオーソドックスな手法である最尤法（maximum likelihood method）について説明する[17]。

三角形の紙をちぎると「アタリ」か「ハズレ」かがすぐにわかるスピードくじを例に考えてみる。あるスーパーで買い物をしたあなたは、スピードくじを5枚引き、1枚がアタリで、4枚がハズレだったとしよう。このとき、このスーパーのスピードくじのアタリ確率はいったいどのように推定できるであろうか。

単純に考えると、あなたが経験した結果（1÷5＝0.2）から、アタリ確率は20％といえそうだが、これはあくまでも、あなたの経験した実験結果の一つにすぎない。だれにとってもこの確率であるといえるためには、一つの大きな前提が必要である。それが「（あなたが）経験した結果は、発生確率最大のものが実現した結果である」という仮定である。

17　「尤」は訓読みすると「もっとも（らしい）」。

214

ここで、スピードくじの真のアタリ確率、すなわち母数をpとすると、1枚がアタリで4枚がハズレとなる結果の発生確率$L(p)$は、前章2.8.2項で示した二項分布を用いて次のように表現できる。

$$L(p) = {}_5C_1 \times p^1(1-p)^4 \quad (0<p<1) \cdots\cdots\cdots\cdots\cdots\cdots\cdots (*)$$

先ほど、「経験した結果は発生確率最大のものが実現した結果である」という前提をおいたので、この$L(p)$の値を最大とするようなpの値が、本来のアタリ確率とみることができよう。pについていくつかの値を試してみると以下のとおりである。

$p=0.1 \Rightarrow L(0.1)=0.3281$

$p=0.2 \Rightarrow L(0.2)=0.4096$

$p=0.3 \Rightarrow L(0.3)=0.3602$

したがってこの場合、$p=0.2$とみなしたときの発生確率が$p=0.1$や$p=0.3$のケースよりも高く、つまり「もっとも（尤も）らしい」といえそうである。

このとき$L(p)$を、pがさまざまな値をとる場合の「もっともらしさ（尤度）」をあらわす関数として、「尤度関数（likelihood function）」と呼んでいる。そして、尤度関数が最大となるようなpの推定値を「最尤推定値」といい、この手法そのものを「最尤法」という。先ほどのスピードくじの例では、式（*）が最大となるようなpを求めればよいので、微分してゼロとなるようなpを0から1の範囲で求めると、以下のように$p=0.2$となる[18]。このように、単純に考えた場合の確率と、最尤法で得られる最尤推定値は一致している。

$$\frac{dy}{dx} = {}_5C_1 \times (-1+5p)(1-p)^3 \quad \therefore p=0.2$$

ではここで、元のロジスティック回帰モデルの話に戻ろう。式（i）と式（v）をもとに、貸出先iのスコアをy_i、線形結合部分の計算結果をβ_iと置くと、ス

---

[18] 微分してゼロになるようなpとは、関数$L(p)$の傾きがゼロ（＝水平）となるようなpの場所を求めることを意味している。関数の最大値（正確には極大値）や最小値（極小値）を考える場合、しばしばこの傾きがゼロとなる点を求めるというアプローチがとられる。関心がある向きは、高校数学の微分・積分の参考書を当たられたい。

3 スコアリングモデル 215

コアy_iは次の式で計算できる。このとき、3.3.3項で述べたとおり、スコアy_iは「非デフォルト先の比率」、つまり「1－デフォルト先の比率」をあらわしている。

$$y_i = \frac{e^{\beta_i}}{1 + e^{\beta_i}}$$

$$\beta_i = a_0 + a_1 x_{i1} + a_2 x_{i2} + \cdots + a_k x_{ik} \cdots\cdots\cdots\cdots\cdots\cdots\cdots\cdots\cdots\cdots\cdots\cdots\cdots\text{(vi)}$$

　一方で、貸出先iの「尤度」、すなわち発生確率を考えると、貸出先iがデフォルト先であれば、尤度はデフォルト確率そのものであり、非デフォルト先であればデフォルト確率を1から引いたものになる。したがって、式(vi)から、貸出先iがデフォルト先の場合と、非デフォルト先の場合、それぞれについての尤度関数L_iは次のようにあらわせる。ここで、y_iは非デフォルト先の比率であることに注意されたい。

$$L_i(y_i) = 1 - y_i \quad (\text{デフォルト先})$$

$$L_i(y_i) = y_i \quad (\text{非デフォルト先})$$

　ここで、貸出先iがデフォルト先ならば0、非デフォルト先ならば1をとる変数s_iを定義すると、尤度関数L_iは以下のように1つの式であらわすことができる。

$$L_i(y_i) = (1 - y_i)^{(1-s_i)} \cdot y_i^{s_i} \cdots\cdots\cdots\cdots\cdots\cdots\cdots\cdots\cdots\cdots\cdots\cdots\cdots\text{(vii)}$$

　この式は、デフォルト先（$s_i = 0$）についてはy_iが0に近づけば近づくほど尤度が大きくなり、逆に非デフォルト先（$s_i = 1$）については、y_iが1に近づけば近づくほど尤度が大きくなることを意味しており、スコアリングモデルのスコアに求められる性質と整合していることが理解できよう。

　式(vii)はiという1つの貸出先がデフォルトする（しない）確率をあらわす尤度関数である。貸出先が複数の場合には、それぞれの貸出先のデフォルトする（しない）確率を掛け合わせることで、貸出先全体で実現したデフォルト・非デフォルトの結果の発生確率を表現できる。これを貸出先全体の尤度Mと定義すると、Mは、以下のように、すべての貸出先の尤度関数の掛け算であらわすことができる。

$$M = L_1(y_1) \times \cdots \times L_n(y_n) = \prod_{i=1}^{n} L_i(y_i) = \prod_{i=1}^{n} \left\{ (1-y_i)^{(1-s_i)} \cdot y_i^{s_i} \right\}$$

連乗積を残した式のままでは計算が煩雑になるため、両辺の（自然）対数をとって足し算に変換する（対数尤度関数）。

$$\log M = \sum_{i=1}^{n} \log \left\{ (1-y_i)^{(1-s_i)} \cdot y_i^{s_i} \right\}$$

$$= \sum_{i=1}^{n} \left\{ (1-s_i) \log (1-y_i) + s_i \log y_i \right\}$$

$$= \sum_{i=1}^{n} \left\{ (1-s_i) \log \left(\frac{1}{1+e^{\beta_i}} \right) + s_i \log \left(\frac{e^{\beta_i}}{1+e^{\beta_i}} \right) \right\}$$

$(\beta_i = a_0 + a_1 x_{i1} + a_2 x_{i2} + \cdots + a_k x_{ik})$

このとき、モデル構築に使用するデータのなかで$\log M$の値が最大となるようなa_0からa_kが、ロジスティック回帰モデルの係数推定値となる。

実際の数値を用いた最尤法の例

実際の数値を用いて、最尤法によってロジスティック回帰モデルの係数を推定してみよう。ここでは、5件の貸出先データからモデルを構築する。うちデフォルト先は2件であり、使用する説明変数は自己資本比率だけである（図表3-21参照）。

各サンプルの尤度をみると、たとえばA社はデフォルトしていないので、尤度関数は「デフォルトしない確率」であり、y_aであらわすことができる。

図表3-21　最尤法の数値例

	自己資本比率	デフォルト	尤度	対数尤度	PD
A社	0.8		y_a	$\log(y_a)$	0.0108
B社	0.6		y_b	$\log(y_b)$	0.0448
C社	0.2	○	$1-y_c$	$\log(1-y_c)$	0.4625
D社	0.1		y_d	$\log(y_d)$	0.6405
E社	-0.05	○	$1-y_e$	$\log(1-y_e)$	0.8414

3　スコアリングモデル　217

これに対してC社はデフォルト先であり、尤度関数は「デフォルトする確率」となり、$1-y_c$であらわされる。

$$y_i = \frac{e^{\beta_i}}{1+e^{\beta_i}}$$

$$\beta_i = a_0 + a_1 \times (自己資本比率) \cdots\cdots\cdots\cdots\cdots\cdots\cdots\cdots\cdots\cdots (viii)$$

また、ここで想定するロジスティック回帰モデル式を(viii)で示した。推定対象となる係数はa_0とa_1である。図表3－21にある各社の自己資本比率の値を尤度関数に当てはめて、各社の対数尤度を足し上げた対数尤度関数が最大値をとるようにa_0とa_1を定めればよい。具体的には以下の式で対数尤度$\log M$が最大となるようなa_0とa_1を計算することになる。

$$\log M = \log \frac{e^{a_0+0.8a_1}}{1+e^{a_0+0.8a_1}} + \log \frac{e^{a_0+0.6a_1}}{1+e^{a_0+0.6a_1}} + \log \frac{1}{1+e^{a_0+0.2a_1}}$$

$$+ \log \frac{e^{a_0+0.1a_1}}{1+e^{a_0+0.1a_1}} + \log \frac{1}{1+e^{a_0-0.05a_1}}$$

以下、最大・最小問題を解説するのは省略し、Excelのソルバーの機能を用いて尤度関数$M(a)$を最大化するようにa_0とa_1を求めると、次のような結果が得られる。

$$a_0 = -1.305、a_1 = 7.276$$

つまり、この場合のスコアリングモデル式は次のようにあらわせる。

$$y = \frac{e^{\beta}}{1+e^{\beta}}$$

$$\beta = -1.305 + 7.276 \times (自己資本比率) \cdots\cdots\cdots\cdots\cdots\cdots\cdots\cdots (ix)$$

注意すべき点を2つ取り上げたい。

1つ目は、このモデルの序列性能（デフォルト判別能力）についてである。図表3－21の最右列にPDを表示しているが、これはできあがったモデル式に各社の自己資本比率の値を当てはめた結果（非デフォルト確率）を1から引いた値である。これによると、このモデルのPDは、C社とE社がデフォルト先であるにもかかわらず、PDの順位でみると、これらは下から1番目

218

と3番目に相当し、下から2番目には非デフォルト先が入っている。つまり、最尤法による係数推計では、必ずしもARが100％になるような結果が得られるとは限らず、あくまで説明変数の大きさと、データにおけるデフォルト・非デフォルトの出方によって、できあがるモデルのARはおのずと決まってくる。ここまで、説明変数候補となる指標の選定方法に説明の多くを費やしたのはこのためである。

2つ目はスコアから計算されるPDの意味である。モデル構築に使用した貸出先すべてのPDの平均値は、次のように、データ全体の実績デフォルト率（5件中2件がデフォルト）と一致している。

$$(0.0108 + 0.0448 + 0.4625 + 0.6405 + 0.8414)/5 = 0.4000$$

これは、最尤法によるスコアリングモデルすべてに共通する特徴であり、モデル構築用データでの実績デフォルト率、ないしデフォルト先の構成比率が、スコアリングモデルによって計算されるPDの水準に大きく影響しているのがわかる。

変数選択の方法

説明変数の組合せが1通りに定まれば、最尤法によって係数も基本的には一意に定まることになる。したがって、性能の高いスコアリングモデルを構築できるかどうかは、いかにして最適な説明変数の組合せを探し出すかにかかってくる。

ここで最も単純な方法は「総当たり法」である。用意した説明変数候補のなかから、すべての説明変数の組合せごとに係数を推計してスコアリングモデルを用意し、それらのなかで最も性能の高いもの、たとえばARの高いものや、尤度が最大となるものを選び出すのである。ところが、前にも述べたが複数の説明変数の組合せ数は、思ったよりも膨大な数になりやすい。たとえば、最終的な説明変数候補を30種類まで絞り込むことができたとして、ここからすべての説明変数の組合せを試すと、いったい何通りになるだろうか。

$$\sum_{i=1}^{30} {}_{30}C_i = 1,073,741,823$$

3　スコアリングモデル　219

答えは約11億通りである。毎秒100通りの組合せにて係数を推計できる環境で、およそ3カ月を要する。サーバーを100台用意して分散処理を行えば1日で終わると考えると、不可能とまではいえないが、簡単には実現できそうにない。かくして、単純な総当たりとは異なる方法で、計算量を減らしつつ、なるべく最適な説明変数の組合せに到達するような工夫が必要となる。

このときの変数選択の方法として広く使用されているのが「ステップワイズ法」である。さらにステップワイズ法には、①変数増加法（フォワード法）、②変数減少法（バックワード法）、③変数増減法という、主に3つの手法がある。

実際の変数選択の作業においては、「SAS」や「R」といった統計解析ソフトウェアにて所定のプロシージャを実行すれば、後は（時間はかかるかもしれないが）自動で計算結果を得られる。詳しい手法内容を意識する場面は、実務上は限られるかもしれないが、ここでは最も単純な②変数減少法を例に、大まかな内容を説明しておきたい。なお、上記のソフトウェアに限らず、変数選択のプロシージャはそれぞれ、細部に独自のアルゴリズムを加えているケースもある。ここでは、統計解析ソフト「R」の「step」関数を例に概要を述べる。

変数減少法では、最初にすべての説明変数候補を使って、最尤法にて係数推計を行う。そして、このとき計算されるスコアリングモデルの対数尤度$\log M$を用いて、次のような値AICを計算する[19]。

$$\text{AIC} = -2\log M + 2 \times (説明変数の数)$$

対数尤度$\log M$が大きい、つまりスコアリングモデルの精度が高ければ、AICは小さい値をとる。また、説明変数の数が少なければ、やはりAICは小さい値をとる。このようにAICは、同じ精度なら説明変数が少ないものを「良いモデル」と評価するための統計量であり、値が小さいほど、限られた説明変数にて高い性能を有する「良いモデル」となる。

変数減少法では、最初にすべての説明変数候補を使って構築したモデルを

19　AICは赤池情報量規準ともいう。

出発点として、次に、そのなかの説明変数を1つ取り除いたモデルを構築して、そのときのAICの増減をみる。たとえば、最初のモデルが15個の説明変数からなる場合、次は、そこから1個の説明変数を除外した14個の説明変数からなるスコアリングモデルを15通り構築する。そして、それぞれのAICを最初のモデルと比較して、最もAICが大きく改善（＝低下）したモデルを次の出発点とする。これを繰り返して、最終的にAICが改善しなくなったところで処理を終えることで、結果的にAICが最小に近いモデルが得られるというのが、変数減少法による変数選択である。

　なお、①変数増加法はこの逆で、説明変数が1つだけのスコアリングモデルのうちAICが最小となるものを出発点として、1つずつ説明変数をふやして、AICが改善しなくなるところまで繰り返す手法である。また、③の変数増減法は、説明変数を1つ減らすパターンと1つふやすパターンの双方のAICを計算して、最もAICの改善幅が大きいものを選択することを繰り返す手法である。

　ステップワイズ法には、このほかにもさまざまなバリエーションがあり、たとえば、AICではなく単に対数尤度やARを変数選択の基準に使用することもある。この場合には、説明変数の多い・少ないはモデルの選択の材料にならないため、モデルの性能が改善する限り、より多くの説明変数を採用するような変数選択がなされる。また、AICとともに、説明変数ごとの係数の p 値（後述）も評価の対象として、変数選択の段階で説明変数の係数の安定性をあらかじめ考慮に入れておくような手法もある。

　ステップワイズ法は、総当たり法に比べると、試すべき説明変数の組合せの数を大幅に減らすことができる一方で、相応に高い性能の示す組合せに到達できるとされている。また、多くの統計ソフトウェアがこれに対応していることから、モデル構築を専門とするベンダーの間でも変数選択の方法として広く採用されている。

係数の安定性

前項の変数選択と係数推計により、説明変数とそれぞれの係数が決まるた

め、スコアリングモデル式はいったん完成を迎える。この段階で得られたモデル式は、モデル構築に使用したデータにおけるデフォルト・非デフォルトの違いを、よりよく説明できるような説明変数と係数の組合せになっているはずである。ただし、最尤法によって推計した係数は、構築時のデータに「たまたま」当てはまっていただけ、より具体的にいうと「たまたまAICが改善しただけ」というケースがあることには注意が必要である。そうした説明変数をあぶり出す際に使われるのが「p値」という統計量である。

図表3−22はロジスティック回帰モデルの係数推計結果の一例である。1つの説明変数に対して係数が1つなので、説明変数に係数を単に乗じて連続的に評価するモデル構造とお考えいただきたい。左端列が説明変数名、その右列が説明変数ごとの回帰係数（a_k）をあらわしている。そして、変数選択と係数推計を行うソフトウェアの多くは、係数とあわせて「p値」という数値を出力してくれる。ここでは左から3列目がp値をあらわしている。

p値は、大まかにいうと、その説明変数の係数が「『ゼロではない』とはいえない確率」をあらわしており、p値が大きいほどその説明変数の係数に

図表3−22　ロジスティック回帰モデルの係数推計結果の一例

説明変数	係数	p値	標準偏回帰係数	同絶対値割合
定数項	1.332	0.000	−0.014	
流動比率	−0.083	0.003	−0.176	5.6%
現預金比率	0.329	<0.000	0.592	18.9%
固定比率	−0.054	0.000	−0.230	7.3%
借入金依存度	−0.619	0.000	−0.425	13.6%
売上高経常利益率	4.637	0.000	0.501	16.0%
自己資本当期利益率	1.053	0.000	0.592	18.9%
売上債権回転期間	−0.123	0.002	−0.172	5.5%
棚卸資産回転期間	−0.086	0.007	−0.149	4.8%
売上高（百万円）	0.000	0.002	0.190	6.1%
総資産前年比	−0.414	0.091	−0.098	3.1%

は「あまり意味がない」と考えることができる[20]。図表3－22の場合、「総資産前年比」という説明変数のp値が0.091であり、これは「『総資産前年比』の係数が『ゼロではない』といえない確率が9.1％」あることを意味している。p値が大きい説明変数は「あってもなくても同じ」ということで、たとえば5％以上など一定の基準を決めて、上回った場合には説明変数から取り除くことが多い。

　なお、あってもなくても同じなら、残しておいてもよいだろう、という考え方も当然ある。それでもp値の大きな説明変数を嫌うことが多いのは、説明変数として採用されているだけで、使う側には「意味がある」ような誤解を与えるという、運用面のマイナスを考慮するからであろう。実際に、p値の大きな説明変数は、同じモデル構築の場面で、ほんのわずかにデータを入れ替えたり、説明変数を入れ替えたりするだけで、係数の符号が逆向きになったり、ゼロに近い係数がついたり、ということが起こりやすい。これは、比較的長期間にわたって使い続ける債務者格付のためのスコアリングモデルでは、使いやすい説明変数とはいえないであろう。

　このように、データを少し変えたり、説明変数の組合せがわずかに変わるだけで、係数の大小が大きく影響を受けるような説明変数を、「係数の安定性に欠ける」「係数が不安定」などと表現する。係数が不安定な説明変数は、構築に使用していないデータに対してモデルを当てはめたときに、モデルの結果に悪影響を及ぼす可能性があるほか、そもそもの説明変数の意味とモデルの結果との因果関係を説明する際に注意を要することから、できれば採用を避けたいところである。実際のモデル構築フローのなかでは、前項の変数選択の段階で、p値の大きさまで考慮に入れて実施することも多い。

　とはいえ、特にモデル構築に使用できるデータ数に限りがある場合など

---

[20]　ここでは「各説明変数の係数がゼロである」という仮説検定における統計量としてp値を用いている。たとえば「総資産前年比」のp値は、「総資産前年比の係数がゼロでない」といえない確率をあらわしており、ここでは9.1％となっている。実務にてしばしば用いる有意水準5％での検定では「総資産前年比の係数がゼロである」という帰無仮説を棄却できない。具体的な検定手法としては、各説明変数の係数を標準誤差で除した値の2乗（Wald統計量）が自由度1のカイ二乗分布に従う性質を用いてp値を計算している。詳しい計算方法は専門書を参照されたい。

3　スコアリングモデル　　223

は、説明変数の数をふやそうとすると、どうしても p 値の大きな説明変数を残さざるをえないこともある。その場合には、p 値の大きな説明変数の本来の意味である「あってもなくても同じ」という趣旨に鑑みて、係数の大きさや符号の向きに運用上の無理がないことを確認したうえで慎重に採用を検討すべきであろう。

運用時の利便性

前項までのモデル構築プロセスを通じてできあがったモデルは、AICを基準とする性能面で一定のレベルをクリアしており、また p 値を基準として意味のある説明変数の組合せになっているはずである。

たとえば、スコアリングモデルの結果をもとに、貸出をするかしないか、するなら金利をいくらにするかを決定するという、いわゆる「審査モデル」としての使い方を想定する場合は、性能が高くて安定的であることが唯一絶対的なモデルの要件であろう。この場合には、ここでいったんモデル式を確定してもよさそうである。

ところが、債務者格付のためのモデルの場合、すでに述べたとおり、スコアリングモデルによる一次評価は債務者格付を決める際の重要な要素ではあるものの、必ずしもそれだけで決められるものではない。また、一次評価の結果は、後々必ず検証の対象となる。このため、債務者格付のモデルでは、単に性能が高いだけでなく、「内容を客観的に理解できる」という性質が重要視される。これは、ヒトが運用する際の利便性、と言い換えてもよかろう。ロジスティック回帰モデルというアプローチを採用した理由の一つが「わかりやすさ」であったのも、運用時の利便性を重視するからにほかならない。

できあがったスコアリングモデル式の運用時の利便性は、以下 4 つのポイントをチェックすることで、問題点を明らかにできる。ここでは再度、図表 3 － 22 の例を使って説明していきたい。

係数の符号と説明変数の意味

図表 3 － 22 の説明変数「流動比率」の係数は － 0.083 と推定されている。

流動比率は流動資産を流動負債で除した値であり、これは伝統的な財務分析の世界では、数値が大きいほど十分な流動資産をもつ「良いバランスシート」という評価をする財務指標である。ところが、このモデルでは係数の符号がマイナスであることから、流動比率は「値が大きいほど良くない」という意味で使われている[21]。同様に説明変数「総資産前年比」もマイナスの係数が推定されているが、これも、前年よりも総資産がふえた貸出先を悪く評価することを意味している。成長している貸出先を評価しないのは、何となくイメージに合わないと考える向きもあろう。

このように説明変数のなかには、過去の経験則等に基づく「意味合い」を無意識のうちに与えられているものが数多く存在する。特に財務指標については、伝統的な審査部門にて長年にわたり担当者が培ってきた「ノウハウ」があるため、イメージに合わない意味合いをスコアリングモデルが求めてくることに、運用サイドが拒絶反応を示すケースがしばしばみられる。そのような係数の符号がつく説明変数を採用する場合には、当該説明変数単独でのARが非常に高い、あるいは当該説明変数を外すとスコアリングモデル全体の性能が大幅に落ちるなど、なんらかの積極的な採用理由を客観的に明らかにできることが運用の観点では望ましい。

もっとも、経験則という客観的な根拠が明らかでないものを頼りにせずとも、十分な性能のモデルを構築できることが、ロジスティック回帰をはじめとする統計的手法や、より広い意味での機械学習を採用することの、大きなメリットであることもまた事実である。今後は、こうした先入観に左右されることなく、モデルの結果をありのままに受け入れるような運用が広がることも、可能性としては十分に考えられる。

説明変数の顔ぶれ

図表3−22によると、定数項を除く10個の説明変数のなかには、これまで本書の説明で、典型的な財務指標の例として幾度となく採用してきた「自己

---

21 ロジスティック回帰モデルの被説明変数 y が「非デフォルト先の割合」であったことに留意されたい。

3　スコアリングモデル　225

資本比率」が含まれていない。おそらく原因は、かわりに相関の高い「借入金依存度」が採用されているからなのだが、AICを基準に機械的に説明変数を選択すると、当然ながら「性能は少ししか変わらないから、財務指標としてメジャーな自己資本比率を残そう」などという、「忖度」の原理は働かない。規制上の理由、経験則の重視など、なんらかの理由で必ず採用したい説明変数があるなら、たとえば、ステップワイズ法のなかで当該説明変数を除外する対象から外す、といった工夫が必要となる。

　また、できあがったモデルの説明変数の顔ぶれを眺めたときに、特定の分野の説明変数に偏っていることに違和感を覚える、というケースもしばしばみられる。「ストックに関係する説明変数ばかりで、フローに関係するものは一つも残っていない」「現金や借入金が含まれる説明変数が多すぎる」「フローは利払いしか説明変数に登場しない」など、筆者がかかわったスコアリングモデルの構築においても、この種の指摘は枚挙に暇がない。

　このようなケースでは、できあがっているモデルの説明変数を希望のものと入れ替える、新たに説明変数を加える、などの処理を通じて、さほどAIC（あるいは基準とする統計量）が悪化せず、p値にも問題がなければ採用する、といった調整がなされることがある。

説明変数の「ウェイト」の偏り

　運用サイドが、スコアリングモデルの中身について、採用されている説明変数の内容とともに気にすることの一つが、説明変数一つひとつの「ウェイト」である。言い換えると「どの説明変数が重要で、どの説明変数は重要でないのか」ということである。ウェイトの評価方法の詳細については後述するが、ここでは、できあがったモデルをチェックする際に注意すべきポイントとして、説明変数の数と、ウェイトの偏りについて考えてみたい。

　説明変数には通常、単位や大きさに違いがあるため、単純に係数の大きさを比較するだけでは、説明変数それぞれの影響の違いを評価することがむずかしい。図表3－22（222ページ）の係数をみると、売上高が0.000（実際には0.0002005）、売上債権回転期間が－0.123となっているが、それぞれ単位

は売上高が百万円、売上債権回転期間は月数であり、係数だけでは両者の影響の大きさを判断できない。

　そこで、説明変数ごとの影響の大きさを比較する際には、説明変数の値を標準化[22]してから推計した「標準偏回帰係数」を使用する。図表3−22の標準偏回帰係数をみると、売上高が0.190、売上債権回転期間が−0.172であり、符号は反対向きだが大きさは近いことから、影響も同等であるものと評価できる。また、標準偏回帰係数は、値そのものをみるだけでなく、絶対値をとってすべての指標の絶対値の合計値に占める割合（「同絶対値割合」）によって評価することもある。

　「同絶対値割合」は、標準偏回帰係数の説明変数ごとの絶対値の合計を100％として、各説明変数の絶対値が占める割合をそれぞれ計算したものである。図表3−22では、現預金比率と自己資本当期利益率（＝ROE）が18.9％で並んでトップだが、これは大まかにいうと、モデルのスコアの約2割ずつが、これら2つの説明変数の大きさによって決まっていることを意味する。

　このスコアリングモデルでは全部で10個の説明変数が採用されており、スコアに対する影響が均等ならば、この割合は10％前後に落ち着くべきと考えられる。そこからすると、この倍の影響力をもつ説明変数が2つもあるのはウェイトの偏りすぎ、と考える人があっても不思議はない。

　実際にウェイトの偏ったモデルは、単に気分の問題ではすまない、性能上の問題を抱えているものと考えられる。それは、特定の説明変数に依存することにより、モデルの性能の時系列での安定性が損なわれる可能性である。筆者がRDBのデータを用いて、2005年に構築したモデルの例では、当時、約20種類の説明変数を採用したモデルと、約10種類に絞り込んだモデルとで性能を比較したところ、構築時のデータにおける性能、具体的にいうとARはほとんど変わらなかったものの、翌年以降のデータによる検証では、後者のARが年によって大きくばらつく傾向がみられた。この一つの原因として

22　モデル構築に使用するデータにおける当該説明変数について、平均値を引いて、標準偏差で除している。

3　スコアリングモデル　227

考えられたのが「支払利息割引料現金預金率」のような、特定の説明変数のウェイトが30％を超えており、この説明変数の効果一つでモデルの性能全体が大きく左右されていた、という問題であった。

　ウェイトの偏りの問題は、説明変数の数を絞らざるをえない少量データでのモデル構築にて、特に多くみられる。一つの対処策として、p値が大きくなっても説明変数をふやすことを優先する、という方法があげられる。一方でこうした調整は、AICをはじめとするモデルの性能面ではマイナスの影響が避けられないことから、やはり、性能とのバランスで慎重に検討すべき問題であろう。なお、実用化されているロジスティック回帰モデルのなかでは、10以上の説明変数を採用するモデルでも、1つの説明変数のウェイトが50％を超えるようなケースも、決して珍しくはない。

説明変数の数

　運用の利便性を考えると、説明変数の数は多すぎても少なすぎても困る、というのが実際のところであろう。p値を基準に考えると、モデル構築に使用するデータ数が多ければ多いほど、スコアリングモデルに採用できる説明変数の数も多くなるのが通常である。

　たとえば、RDBが構築する法人貸出先のスコアリングモデルである「中小企業クレジット・モデル」の場合、10万件を超えるデフォルト先のサンプルデータを使用しているが、説明変数の数は最大でも20種類程度に抑えている。これは利便性を考慮したものであり、単純にp値5％未満などの条件で変数選択を実施すると、最終的な説明変数の数は40を超えることになる。AICやARといった純粋な性能が多少犠牲になっても、多すぎる説明変数は運用側の負担増というデメリットが大きいとの判断から、説明変数の数を決めている。

　多すぎる説明変数は単に削ればよい一方で、データ数が少ないため説明変数の数が少なすぎるという問題には、単純な解決策は存在しない。デフォルト先サンプル、非デフォルト先サンプルが各10件あって説明変数が1つふえる、ということが一般論的に語られることがあるが、筆者の経験則では、p

値5％基準で考えると、もう少しデータ数がほしいところである。10個の説明変数を採用したければ、デフォルト先、非デフォルト先ともに、それぞれ少なくとも150件以上のデータを用意しておきたい。

ロジスティック回帰によるモデル構築では、係数の安定性と、運用時の利便性、両者の観点から、変数選択は一度で決まることなく度重なるトライアンドエラーを通じて、少しずつ理想とするスコアリングモデルのかたちに近づいていくことが多い。そしてこれが、ロジスティック回帰モデルの「モデル構築の自由度」という大きなメリットの一つでもある。

3.5.6　頑健性の確認

前項までのトライアンドエラーを通じて、デフォルトと非デフォルトを区別する性能と、運用上の利便性の双方を、高いレベルで両立した説明変数の組合せと係数の推計結果、それに基づくスコアリングモデルを得ることができたとしよう。ただしこの段階では、モデル構築に使用したデータに限って、高い性能が確認できているにすぎない。

そもそもスコアリングモデルは、未だ見ぬ将来のデータが本来の適用対象であって、モデル構築に使用した過去のデータにて実現した性能は、将来に対する参考記録にすぎない。スコアリングモデルは、構築に使用したデータに対して最高の性能を発揮するようにつくられているが、ここで過度に性能を高めると、構築用データに固有のサンプルデータの特徴まで拾ったために、異なるデータに対してはかえって性能を落とす「オーバーフィッティング（過学習）」という状況に陥ることがある。オーバーフィッティングは、データ数が少ない場面で特に起こりやすいとされる。

スコアリングモデル構築の最後に行うのは、スコアリングモデルがオーバーフィッティングを起こしていないか、それを確認する作業であり、これを「頑健性の確認」などという。

頑健性の確認は、構築に使用したデータとは異なるデータを使用して、あらためてモデルの性能を評価するのが基本である。ここでは、十分なデータ数が確保できる場合に実施する「ホールドアウト検証」と、データ数が限ら

3　スコアリングモデル　229

れている場合に実施することの多い「交差検証」の2つの手法を取り上げる。

ホールドアウト検証

ホールドアウト検証は、変数選択と係数推計に入るタイミングで、使用するデータを「構築用」と「評価用」に完全に区分しておいて、変数選択と係数推計は構築用データのみで実施し、その結果を評価用データに当てはめてみて、AR等の統計量に問題がないことを確認する手法である。

図表3−23はホールドアウト検証の手順を示している。手元のデータを、構築用データ（インサンプルデータともいう）と評価用データ（アウトサンプルデータともいう）とに分けておいて、最初は構築用データにて変数選択と係数推計を行う。その結果を評価用データに適用して、構築用データのときと同じような性能、たとえばARが同じような水準になるかどうかを確認し、ならなければ、構築用データで変数選択からやり直して、満足のいく結果が評価用データでも得られるようになるまで、変数選択を繰り返すのである。データ分割の割合は、構築用と評価用を1：1とする場合もあれば、構築用を厚くして8：2とする場合もあり、特に決まった方法はない。ニューラルネットワークをはじめとする新たな機械学習手法では、構築用データの件数を重視して、そちらにより多くのデータを割り振る傾向があるようだ。

ホールドアウト検証は、データの件数さえ用意できれば、最も手堅い頑健

図表3−23　ホールドアウト検証の実施例

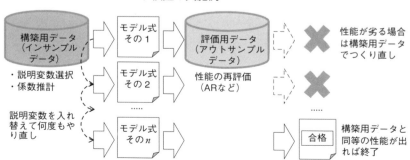

性検証の手法といえよう。また、十分なデータ件数がある場合には、評価用データをさらに評価用と検証用の2つに分けて、別々に使用することがある。というのも、図表3－23の手順から明らかなように、データを2分割するだけでは、できあがったモデルは構築用データでの結果を評価用データに当てはめるトライアンドエラーを重ねるなかで、間接的にではあるが、評価用データの特徴を取り入れてしまう可能性があるからだ。データを構築用、評価用、検証用に3分割する場合には、図表3－23において評価用データの検証をクリアしたモデルを、最後に検証用データに当てはめることで、頑健性の最終確認とする。

なお、ホールドアウト検証を行う際にも、たとえば欠損値の補完対象を特定する、相関整理を行うなど、変数選択と係数推計よりも前の工程では、分割前のデータを使用することが多い。これは、変数選択結果とは基本的に関係しないのであれば、少しでも多いデータ数にて変数選択以前の処理も実施することのメリットが大きいからである。

頑健性の確認方法として最もオーソドックスなのが、このホールドアウト検証であり、統計モデルの構築では、「ビッグデータ」という言葉がまだ一般的ではなかった1990年代から現在に至るまで、この手法が主流を占めている。

交差検証

モデルの構築にまったく使用しないデータを「ピュアアウトサンプルデータ」などというが、このピュアアウトサンプルデータを評価用に分別して確保できるほどのデータ数がある場合には、ホールドアウト検証が採用できる。一方で、元のデータ数が十分に確保できる場合には、そもそもモデルの頑健性の問題は生じにくいものである。逆にデータ数が少ない場合にこそ、頑健性の確認の意義は大きいのであり、その際にしばしば用いるのが「交差検証（cross validation）」である。本書では、代表的な交差検証の一つである「K分割交差検証（K-fold cross validation）」の手法を紹介する。

K分割交差検証では、最初に、すべてのデータを使った変数選択と係数推

図表3-24 K分割交差検証（K=4）の例

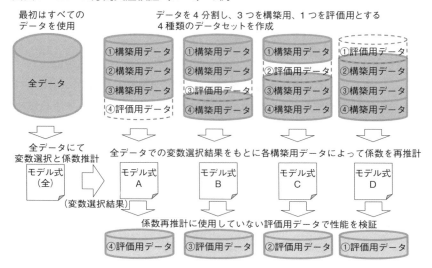

計を行う（図表3-24のモデル式（全））。次に、すべてのデータを均等な件数になるように分割して、分割したデータのかたまりのうちの1つを評価用（図表3-24の評価用データ①〜④）、残りを構築用とするデータセットを複数用意する。図表3-24は4分割の事例であり、データ全体を4等分して、4つのデータ区分それぞれが評価用データとなるようなデータセットを4つ用意している。

そして、4つのデータセットの各構築用データを使って、最初の変数選択結果をもとに係数の再推計を行うことで、説明変数が同じで係数のみが異なるモデル式を新たに4つ得ることができる（図表3-24のモデル式A〜D）。これらのモデルを、それぞれのデータセットの評価用データに適用した結果を通じて、最初のモデル式の頑健性を判断するのがK分割交差検証の基本的な考え方である。

K分割交差検証を実施した結果、評価用データにおけるモデルの性能、たとえばARにばらつきがみられる場合には、元の説明変数の選択に問題がある可能性を疑うことになる。もっとも、データ数が少ないケースでの交差検

証では、元のデータに含まれていた少数の異常値を有するデータが分割後の
どのデータに含まれるかによって、交差検証の結果に強い影響を与えること
がある。そうしたケースでは、単に変数選択と係数推計をやり直すだけでは
なく、当該異常値を有するデータを元のデータから取り除くのも、選択肢と
して考えられる。

　交差検証の結果、ARや、特定の説明変数の係数にばらつきがみられるな
ど、なんらかの問題が確認された場合は、前述のように元のデータに戻って
説明変数の選択からやり直すことになる。そして特に問題がなければ、最初
のモデルの説明変数と係数（図表3－24のモデル式（全））の組合せをもって、
頑健性の確認までクリアした最終的なモデルとして採用できる。

3.6 トラッキング検証

　前節にてスコアリングモデルの一連の構築プロセスを説明したが、スコア
リングモデルを実際の業務にて使用する場面では、構築時点で想定されたモ
デルの性能が、実際の業務で使用する、いわば「本番データ」に対しても正
しく発揮されているのか、事後的にモニタリングする必要がある。このため
の検証を「トラッキング検証」「バックテスト」などという。

　トラッキング検証の結果、スコアリングモデルが想定どおりの性能を発揮
できていないことがわかれば、次にその原因を調査する必要がある。原因が
データの傾向変化にあり、それが今後も恒久的に続くことが見込まれるので
あれば、いまのスコアリングモデルが性能を回復する可能性は非常に低いこ
とから、モデルの見直しを検討する必要があろう。データの傾向変化はみら
れるものの、今後も続くかどうかの判断がつきかねるのであれば、いったん
は現状維持の運用とするものの、次回のトラッキング時までには、モデルの
見直しを判断する基準を明確にしておく必要があるかもしれない。

　最初にトラッキング検証の大まかな作業の流れを示しておこう。

3　スコアリングモデル　233

⒜　スコアリングモデルのARの検証

　最新の本番データにおける、スコアリングモデルのスコアの性能について、比較のためのベンチマークモデルを用いて検証する。

⒝　スコアリングモデルの説明変数別の検証

　同じく最新の本番データにおける、スコアリングモデルの説明変数別の状況について検証を行う。⒜において性能になんらかの問題がみられている場合には、問題の原因となっている説明変数を特定するのがここでの検証の目的となる。また、⒜で特段の問題がみられなかった場合には、説明変数別にみても問題がないことを確認して、⒜の検証結果が単なる偶然ではないことを明らかにしておく意味がある。

⒞　説明変数別の詳細確認

　⒜でモデルの性能に問題があり、⒝で原因となる説明変数が特定できれば、さらに本番データにおける説明変数の状況、ほかの説明変数との関係などを調査し、モデルの性能低下の原因を特定する。そのうえで、モデルの調整や再構築が必要なのか、次回以降に持ち越すのかの判断を行う。

　本節では、本番データにおけるスコアリングモデルの性能変化を把握し、その原因を特定する、トラッキング検証の基本的な手法と結果の解釈について、以下、工程ごとにポイントを述べていく。

3.6.1　ARによる検証とベンチマーク比較

　スコアリングモデルの基本的な性能を評価する指標としてARを紹介した。トラッキング検証においても、本番データにおけるARの水準を評価することが出発点となる。このとき、「絶対的な基準がない」というARの性質を考慮した検証が必要となる。

　というのもARは、デフォルトと非デフォルトを含む特定のデータセットに対する、スコアの当てはまりを示す統計量である。前節のようなモデル構築の場面では、同一のデータセットに対してさまざまな説明変数の組合せで構築したモデルの評価にARを使用しており、この場合にはARを単純比較することに意味がある。

234

図表 3 −25　ベンチマークモデルを用いたARの比較

モデル	データ		
	2014年	2015年	2016年
対象モデル	0.70	0.60	0.50
ベンチマークモデル	0.65	0.55	0.40

　ところがトラッキング検証では、構築時とは異なるデータに対するARを
もとにモデルの性能を評価する必要がある。このとき、異なるデータで計測
したARをどのように比較するのかが問題となる。そこで、比較対象となる
スコアリングモデル、すなわちベンチマークモデルを別途用意して、同一の
データにおけるARを比較することで、対象となるモデルの性能を評価する
検証方法を用いることがある。

　図表 3 −25は、過去 3 年間のデータを対象とする、ベンチマークモデルを
活用したトラッキング分析の例である。表内の数値はすべて、モデルのAR
を示している。仮にベンチマークモデルがない場合には、表の太枠内の数値
のみで、対象となるモデルの性能の変化を評価する必要がある。すると、
ARが年々低下していることから、このモデルの性能も一見すると毎年下が
っているように思える。ところが、年度別のARとは、そもそもそれぞれが
異なるデータをもとに計測した値であり[23]、本来は単純な比較には不向きな
数値である。あえて比較したところで、客観的にいえることは「このスコア
リングモデルにとって、2016年のデータは2014年のデータよりもデフォルト
先の特徴をとらえることがむずかしかった」という事実にすぎない。これだ
けをもって、モデルを変えるべきという判断をしてもよいのだろうか。

　図表 3 −25の下の行で示したのが、検証対象となるモデルとは別の「ベン
チマークモデル」によるARの計算結果である。今度は、同一の年度データ

23　年度が異なっても、同じ金融機関での検証であれば、貸出先全体の顔ぶれが大きく変
　わることはないが、ARの水準に強い影響を与えるのは「デフォルト先」の顔ぶれであ
　り、デフォルト先は通常、毎年異なる貸出先からなる。したがって、同じ金融機関での
　検証であっても、年度ごとのデータセットは「まったく異なるもの」と考えるべきであ
　る。

3　スコアリングモデル　235

によるARが2種類になり、これらは相互に比較可能である。すると各年度とも、対象モデルがベンチマークモデルのARを上回っているのがわかる。そして対象モデルのAR低下が深刻に思えた2016年に至っては、ベンチマークモデルのAR低下のほうがより深刻であり、これと比べて対象モデルのARは「健闘している」とすらいえそうである。これでも、モデルを変えるべきという判断をするべきだろうか。

ベンチマークモデルは比較対象なので、ARの水準よりも、時系列で安定していることが望ましい。そのためには、なるべく大量の、しかも長期間にわたるデータを使って構築されていることが望ましい。そして、こうしたモデルが極端に大きくARを落とす局面とは通常、長期間にわたるデフォルト先の特徴とは異なる属性をもったデフォルト先が多く発生する時期と考えられる。このような時期のデータは、そもそも「デフォルト先の特徴をとらえるのがむずかしい」可能性があり、これらをモデル構築に使用したとしても、ねらいどおりにARを回復できるとは限らないのである。最近の状況に照らし合わせると、急激な経済環境の悪化が「高スコアのデフォルト」を多数生み出した2008年から2009年頃のデータが、まさにこれに相当する。

いずれにせよ、ARを用いてスコアリングモデルの性能を検証し、モデルの再構築の要否を判断する場合は、比較対象となるベンチマークモデルを用意し、両者の水準の比較を通じてARの意味を解釈することが必要である。

反対に、ARの絶対的な水準に意味を求めるような運用はあまり勧められない。たとえば「年度検証でARが50%を切ったらモデルを見直す」という運用ルールは、たまたまデフォルト先の特徴をとらえるのがむずかしい年度があると簡単に抵触するが、このときモデルをつくり直したからといって、ARが50%まで回復する保証はどこにもないのである。

3.6.2　ARの誤差

ARをモデルの良し悪しの評価に用いるうえで、もう1点意識しておきたいのが、ARが統計量の性質としてもっている誤差の問題である。

ARが対象となるデータによって影響を受けるということは、データのと

236

図表3－26　無作為抽出によるARの誤差計測結果

抽出件数	AR		
	全体	平均値	標準偏差
500	64.36%	64.56%	5.19%
1,000	69.52%	69.54%	3.81%
2,000	62.00%	61.87%	2.93%
5,000	61.02%	61.07%	1.90%

（出所）　RDB

り方によっては、たまたま高い（低い）ARになった可能性があるということであり、これはARの誤差として認識しておくべきである。

　たとえば、5,000件の母集団データから1,000件のデータを無作為に取り出してARを計測するような実験を考えると、取り出し方次第で当然にARは異なる数値をとる。図表3－26は、5,000件の貸出先母集団データから、500件、1,000件、2,000件、5,000件の復元抽出[24]をそれぞれ行ってARを計測し、これを各件数ごとに1,000回繰り返したときのARの平均値と標準偏差を集計したものである。これによると、抽出件数が少ないほどARのブレ（＝標準偏差）は大きくなるのがわかる。業種別などの区分別モデルの検証を行う際には、データ数が500件にも満たないようなポートフォリオにてARを計測するケースも普通にありうるが、その場合には少なくとも5％程度の標準偏差があることは頭に置いておくべきであろう。ARが正規分布に従うと仮定すると、これは、3回に1回の計測で上下5％以上の乖離が生じうることを意味している。つまり、モデルの性能やデータの特徴に何の変化もなかったとしても、元のARが70％であれば、上下5％の乖離幅というと

---

[24] 復元抽出とは、1番から5,000番までの番号が振られたデータ5,000件から1件を取り出して、その番号を控えたら元に戻して、また1件取り出して、番号を控えたら元に戻して、という作業を繰り返して番号のリストを作成する抽出方法である。復元抽出の場合、同じ対象先が何度も取り出されることがあり、元の件数（この場合は5,000件）を超える件数のリストをつくることもできる。これに対して、番号を控えたら元に戻さず、次の1件を取り出す方法を非復元抽出という。

3　スコアリングモデル　237

65%〜75%の範囲でARは「たまたま」変動しうることを意味する。

　これをみると、ARの１％にこだわるようなモデル構築や検証は、十分な
データ件数があってはじめて意味がある、ということがわかる。

3.6.3　説明変数別の検証

　次に行うのが、スコアリングモデルの説明変数ごとの状況の確認である。
たとえば前項の検証で、モデルのAR低下が確認されれば、次にその原因が
どの説明変数にあるのかを特定するのが、本項の検証の趣旨である。ここで
は一般的な手法として、①ノックアウト・アプローチ、②説明変数別AR、
③説明変数別寄与度の３つを取り上げたい。

ノックアウト・アプローチ

　ノックアウト・アプローチとは、スコアリングモデルの説明変数ごとの係
数をゼロに置き換えた場合のARを計算して、得られたARを比較すること
で説明変数ごとのARに対する影響を考察する手法である。

　図表３−22の例であれば、「流動比率」の係数だけをゼロとしてほかの係
数はそのままのモデル、「現預金比率」の係数だけをゼロとしてほかの係数
はそのままのモデル、という順に10種類のモデルを用意して、それぞれAR
を計測する。このとき、最もARが低いモデルで係数がゼロになっている説
明変数は、元のスコアリングモデルのスコアに与えるプラスの影響が大き
い、と解釈できる。そして逆に、ARが高いモデルで係数がゼロになってい
る説明変数は、元のスコアへの影響が小さい、あるいはマイナスの影響を与
えている、という解釈ができる。

　ノックアウト・アプローチは、スコアリングモデルの性能変化の理由を、
説明変数ごとに特定する際に、最もオーソドックスな手法といえよう。この
手法のよいところは、ARの差異が観測できれば、明確に説明変数を特定で
きるところにある。一方で、実際にノックアウト・アプローチを試してみる
と、影響が大きい説明変数を特定することはできても、影響が小さい説明変
数の特定はむずかしいことが多い。というのも、説明変数には相互に一定の

238

相関があるため、説明変数を1つ除外したくらいでは、スコア全体の序列に与える影響も小さく、モデルのARはあまり変化しないことがあるからだ。

したがって、ノックアウト・アプローチによって明確に説明変数を特定できるのは、たとえば、当該説明変数の係数をゼロにしてARを計測すると、元のARよりも大幅に改善するような、明確に悪影響を及ぼす説明変数がある場合に限られる。

説明変数別AR

説明変数別ARとは、読んで字のごとく、単に説明変数別にARを計算した結果である。スコアリングモデルで使用する際に上限値・下限値を適用している場合は、上限値・下限値で読替え後の数値を使って計算したARが比較の対象となる。

この方法は評価が非常に単純であり、ARが大きければデフォルト先の特徴をよくとらえている説明変数、逆に小さければあまり意味のない説明変数、という解釈ができる。同じ年度データでの説明変数同士のARの比較であれば、純粋に説明変数の性能の優劣を評価できる。また、同一の説明変数の時系列でのARの変化をみれば、これもほかの説明変数のARの変化とあわせて評価すべきではあるが、当該説明変数単独での、時系列での傾向の変化をとらえることができる。ノックアウト・アプローチの場合、モデルに採用されている説明変数全体の動きを前提に説明変数単独の影響をみているが、説明変数別ARは、ほかの説明変数の動きから影響を受けないため、解釈はある程度明確であるものといえよう。

一方で、説明変数別ARは、当該スコアリングモデルのARとは無関係に計算できる統計量であり、スコアリングモデルのスコアに与える影響がどの程度大きいものとなるかは、この数値だけでは判断ができない。この点については、後述の寄与度とセットで評価すべきであろう。また、図表3－22のように説明変数を連続的に扱うモデルでは、説明変数単独でのARの計算に使用した説明変数の値と、モデルのスコアの計算に使用する説明変数の値は同じものであり、得られたARはある程度信頼に足るものと評価できるが、

説明変数を離散化しているモデルの場合、両者を整合させるためには、離散化した説明変数によるARを計算する必要がある点にも注意を要する。

寄 与 度

寄与度は、スコアリングモデルのスコア全体に占める、説明変数ごとのいわば「配点」を表現するための一つの考え方である。

図表 3 −27に、実際に使用されているスコアリングモデルの検証資料から、説明変数別の検証箇所を抜粋したものを示した。右端の「寄与度」は、説明変数ごとの上限値と下限値の差分に係数の絶対値を乗じた値が、モデル全体の合計に占める割合をあらわす。

たとえば図表 3 −27の「自己資本比率」をみると、係数が1.343に対して、下限値が−0.129、上限値が0.665となっている。自己資本比率が−0.129を下回る貸出先を一律に−0.129として評価する意味であることは、上下限値処理の箇所ですでに説明したとおりである。このとき、自己資本比率の違いによって、スコアに最大でどれだけの差がつくのかを計算すると次のとおりである。

$$((上限値)−(下限値))×(係数)=(0.665−(−0.129))×1.343=1.066...$$

これはスコア全体に占める自己資本比率の「配点」に相当し、これをすべての説明変数について計算して全体を100点満点換算したのが、ここでいう

図表 3 −27　スコアリングモデル式の例

指標名	係数	下限値	上限値	下限値該当率	上限値該当率	標準偏回帰	割合	寄与度
定数項	**−8.711**							
＊＊＊＊＊＊	0.352	2.073	126.346	5.0%	5.0%	0.218	13.0%	14.7%
＊＊＊＊＊＊	0.442	0.297	0.732	8.2%	83.7%	0.031	1.9%	2.0%
自己資本比率	1.343	**−0.129**	0.665	15.0%	5.0%	0.168	10.0%	10.8%
＊＊＊＊＊＊	0.324	0.421	0.990	5.0%	5.0%	0.040	2.4%	2.8%
…	…	…	…	…	…	…	…	…

（出所）　RDB

「寄与度」である。寄与度は大きければ大きいほど、その説明変数の大小によってスコアに大きな差がつくことをあらわす、説明変数の「重み付け」に近い概念といえる。先ほどの説明変数別ARと寄与度を組み合わせると、たとえばARが大きく落ち込んでいる説明変数が見当たらなかったとしても、寄与度の大きな説明変数のARが少しでも低下していれば、そちらがスコア全体のAR低下要因として寄与している可能性を疑うことができる。

　なお、寄与度の考え方は、かつての「審査評点」と外見上はよく似ており、スコアと説明変数の関係をわかりやすく伝えるのに向いていることから、スコアリングモデルによる貸出先の評価結果を、審査部門や営業現場、貸出先自身に対して説明する際などに、広く金融機関にて用いられている。このように、スコアと説明変数の関係を直観的に理解できるかたちで表現できるのが、ロジスティック回帰モデルの優れた特徴の一つといえよう。

上限値・下限値の該当率

　スコアリングモデルの性能低下の原因となっている説明変数が特定できたら、最後に行うのは、説明変数自体に問題があるのか、スコアリングモデル式での使い方に問題があるのか、いわゆる問題の切り分けである。このときに有効なのが、説明変数ごとに上限値・下限値への読替えの対象となるデータの件数割合を示した「該当率」を確認することである。

　再度、図表3－27の例をみてみよう。仮にこのスコアリングモデルの性能に問題があって、原因が「自己資本比率」にあるとわかっていたとしても、自己資本比率そのものがデフォルト先の特徴をとらえられなくなっているケースのほかに、もう一つ考えられるのが、上限値、下限値の設定が不適当になっているケースがあげられる。図表3－27には、「上限値該当率」、「下限値該当率」という列が存在するが、これは、当該説明変数によって上限値、下限値に読み替えることになったデータ件数の割合をあらわしている。自己資本比率の場合、下限値該当率が「15％」、上限値該当率が「5％」となっているが、これがモデル構築時と比較して大きく乖離していれば、それはモデル構築時のデータと、いま検証を行っているデータとでは、貸出先の

3　スコアリングモデル　241

自己資本比率の分布が大きく変化していることを意味する。この場合には、自己資本比率そのものの説明変数としての有効性を否定する前に、まず、このスコアリングモデルにおける上限値、下限値の設定が、足元の貸出先のデータにあっていない可能性を疑うべきであろう。

　なお、このときに注意しなければいけないのは、単に上限値、下限値に該当する割合が大きいからといって、問題があるとは限らないということである。図表3－27で、自己資本比率の1つ上の行に目を移すと、下限値該当率が「8.2％」、上限値該当率が「83.7％」という説明変数がある。この説明変数は、大半のデータは上限値・下限値のいずれかに読み替えられ、連続的な評価の対象となるデータは1割にも満たない。しかしながら、これがモデル構築当時から現在でも変わっていないのであれば、少なくともモデルの性能の変化の要因とは考えにくいのである。ここでは、あくまでも、モデル構築時点や前回検証時点からの「変化」に注目すべきであろう。

　図表3－27では、説明変数に上限値と下限値を設けて、その間を連続的に評価するスコアリングモデルを想定しているが、説明変数を離散的に取り扱うモデルにおいても、みるべきポイントは同様である。すなわち、各離散化区分に該当するデータの割合が、モデル構築用データのときと比べてどのように変化しているかをみれば、当該説明変数の分布形状の変化を読み取ることができる。

　上限値・下限値の該当率は、説明変数の分布の変化を直接的に把握できる指標であり、データの傾向変化を観察するのにきわめて有効である。トラッキング検証で悩ましい場面の一つに、デフォルト件数が少ない、あるいはデフォルトが発生していないために、ARを検証に利用できず、スコアリングモデルがそもそも有効に機能しているのかどうかの判断ができない、というケースがある。そのような場合にも、説明変数別のARは計算できなくとも、上限値・下限値の該当率は貸出先の情報がある限り計算が可能である。これによって少なくとも、モデルの構築当時と比べて、貸出先における説明変数の分布形状に変化があるかないかをモニタリングすることは可能である。仮にデフォルトが発生していなくても、説明変数の分布形状が大きく変

わっていれば、モデルが貸出先の状況を正しく把握できていない可能性を疑ってみるべきであろう。

4

ポートフォリオリスク管理

4.1 ポートフォリオリスク計量の意味

　ある貸出について、債務者格付によってPDが、案件格付によってLGDが特定できると、貸出金額に両者を掛け算することでその貸出のELを計算できる。これをすべての貸出先について合計したものが、ポートフォリオ全体のELとなる。ELは平均的な損失の大きさをあらわしているが、これに対して、景気が落ち込んだケースなど不測の事態に際しては、平均的な水準を大きく上回るような損失が発生するケースも想定されよう。ポートフォリオリスクの計量とは、平均的なケースに限らず、さまざまなケースにおける損失の大きさと、その発生確率を把握することを意味している。損失の大きさと、その発生頻度の確率分布を、ここでは特に「損失額分布」と呼ぶことにする。ポートフォリオリスクの計量とは、金融機関が自らの貸出ポートフォリオの損失額分布を把握することにほかならない。

　本書2章2.8節「〈補論〉信用リスク管理のための確率論」（P.140）では、PDが一定の値をとる格付区分でのデフォルト件数について、二項分布を用いてその発生確率を示した。仮に、貸出先ごとの貸出金額を一定とみなすことができれば、デフォルト件数に貸出金額を乗じたものが損失額となる。これはすなわち、二項分布によって「損失額分布」が表現できることを意味する。

　二項分布のように、パラメータを与えれば計算式で発生確率が一意に定まる確率分布で、ポートフォリオ全体の損失額分布を表現できればよいのだが、話はそこまで簡単ではない。ここでは単純な事例を2つ述べておきたい。

　一つは、二項検定の説明の際に少し触れた、デフォルトが独立事象ではないという問題である。たとえば貸出の現場では、ある中小企業に貸出がある場合、その企業のオーナーに対して、たとえば住宅ローンのようなかたちで個人向けの貸出も行っているケースがしばしばみられる。このとき債務者格付により、企業のPDが1％、オーナーのPDも1％だったとして、両者が同

時にデフォルトする可能性は、どの程度考慮しておくべきだろうか。

両者のデフォルト事象がまったく無関係に発生するならば、両者が同時にデフォルトする確率は単純な掛け算になるので、1％×1％＝0.01％となるはずである。しかしながら通常は、中小企業の業況とオーナーの懐具合は密接不可分な関係にある。したがって、この中小企業がデフォルトする場合には、ほぼ間違いなくオーナーも苦境に陥っているはずである。すると、両者が同時にデフォルトする確率はむしろ1％に限りなく近いと考えるのが自然であろう。このように、互いが互いの結果に影響を及ぼすケースを「相関が高い」という。この相関のおかげで、ポートフォリオ全体で発生する損失額は、平均値を中心とした左右対称の正規分布[1]とは異なり、非常に大きな額も小さな額も発生しうる裾野の厚い形状（fat tail：ファットテール）をとる。

もう一つは、「与信集中リスク」と呼ばれる問題である。債務者格付が同じでPDが3％の貸出先が2件あり、片方は貸出金額1億円、もう片方は100億円だったとする。このとき、PDは同じ貸出先でも、どちらがデフォルトするかによって発生する損失額は当然ながらまったく違うものになる。一般に貸出額の偏りが大きいほど、発生する損失額の分布も裾野の厚い形状となる。この貸出金額の偏り具合を「グラニュラリティ（granularity：粒状度）」と呼ぶ。1990年代後半から2000年代前半にかけて、日本の大手銀行の経営を揺さぶった不良債権問題は、基本的にこの与信集中リスクが損失額として顕在化したものとみることができる。

ポートフォリオの損失額分布のように、一定の数式とパラメータによって表現することが困難な確率分布を得るためには、乱数を繰り返し発生させて損失額分布を推計する、「モンテカルロシミュレーション」と呼ばれる計量方法を用いることが多い[2]。ポートフォリオ全体で発生する損失額の見通しを立て、最大でどの程度まで備えをしておく必要があるのか、これを把握するのがポートフォリオリスク計量の業務であるが、多くの場合、シミュレー

---

1 件数が十分に多い二項分布は正規分布に近づく。
2 確率事象を対象としたゲームであるルーレットやスロットマシンからの連想で、カジノで世界的に有名なモナコ公国の地名から名づけられたという。

4　ポートフォリオリスク管理　247

ションを通じて損失額分布の推計と損失額の定量化がなされている。

損失額分布を推計するにあたっては、先ほど例示した相関や与信集中リスクといった要因のほかにも、本来はさまざまな可能性を加味する必要があるが、シミュレーションに取り入れる要因をふやしすぎれば、今度は逆に問題の本質を特定しがたくなるほか、計算処理自体も膨大な時間とコストを要するものとなる。この種のシミュレーションは、それ自体が仮定に仮定を重ねる構造になるため、いうなれば凝り出せばキリがない世界である。したがって、金融機関として損失額分布を推計する目的と、結果に対して求める精度についての自らの水準観を見定めたうえで、どこまで凝るのかを決める必要がある。

図表4－1は貸出先1,000社、格付5区分、1社当りの貸出金額がすべて100百万円の貸出ポートフォリオにおける損失発生シミュレーションの例である（試行回数1万回）[3]。相関なしと、相関0.1の2つのケースを記載しているが、ここでの相関は、前述の中小企業とそのオーナーの例で述べたものと

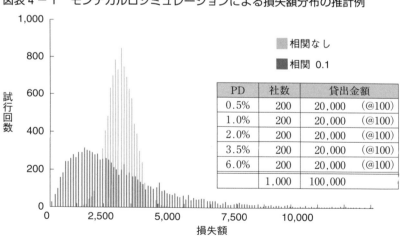

図表4－1　モンテカルロシミュレーションによる損失額分布の推計例

3　本書では、Excelを使ったシングルファクターモデルによるシミュレーション結果を記載している。

は少々意味合いが異なる。ここでは、マクロ経済環境の影響で一斉にデフォルトするケースを想定しているか（相関0.1）、想定していないか（相関なし）の違いという程度に理解していただきたい。本来の相関、すなわち ρ（ロー）の意味については、本章後半にて詳しく説明する。

相関なしと、相関0.1の場合とで結果を比較すると、相関を考慮すると分布が左右に広がっており、少ない損失額ですむケースもあれば、巨額の損失が発生するケースもあることがわかる。このシミュレーションでは、相関を考慮しない場合（相関なし）の最大損失額が4,900百万円だったのに対し、相関0.1の場合には約4倍の20,900百万円となった。また、リスク管理業務においてしばしば参考にする99.9％点の損失額でみても[4]、相関がない場合の4,300百万円に対して、相関が0.1の場合には約2倍の9,700百万円となっていた。巨額の損失が発生する事態に備える場合には特に、このような相関の影響を無視することは決してできない。

以降では、この損失額分布についてシミュレーションを使って推計する具体的な手順と考え方を説明する。また後半では、損失額分布をどのように読み解いて、実際の信用リスク管理業務に役立てていくのかについても考えてみたい。

4.2 予想損失（EL）と非予想損失（UL）

4.2.1 損失額分布と非予想損失（UL）

損失額分布を特定できると、どの程度（以上）の大きさの損失が、どの程度の確率で発生するのかを、あらかじめ予測できる。ここまで信用リスクの大きさの予測値として用いてきた「予想損失（EL）」は、予想される「平均

---

4 99.9％VaR（value at risk）という。ここでは、1万回のシミュレーション結果のなかで、損失発生額の大きいほうから数えて11番目の値とだけ理解されたい。詳細は後述。

4 ポートフォリオリスク管理 **249**

図表 4 − 2　損失額分布における予想損失（EL）と非予想損失（UL）

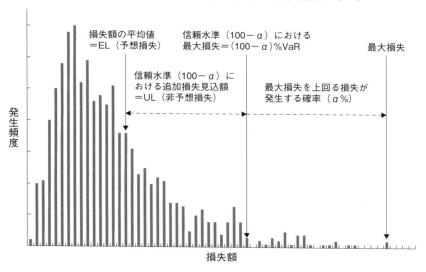

的な」損失額、という考え方に基づいており、これは損失額分布における平均値と同じ意味である。

　図表 4 − 2 は、ある貸出ポートフォリオにおけるシミュレーションによって作成した損失額分布を示している。損失額分布は、縦軸が発生頻度、横軸が損失額をあらわしており、通常は左のほうにピークをもつ山型の形状をとる。右へ行くほど大きな損失が発生した頻度をあらわしているが、大きな損失はシミュレーションでも頻繁に発生しないことから、縦軸の発生頻度は非常に小さいものとなる。損失額分布は確率分布であり、全体の面積を100%とすると、ある損失額の箇所から右側の面積の合計が、当該損失額を上回る損失が発生する確率の合計をあらわす。

　このときELは、損失額分布の平均値をあらわす。ELよりも右側の区間は、平均よりも大きな損失が発生するケースに相当し、右へ進むほど発生確率は下がる一方で損失額が大きくなる。この想定する損失額のうちELを上回る部分を「UL（unexpected loss：非予想損失）」という。

　そして、このシミュレーション（この事例では試行回数1,000回）にて最も

損失が大きかったのは、いちばん右側の最大損失のケースである。本書は会計論の解説書ではないので、詳細には触れないが、損失発生に対する備えとして基本的な考え方の一つに、ELは貸倒引当金によってカバーし、ULは資本勘定でカバーする、というものがある。これは、平均的な損失発生であれば期間損益は黒字を維持できるうえに、仮に平均を上回る損失があっても、資本勘定でカバーできれば債務超過に陥る心配はない、ということを意味しており、預金者保護の観点から財務の健全性を厳格に求められる商業銀行においては、非常にオーソドックスな損失への備えの考え方である。このとき「どんなに大きな損失が発生しても耐えられるようにしよう」と考えるなら、たとえば、このシミュレーションで得られた最大損失に耐えられるだけの資本勘定を用意する必要が生じる。

　しかしながらシミュレーションで得られる最大損失額は、往々にして非常に大きな値になりがちである。この事例では、1,000回のシミュレーションの結果をもとに損失額分布を表現しており、ここでの最大損失とは、言い換えると「シミュレーション1,000回の試行に対して1回の割合で発生した巨額損失」である。仮に損失の計測対象期間を1年間とすると、この損失は1,000年に一度の割合で発生する「ストレスシナリオ」が実現したケースに相当する。非常に用心深い金融機関であれば、1,000年に一度（＝発生確率0.1%）の巨大損失にも耐えられるだけの資本を準備するのかもしれないが、ごくわずかな可能性に対してそこまで資金効率を犠牲にすることが経営判断として合理的かどうかについては、当然に議論の余地があろう。

4.2.2　最大損失と信用VaR

　そこで、備えるべき巨大損失の規模感を判断するための客観的な材料として、発生確率を考慮した最大損失の想定が必要となる。先ほどは発生確率0.1%、1,000回に1回の損失をもって「最大」と定義したが、たとえば発生確率が10倍の1%、つまり100回に1回の損失額をもって最大損失と定義し、これを上回る損失額については「発生確率が極端に小さい」とみなして考慮の対象外とする場合、こうして定義した最大損失を「99%VaR（value at

4　ポートフォリオリスク管理　251

risk)」と呼ぶ。もう少し定義を緩めて20回に1回の損失額を最大損失とし、それ以上の損失額は発生確率5％以下で考慮の対象外とするのであれば、これは95％VaRとなる。

このように、X％VaRのX％は、考慮の対象外とする一定額以上の損失の発生確率αを100％から引いた数値（信頼水準という）をあらわし、X％VaRは「X％の発生確率で起こりうる損失額のうち最大のもの」として理解できる。またVaRとELとの差は、最大損失と平均的損失との差額を意味しており、すでに説明したULの具体的な数値を求める場合には、この算式を用いる。

VaRの概念は、一定期間内での金融商品の価格変動リスクの評価に使用するなど、もともと市場リスクの分野にて中心的に活用されている。信用リスクの評価に使用する場面では「信用VaR」と呼んで区別することがあるが、一定の発生確率を前提とする最大損失をあらわす、という基本的な考え方に違いはない。

最後に、あらためて本項で出てきた概念を整理しておこう。

EL（expected loss：予想損失）：

　損失額分布の平均値

UL（unexpected loss：非予想損失）：

　一定の確率で発生する損失額のうち最大のものとELとの差

X％VaR（value at risk）：

　損失額分布のうち、損失額の小さいほうから数えてX％（信頼水準）の確率で発生する部分での、最大の損失額

4.3 損失額分布の特定

前項では、現在のポートフォリオリスク管理において一般的な、シミュ

レーション結果による損失額分布をもとに、ULやVaRの考え方を説明した。ここでは、シミュレーションの方法の具体的な説明の前に、いまでも一部の業務分野で残る、解析的手法による損失額分布の特定方法について簡単に触れておきたい。

　たとえば、実績損失額の分布形状をもとに損失額分布を再現しようにも、あるポートフォリオの損失実績は、損失の観測期間が1年間であれば1年に1件しかサンプルがとれない。同じポートフォリオは通常ほかでは再現できないことから、実績値から損失額分布を特定することはおよそ不可能といえる。そこで、実績値を参照するかわりに、「解析的近似」「シミュレーション」の2つの方法が考えられた。

4.3.1　解析的近似

　これはポートフォリオにおいて発生する損失額を、一定の仮定のもとに所与の関数で近似する方法である。これはさまざまな関数を組み合わせることで、先ほどの図表4－2のグラフの形状を、どうにかして数式で表現することを意味している。解析的近似によるUL計算の代表的な例が、銀行規制においてみられる「リスクウェイト関数」である。

　解析的に損失額分布を近似できると、数式一つでULを計算できるため、計算にかかる負荷はきわめて軽微なものとなる。一方で、損失額分布の近似の精度を検証することがむずかしく、実際に使用する際には、保守性の観点からさまざまなかたちで保守的な前提、つまりULが大きめに計算されるような調整が加わることも少なくない。昨今のIT技術の発達によって次に紹介するシミュレーションのハードルが下がったこともあって、どちらかというとシミュレーションに対する補完的な役割として用いられることが多いようだ。

4.3.2　モンテカルロシミュレーション

　貸出ポートフォリオ全体の損失額分布を、特定の関数で表現するのではなく、貸出一つひとつの損失額を積み上げていくシミュレーションを何度も繰

4　ポートフォリオリスク管理　253

り返して表現する方法である。シミュレーションに先立って、貸出一つひと
つの損失がどのような条件で発生するのかを、なんらかの乱数を使うかたち
でルール化しておく必要がある。たとえば、サイコロを振って1が出たらデ
フォルト、それ以上なら非デフォルトとすると、これはデフォルト確率6分
の1の独立した貸出先にて発生するデフォルトを、非常に単純なかたちで
ルール化したものとみることができる。

　モンテカルロシミュレーションを使用したUL推計の一般的な手順を、以
下に簡単に示す。

（手順1）　乱数を発生させて、1つの貸出先のデフォルト・非デフォルトを
　　　　　決定する

（手順2）　手順1をすべての貸出先について実行し、すべての貸出先のデ
　　　　　フォルト・非デフォルトを決定する

（手順3）　手順2で決定したすべてのデフォルト先の損失額を合計し、貸出
　　　　　ポートフォリオ全体の損失額を決定する

（手順4）　手順1〜3を何回も繰り返して（たとえば1,000回など）、貸出
　　　　　ポートフォリオ全体の損失額に係るシミュレーション結果を大量
　　　　　に得て、損失額分布を特定する

（手順5）　手順4で特定した損失額分布と信頼水準をもとに信用VaRを計測
　　　　　し、ELとの差分をULとする

　一般的にモンテカルロシミュレーションは、繰り返し計算の二重構造にな
っている。一つは、貸出ポートフォリオ全体の損失額を1つに決定するプロ
セス（手順1〜3）。もう一つは、貸出ポートフォリオ全体の損失額を複数取
得して損失額分布を特定するプロセス（手順1〜4）である。繰り返しの回
数は、前者は原則として貸出の件数によって、後者はシミュレーションの回
数によって、それぞれ決定する。シミュレーションの回数が多いほど、損失
額分布のサンプル数をふやすことができるため、そこから計算されるULの
推計精度も高くなるものと考えられる。

　たとえば貸出先が1万件のポートフォリオについて、1万回のシミュレー
ションを実施する場合には、少なくとも1万件×1万回＝1億回の乱数の取

得が必要となる。このように繰り返し計算には大変な手間を要することから、モンテカルロシミュレーションは、昨今のIT技術の発達によってはじめて可能になった手法といえる。

　前述のとおり、この手法にて推計するULの信頼性を高めるためには、十分なシミュレーション回数が必要となるが、もう一つ大事なことが、手順1におけるデフォルト・非デフォルトを決定するルールである。

4.4 企業価値モデル

　モンテカルロシミュレーションのデフォルト・非デフォルト決定ルールとは、あるPDの貸出先がどのようにデフォルトするのか、しないのか、その構造をシミュレーション可能なかたちに数式化したものである。最も単純な構造の場合、0から1の間の値をとる一様乱数[5]がPDを下回ればデフォルト、上回れば非デフォルト、というルールが考えられる。ただしこの方法では、ある貸出先と別の貸出先とのデフォルトが「独立」して発生することが前提になっている。これに対して、現実のデフォルトとは、ある貸出先がデフォルトすると、それはなんらかのかたちで他の貸出先にも影響しているものと考えられる。この場合、完全な独立のケースとは異なり、ある貸出先がデフォルトしていなければ他の貸出先もデフォルトしにくく、逆にある貸出先がデフォルトしていれば他の貸出先もデフォルトしやすくなる、という状況にある。それでも全体のPD、つまり損失額分布の平均値が変わらないということは、損失額分布の形状に違いがあることを意味する。

　図表4−3の実線は、デフォルト発生が二項分布に従う場合の確率分布のイメージをあらわしている。これに対して実際のデフォルト発生は、貸出先相互の影響を考慮すると「デフォルトがほとんど発生しない状況」「デフォルトがかたまって発生する状況」の両極端なケースが発生する可能性がふえ

5　すべての値が同一の確率で発生する乱数のこと。代表例はサイコロの目。

4　ポートフォリオリスク管理　255

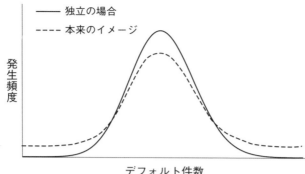

図表4－3　同じPD3％でも損失額分布が異なる場合

ることになり、点線のような形状（図表の「本来のイメージ」）になることが想定される。両者の違いは主に2点あり、一つは両端の分布形状、もう一つは中央部の分布形状である。

両端の分布は、本来のイメージでは独立の場合よりも少し高くなる。これが前述の両極端なケースがふえることをあらわしている。このような分布形状を、両端が厚いという意味で「ファットテール」などと呼ぶことがある。そして、逆に中央部の分布は、本来のイメージでは独立の場合よりも少し低くなる。これは、PD3％であっても、PD3％の近傍に収まる可能性は独立の場合よりも低いことを意味する。ファットテール化で両端に移った面積が、中央部から削られるイメージである。

そこで、ここで描いた「本来のイメージ」のような分布形状を実現するためのデフォルト発生のルールとして、現在のシミュレーションにて最も多く用いられているのが、次項で説明する「企業価値モデル」を参考にした手法である。

4.4.1　企業価値モデルの基本的な考え方

ここでは、UL推計に用いる企業価値モデルのなかでも、最もオーソドックスな、シングルファクターのマートン（Merton）型モデルを例に、シミュレーションに使用するデフォルトの考え方を説明する。

もともとの企業価値モデルは、企業の経営状態に応じて日々変動する「企業価値」という確率変数を、市場全体の動きによって説明する部分と、当該企業の個別要因によって説明する部分とに分けて説明する数理モデルである。企業価値とは、言い換えるとマーケットでの時価総額であり、公開企業においては株価の動きによって説明ができる。

　本書が対象とする信用リスクのUL計算では、この企業価値モデルにおける「市場全体の動き」と「当該企業個別の動き」の組合せによって企業価値の動きが決まるという、企業評価の構造を参考にしてデフォルト・非デフォルトを決定するルールを作成している。具体的にいうと、この「市場全体の動き」と「当該企業個別の動き」のそれぞれの結果によって決まる企業価値、すなわち一種の「スコア」を想定して、これが一定の値を下回った場合に、これをデフォルト事象として取り扱うのである。

　さて、この構造を用いるメリットだが、それは企業価値を構成する要素に「市場全体の動き」という考え方が含まれていることにある。これによって、ある貸出先とある貸出先の企業価値が、相互に一定の関係をもって変化することを表現できるのである。たとえば、市場全体の動きをあらわす要素が悪い方向に動けば、それはすべての貸出先の企業価値をある程度悪い方向に動かし、デフォルト件数がふえる要因につながる。

　また、企業価値モデルでは「市場全体の動き」と「当該企業個別の動き」それぞれの、企業価値全体に与える影響をあらわす ρ（ロー）というパラメータを定義している。ρ は「デフォルト相関」「アセット相関」などと呼ぶこともあるが、非常に誤解を招きやすい表現であり、本書では ρ（ロー）で統一する。ρ は「市場全体の動き」の重み付けをあらわし、値が大きいほど、企業価値全体が、市場全体の動きに左右されやすいことを意味する。なお、本書が説明の対象としているシングルファクターモデルとは、「市場全体の動き」をあらわす ρ が1種類のモデルという意味であり、世の中には複数の ρ を想定するモデルも存在する。

　以降では、企業価値モデルにて実際に使用する数式を参照しながら、シミュレーションでのデフォルト先の具体的な決定方法、そしてそのなかでの

4　ポートフォリオリスク管理　257

ρ の役割について説明していきたい。

4.4.2　企業価値モデルの計算式

　企業価値モデルでは、企業価値を株式時価総額に置き換えて説明できるが、本書のUL計算に使用する場合には、必ずしも株式時価総額のような市場の情報を参照するわけではない。したがって以降の説明では、シミュレーションに使用する企業価値のことを、単に「企業スコア」と呼ぶことにする。

　UL計算に使用する企業スコア V_i は、企業価値モデルに基づいて次の式による確率変数として定義される。

$$V_i = w_y Y + w_z Z_i$$

　Y は「貸出先全体の動き」、Z_i は「貸出先 i 固有の動き」をそれぞれ示す確率変数であり、いずれも平均が0、分散が1の標準正規分布に従うものとする。また w_y、w_z は、それぞれの V_i に対する重み付けをあらわしている。このとき正規分布の性質を用いて、あらかじめ左辺を $\sqrt{w_y{}^2 + w_z{}^2}$ にて除しておくことで[6]、V_i を標準正規分布に従う確率変数として次のように定義できる。

$$V_i = \frac{w_y}{\sqrt{w_y{}^2 + w_z{}^2}} Y + \frac{w_z}{\sqrt{w_y{}^2 + w_z{}^2}} Z_i = \sqrt{\rho} Y + \sqrt{1-\rho} Z_i$$

$$\left(\rho = \frac{w_y{}^2}{w_y{}^2 + w_z{}^2}, \ 0 \leq \rho \leq 1 \right)$$

　モンテカルロシミュレーションに際しては、上の式を用いて、ρ の値をパラメータとしてあらかじめ定めておき、Y、Z_i それぞれについては標準正規分布に従う乱数（正規乱数という）を割り当てて、貸出先ごとの企業スコア

---

[6]　X、Y がそれぞれ正規分布に従うとき、以下の性質が成り立つ。
$aX + bY = N(a\mu_x + b\mu_y, \ a^2\sigma_x{}^2 + b^2\sigma_y{}^2)$
よって、X、Y がそれぞれ標準正規分布に従うときは、次のように計算できる。
$aX + bY = N(0, \ a^2 + b^2)$
したがって、あらかじめ左辺を標準偏差 $\sqrt{a^2 + b^2}$ で除することで、できあがる正規分布を標準正規分布に従うかたちに変形できる。

V_iを計算する。なお、Yは貸出先全体に共通する要素なので、貸出先ポートフォリオ全体で同じ値を使用する。Z_iは貸出先ごとに値が異なるので、貸出先の数だけ乱数を用意する必要がある。

4.4.3 デフォルトの決定方法

企業スコアV_iは平均が0、分散が1の標準正規分布に従うように定義されている。シミュレーションに際しては、これがある値（閾値）を下回ればデフォルト、というルールを決定する必要がある。このときに、あらかじめ推計してある貸出先iのPDを使用することで閾値を決めることができる。

図表4－4はこのときの閾値の決定方法のイメージである。企業スコアは標準正規分布に従う確率変数であり、その確率分布は図表4－4の曲線のような形状になっている。分布全体の面積は1であり、また企業スコアが何点を下回る場合の累積確率は何パーセント、という対応関係も標準正規分布の性質から計算ができる。したがって、あらかじめPDがわかっている場合には、図表4－4の網掛け部に示した面積がPDと等しくなるような企業スコア（D）が、この場合のデフォルトの閾値となる。

なお、Excelの関数では"＝norm.s.inv(PD)"によって、標準正規分布に

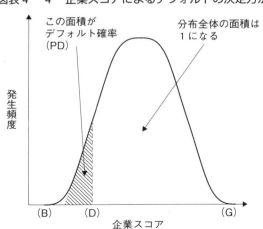

図表4－4　企業スコアによるデフォルトの決定方法

従う企業スコアに対するPDの閾値を簡単に求めることができる。また、標準正規分布に従う乱数（正規乱数）を発生させる際には同様に、"=norm.s.inv(rand())"として、もともとは一様乱数を発生させる関数である"=rand()"の値を標準正規分布に変換して用いる。

4.4.4 ρ（ロー）の役割

次に ρ（ロー）の役割について触れておきたい。再度企業スコアの算式をみておこう。

$$V_i = \sqrt{\rho}Y + \sqrt{1-\rho}Z_i \quad (0 \leq \rho \leq 1)$$

ρ は、0 から 1 の間をとる値で、貸出先全体に共通する要素 Y の確率変数の重み付けをあらわしている。ρ が 0 ならば、企業スコアはすべて貸出先 i それぞれの要因 Z_i だけで決まることになり、これは貸出先同士のデフォルトが「独立」に発生する状況と同じことである。逆に ρ が 1 ならば、企業スコアはすべて貸出先全体に共通する要素 Y によって決まることになる。実際の信用リスク管理業務では、ρ には貸出先の業種ごと、規模ごとなど、一定の区分ごとに異なる値を用いることが多い。

ρ の推定方法についてはさまざまなものが考案されているが、本書では特に取り上げることはないので、興味のある方は専門の研究を当たっていただきたい。というのも、残念ながら筆者の感覚で「これが決定版」といえるような ρ の推定方法にいまだめぐりあえていないからである。

そもそも ρ の推定がむずかしいのは、ある貸出先のデフォルト可能性のうち、他の貸出先を含めた全体の動きで決まる割合、という定義からわかるように、およそ実際のデータで検証できるような定義ではないからである。たとえば、ある業種において、PDによる想定から大きく乖離した多数のデフォルトが発生したケースがあったとして、これをPD推計の問題とするのか、高い ρ によって生じた結果でPDには問題がないとするのか、この切り分けができないと ρ の検証はできないはずだが、こうした取組みを、少なくとも銀行の債務者格付制度の検証に際して、筆者はこれまでほとんど目にしたことがない。

とはいえ、モンテカルロシミュレーション自体は、信用リスク管理の実務においてすでに十分な実績を積んだUL計測の手法であり、そこには必ず ρ の推計が必要となる。上記のような問題を本質的には抱えていながらも、多くの金融機関では、外部のデータベンダーが過去の時系列データから計算したセグメント別の ρ の推計値を適用するなど、なんらかの方法で ρ を用意して、シミュレーションを行っていることが多いようだ。

　なお、 ρ の水準は、大きければ大きいほど損失額分布の「ファットテール」の度合いが高まることになるため、それだけULの値も大きくなる傾向がある。実測値から目安を得ることは容易ではないが、一つの基準としては、銀行の自己資本比率規制における「リスクウェイト関数」という解析的近似の手法が想定する ρ の水準があげられる。そこでは、貸出ポートフォリオの分散効果が期待されるケースで0.12、通常の貸出で0.24という値を採用している。実際に $\rho=0.24$ にてシミュレーションを行うと、感覚的には相当大きめのULが計算されることが多いようである。このあたりを一つの上限として、シミュレーションを繰り返しながら自らのポートフォリオにあった水準を探っていくのが、目下の ρ 推計の現実的な対応策ではなかろうか。

4.5 モンテカルロシミュレーションの実行例

　ここまでの内容をもとに、本項ではテストデータを対象とした、ExcelによるULの計算結果を紹介していきたい[7]。シミュレーションに使用したのは、ここまでで説明したマートン型のシングルファクターモデルである。また、テストデータの条件は以下のとおりとする。

　貸出先数：1,000件

　貸出金額：1,000千円／件（等金額ポートフォリオ）

　合計：　　1,000,000千円

7　ここではMicrosoft Excel for Macバージョン16.12による計算結果を使用した。

格付区分：4区分、各250先

PD： 上位格から順に0.5%、1.5%、3.0%、5.0%

EL： 25,000千円（貸出金額合計の2.5%）

4.5.1 ULの計算結果

最初に、シミュレーション回数1,000回、$\rho=0.1$の場合の計算結果を図表4－5に示す。

企業スコアのデフォルト閾値は、上位格から順に－2.576、－2.170、－1.881、－1.645となる。計算結果は、最上位格であればExcelの関数で"＝norm.s.inv(0.05)"を入力して確認されたい。シミュレーションでは、最上位格の場合は、正規乱数によって取得したYおよびZ_iの結果をもとに、$\sqrt{0.1}Y+\sqrt{0.9}Z_i<-2.576$の条件を満たした先をデフォルトにカウントしている。

図表4－5をみると、シミュレーションの結果、99％VaRは92,060千円、ULは67,060千円（＝92060－25000）となった。ELとシミュレーション結果の平均値24,827千円はほぼ一致しており、1,000回の実行により相応に信頼に足るサンプル数が得られたとみてよいだろう。この結果をもとに将来の損

図表4－5 シミュレーション結果

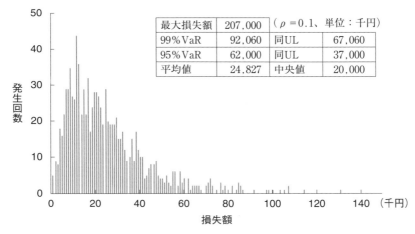

失に備えるとすると、EL相当額の25百万円は貸倒引当金にてカバーし、UL相当額の67百万円は自己資本として残しておく必要がある。単純比較はできないものの、日本の銀行が規制上用意しなければならない自己資本の目安は、リスクアセットに対して8％である。シミュレーション結果の67百万円（この場合は貸出金額の6.7％）は、これに比べると少々小さめの金額になっているが、想定が等金額ポートフォリオなので、まずまず妥当な結果といえそうである[8]。

なお、参考までに最大損失額をみると207百万円となっている。この場合、わずか1％の発生確率をみるかみないかで、ULはおよそ3倍まで膨れ上がることになる。

4.5.2　ρの違いによるULの差異

次に、前項とまったく同じ貸出ポートフォリオのテストデータで、使用する乱数もまったく変えずに、ρの値だけを0.2、0.3と変化させた場合の結果を図表4－6に示した。

図表4－6によると、ρの値が2倍になるとULは約1.55倍、同じく3倍

図表4－6　シミュレーション結果

（ρ＝0.1, 0.2, 0.3、単位：千円）

ρ（ロー）	0.1	0.2	0.3
最大損失額	207,000	389,000	548,000
99%VaR	92,060	129,100	167,070
同UL	67,060	104,100	142,070
95%VaR	62,000	79,100	93,050
同UL	37,000	54,100	68,050
平均値	24,827	24,726	24,323
中央値	20,000	16,000	11,000

8　一件ごとの貸出金額に変化をつけると、シミュレーション1回ごとの損失額のばらつきが大きくなるため、等金額ポートフォリオよりもULは大きくなる。

4　ポートフォリオリスク管理　263

になるとULは約2.1倍にまで膨れ上がる結果となった。このケースでは総額10億円の等金額ポートフォリオを想定しているが、$\rho = 0.3$の場合、貸出金額の15％に相当する自己資本を用意する必要がある。等金額ポートフォリオの場合、ρとULの間にある程度の直線的な関係がみられることは、ρの推計方法と水準を検討するうえで頭に入れておいてよいだろう。

4.6 〈補論〉リスクウェイト関数の意味

本節では、銀行の自己資本比率規制において、銀行が国際業務を行う際に最低限確保しなければならない自己資本額である所要自己資本の計算に使用する「リスクウェイト関数」について、損失額分布の解析的近似としての意味合いを考えておきたい。関数式の性質上、本節は数式による説明が中心となることから、補論として扱う。

4.6.1 リスクウェイト関数とシングルファクターモデルの関係

銀行の自己資本比率規制においては、事業法人等向けエクスポージャーの所要自己資本は、以下の式で計算することになっている。

$$
\begin{aligned}
\text{所要自己資本額} &= \text{信用リスクアセットの額} \times 0.08 \\
&= K \times EAD \times 12.5 \times 0.08 \\
&= K \times EAD
\end{aligned}
$$

まず所要自己資本の額は、貸出金額全体（EAD）に一定の割合（K）を乗じたものであることがわかる。このKを所要自己資本率と呼ぶが、これは、不測の事態に備えて「EADのうちの$100 \times K$％以上」の金額を資本勘定に積んでおくことを銀行に対して義務づけたものと解釈できる。

$$
K = \left[LGD \times N \left\{ \frac{G(PD) + \sqrt{R} \times G(0.999)}{\sqrt{1-R}} \right\} - EL \right] \times \frac{1 + (M-2.5)b}{1 - 1.5b}
$$

Kは上の式のとおりで、非常に多くの要素から成り立っている。後半部分の$1 + (M-2.5)b/1 - 1.5b$は、貸出の平均残存期間（M）に応じてKの値を変

化させる「マチュリティ調整」と呼ばれる項目で、$M=1$のときに1となってKに対する影響はなくなる[9]。これに対して前半部分は、LGDに何かを乗じたものからELを引いており、この部分こそがリスクウェイト関数が想定する、不測の事態において発生が見込まれる損失（割合）の実体である。LGD、ELはともにリスクパラメータであり、使用する銀行が自ら推計する、あるいは金融当局が設定ずみの所与の値を使う部分であることから、残りの$N\{...\}$の部分の内容が解読できれば、この式の全体像が明らかになろう。

まず、$N\{...\}$の部分は、LGDを乗ずることのできる値であり、かつELを差し引いていることからもわかるように、これは特殊な状況におけるデフォルト率をあらわしている。そして、あえて$N(x)$という記号を使っているからには、これは「標準正規分布の累積分布関数」を意味している。標準正規分布の詳しい内容は2.8.2項にて説明したとおりである。

次にカッコの中身であるが、これをみる前に、少し前に示したシングルファクターモデルの式をあらためてみてみよう。

$$V_i = \sqrt{\rho}Y + \sqrt{1-\rho}Z_i \quad (0 \leq \rho \leq 1)$$

シングルファクターモデルでは、企業価値V_iがある一定の値を下回るケースをデフォルトと定義している。ここでPD＝10％と推計する貸出先iがデフォルト先となる場合のV_iの条件は、Excelの関数"norm.s.inv"を用いて次のように計算できる。

$$\sqrt{\rho}Y + \sqrt{1-\rho}Z_i < norm.s.inv(0.1) = -1.28155$$

これはPD＝10％のケースであったが、より一般的な書き方をすると次のようになる。

$$\sqrt{\rho}Y + \sqrt{1-\rho}Z_i < norm.s.inv(PD) = G(PD)$$

リスクウェイト関数の$G(...)$とは、Excel関数のnorm.s.inv$(...)$のことであると考えてさしつかえない。この式を$\sqrt{1-\rho}$で除してZ_iについて解くと次のようになる。

---

[9]　つまり所要自己資本の算出においては、貸出の平均残存期間は1年を基準として、そこからの長短によって金額が変わる仕組みになっている。

4　ポートフォリオリスク管理　265

$$\frac{\sqrt{\rho}}{\sqrt{1-\rho}}Y + Z_i < \frac{G(PD)}{\sqrt{1-\rho}} \quad \Leftrightarrow \quad Z_i < \frac{G(PD)}{\sqrt{1-\rho}} - \frac{\sqrt{\rho}}{\sqrt{1-\rho}}Y$$

この式は、ある貸出先 i がデフォルトする場合の Z_i が満たすべき条件をあらわしている。前述のとおり、Y は「貸出先全体の動き」、Z_i は「貸出先 i 固有の動き」を示す、標準正規分布に従う確率変数であることから、この式は次のように表現できる。

$$N(Z_i) < N\left(\frac{G(PD)}{\sqrt{1-\rho}} - \frac{\sqrt{\rho}}{\sqrt{1-\rho}} \times Y\right)$$

ここで、Y が極端な値をとるケースを考えてみる。Y は「貸出先全体の動き」と記したが、これは言い換えれば、すべての貸出先に等しく影響を与える「経済状態全般」とか、もう少し数値らしい定義にするならばGDP成長率のような値のイメージである。これが極端に悪い値をとるケースというのは、一種のストレスシナリオとみることができよう。Y は大きければ大きいほど良い数値として定義しているので、極端に悪い値とは、極端に小さい値ということになる。たとえば0.1%以下の可能性でしか発生しえないような悪いケースは、次のように計算できる。

$$Y = norm.s.inv(0.001) = G(0.001) = -G(0.999)$$

先ほどの式に代入すると、次の式を得ることができる。

$$N(Z_i) < N\left(\frac{G(PD)}{\sqrt{1-\rho}} - \frac{\sqrt{\rho}}{\sqrt{1-\rho}} \times (-G(0.999))\right)$$

$$= N\left\{\frac{G(PD) + \sqrt{\rho} \times G(0.999)}{\sqrt{1-\rho}}\right\}$$

これは、最初の所要自己資本の算式における $N(...)$ と比べると、R が ρ に変わっただけで、まったく同じ内容になっている。つまり、現行自己資本比率規制の所要自己資本とは、シングルファクターモデルを用いた計算を前提として、「貸出先全体の動き」を示す正規乱数 Y が、0.1%以下の確率でしか発生しえないような、極端に小さい値をとった場合のデフォルト発生状況を想定した備えと解することができる。

4.6.2 リスクウェイト関数が想定する貸出ポートフォリオ

本章の最初（4.1節）に、貸出ポートフォリオの損失額のブレに影響を及ぼす要素として、ρとグラニュラリティについて言及した。リスクウェイト関数の式をみると、ρについてはRという変数で定義されているが、グラニュラリティの要素については特に定義されていないのがわかる。

ρ（リスクウェイト関数ではR）は、たとえば事業法人等向けエクスポージャーであれば、次のような定義式が別途定められている。

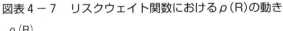

$$R = 0.12 \times \frac{1 - e^{-50 \times PD}}{1 - e^{-50}} + 0.24 \times \left(1 - \frac{1 - e^{-50 \times PD}}{1 - e^{-50}}\right)$$

これによるとρは、PDに応じて変化する数値として定義されているが、これをグラフであらわしたのが図表4－7である。これによると、ρは0.12から0.24の間の値をとり、PDが大きくなるにつれて、逆に0.12に向かって小さくなる動きになっている。また、居住用不動産向けエクスポージャー、いわゆる住宅ローンの場合には、ρは一律に0.15とされているほか、貸出残高1億円未満の事業法人向け貸出などが対象となるその他リテール向けエクスポージャーの場合は、同様な式によって0.03から0.16の間の値をとるよう

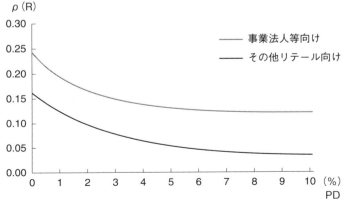

図表4－7　リスクウェイト関数におけるρ(R)の動き

に決められている[10]。

このように、PDが低いほどρが大きくなるような定義の背景は必ずしも定かではないが、ρが大きいほど最大損失も大きく見積もられるため、PDの低い貸出についてρを大きめに評価することで、所要自己資本の計算上、保守的な計算結果を得ることが目的とも解釈できる。

では、ここで前項の事例を再度用いて、リスクウェイト関数においては、具体的にどの程度の信用VaRを見込んでいるのかについて考察する。まずは、貸出先1,000社、格付5区分で1社当りの貸出金額が100万円で均等という貸出ポートフォリオである。

図表4-8では、PD別の貸出先数のほか、リスクウェイト関数の定義によるρ（R）の値、所要自己資本率（K）、およびそれに基づく所要自己資本額を示した。Kの計算に際しては単純化のために、LGD＝1（デフォルトした場合は全額損失）、$M=1$（貸出の平均満期は1年）としている。Kに貸出金額（EAD）を乗じた額が所要自己資本額であり、この事例では合計で17,025（万円）となる。これはリスクウェイト関数が想定する99.9％VaR相当のUL

図表4-8 リスクウェイト関数による所要自己資本の計算事例

（単位：万円）

PD	社数	貸出金額	ρ	K	所要自己資本額 （$K \times$ EAD）
0.5%	200	20,000	0.21346	0.09274	1,855
1.0%	200	20,000	0.19278	0.13027	2,605
2.0%	200	20,000	0.16415	0.17026	3,405
3.5%	200	20,000	0.14085	0.20585	4,117
6.0%	200	20,000	0.12597	0.25212	5,042
	1,000	100,000			17,025

---

10 実際の定義式は以下のとおり。

$$R = 0.03 \times \frac{1 - e^{-35 \times PD}}{1 - e^{-35}} + 0.16 \times \left(1 - \frac{1 - e^{-35 \times PD}}{1 - e^{-35}}\right)$$

の金額にほかならない[11]。

　さて、本章の冒頭にて、同じ貸出ポートフォリオについて、モンテカルロシミュレーションによって最大損失やVaRを計算した事例を示し、ここで、あらためてρをさまざまに変化させた場合のシミュレーション結果をみてみよう。

　図表4－9は、図表4－1にて用いた、貸出先1,000社、格付5区分、1社当りの貸出金額がすべて100百万円の貸出ポートフォリオの事例を用いて、ρをすべての貸出先に対して一律に0から0.2まで変化させた場合、およびリスクウェイト関数の定義に従ってPD水準ごとに異なるρを割り当てた場合（右端列「IRB」）、それぞれについてのモンテカルロシミュレーションの結果を示したものである。

　これによると、リスクウェイト関数に基づくρを用いた場合のULの値は16,501万円となった。これに対してシミュレーションによらずリスクウェイト関数によって計算した結果は、図表4－8に示したとおり17,025万円であり、両者はかなり近い水準にある。ここからわかるのは、リスクウェイト関

図表4－9　モンテカルロシミュレーション結果に与えるρの影響

（単位：万円）

ρ（ロー）	0	0.05	0.1	0.15	0.2	IRB
試行回数	10,000	10,000	10,000	10,000	10,000	10,000
EL	2,600	2,600	2,600	2,600	2,600	2,600
最大損失	4,900	14,100	20,900	25,800	38,800	26,300
99.9%VaR	4,300	9,700	14,700	20,200	26,301	19,101
同UL	1,700	7,100	12,100	17,600	23,701	16,501
平均値	2,597	2,596	2,607	2,614	2,610	2,584
中央値	2,600	2,300	2,100	1,800	1,600	1,800

11　リスクウェイト関数においては、途中でEL（＝PD×LGD）を引き算する項目があったことを思い出されたい（264ページ）。したがって最終的に出てくる答えは、99.9%信用VaRの金額からEL相当額を差し引いたULとなる。

4　ポートフォリオリスク管理　269

数はそもそも、等金額ポートフォリオにおけるシミュレーション結果に近い水準の信用VaRを再現できるようにρを細かくチューニングしている、ということである。

ρを大きめにチューニングしている背景の一つに考えられるのが、リスクウェイト関数にグラニュラリティの要素が明示的には考慮されていない点であろう。内部格付手法においては、カードローンや住宅ローンのように等金額ポートフォリオに近いものについては、異なるリスクウェイト関数やρを用意することで、ポートフォリオのグラニュラリティの違いに一定の配慮を加えているものの、式そのものにはそうしたグラニュラリティをあらわすパラメータは含まれていない。したがって、大口の貸出金が多数含まれることになる事業法人等向けエクスポージャーなどでは、貸出先ごとにみた貸出残高の大きさのばらつきが相応に大きいことを前提に、等金額ポートフォリオをベースとして計算したULよりも保守的に調整を加えることが合理的となる。リスクウェイト関数におけるρは、そうした意図のもとに設計されているものと考えられる。

5

これからの信用リスク管理

5.1 債務者格付制度の光と影

　本書で説明の多くを割いた債務者格付制度は、特に日本の銀行界にとっては、貸出先の信用リスクの評価・モニタリングの体系化と高度化を、あまねくもたらしたという意味で、非常に画期的な仕組みであったものと評価できる。制度の創生期から数えておよそ20年が経とうとするいまでも、日本の銀行の多くにて、貸出先の信用リスク評価の仕組みの中心的役割を債務者格付制度が担っていることは、疑いようのない事実であろう。

　一方で、債務者格付制度の基本的な制度設計がなされた1990年代後半から2000年代前半にかけての日本の金融機関を取り巻く状況は、現在ではまったく様変わりをしている。当時の金融界全体の課題は、不良債権問題からの決別と、新たな国際規制に対応した貸出資産の健全性を確保するための信用リスク管理体系の整備と高度化にあった。その後、リーマンショックをピークとする金融危機を経て、信用リスク管理業務を取り巻く環境は一変する。規制面では、銀行の個別貸出先の資産査定結果に対する厳しい検査は影を潜め、「金融円滑化」の名のもと、いかにして借り手の円滑な資金調達に金融機関として協力するか、具体的にいうと借り手の返済計画の策定に協力し、従来であれば「デフォルト」としていた貸出先を、デフォルト扱いしなくてもすむような資金供給をすることが、日本の銀行の、とりわけ中小企業金融における重要な役割となった。この流れは、2008年の金融検査マニュアル改定、2009年の金融円滑化法成立以降、いまに至るまで続いている。昨今の金融行政方針等にしばしば登場する「事業性評価」も、「デフォルトする・しない」という信用リスクの評価とは異なる尺度を新たに推進する動きという意味では、金融円滑化以降の信用リスク管理業務に対する「保守性よりも積極性」をよしとする当局検査・監督姿勢の延長線上にあるものといえよう。

　筆者はこれまで一貫して信用リスク管理業務の高度化のためにキャリアを捧げてきた人間として、また1990年代後半から2000年代前半の金融危機を通じて、金融機関におけるリスク管理の重要性を身をもって経験した元銀行員

として、「保守性よりも積極性」というスタンスに与することには慎重にならざるをえない。一方で、債務者格付制度という、20年近い運用を通じて完成された観のある仕組みにも、さまざまなほころびがみられることも確かであろう。折しも金融庁は、目下の日本の銀行の債務者格付制度の事実上の指針となっていた「金融検査マニュアル」を、2019年3月末をもって廃止することを公表している。本節では、長年の債務者格付制度の運用をみるなかで、どのような問題が生じてきたのかについて考察し、これからの債務者格付制度のあり方と、それに基づく信用リスク管理業務のあるべき姿について考えてみたい。

　債務者格付制度はPDを基軸とする貸出先の信用リスク評価体系として、採用する金融機関に多大な恩恵をもたらしてきたことは、すでに述べたとおりである。ここではそのメリットと引き換えに、長年にわたる運用を通じてみえてきた弊害、光と影のうち影の部分に注目したい。ここでは大きく分けて3つの論点を取り上げる。

5.1.1　債務者評価の画一化

　金融検査マニュアルとは、もともとは金融庁が金融機関への立入検査を担当する検査官のために作成した、検査のポイントを明示したマニュアルである。それがいつしか、検査を受ける側の銀行をはじめとする金融機関にとっての、事実上の「官製事務取扱マニュアル」となったことが、問題の始まりである。

　本マニュアル自体は、これまで本書でもたびたび参照しているように、信用リスク管理の方法論として見習うべきところも多く、それ自体が非常によくできた手引書である。一方で、貸出先の評価方法について実に事細かにルールが定められており、金融機関側には、貸出先の評価に際してほとんど独自の裁量を働かせる余地がない。一例をあげると、「2期連続赤字」の貸出先は原則として要注意先（正常先の下位に位置する貸出先の区分であり、債務者格付では最下位に近いランクに割り当てられる）にする、というような画一的なルールが存在していた[1]。もちろん「原則」なので、金融機関側がこ

5　これからの信用リスク管理　273

れとは異なる取扱いをする場合には、理由を金融庁に説明できればすむ話ではあるが、制度一つ考えるのに、常に「当局へのご説明」を強いられる銀行の苦労は想像にかたくない。

とはいえ、こうした貸出先の取扱いの均質化・画一化の方向性自体は、金融検査マニュアルの生い立ちからいって当然のことであった。というのも、不良債権問題の抜本的な解決が金融行政の最大の課題であった2000年代初頭には「債務者評価に横串を通す」、つまり同一の問題貸出先に対する評価が銀行によって異なるという状況を解消することが、金融検査の目的の一つになっていたからである。このためには、貸出先の評価ルールはある程度具体的に規定しておく必要があった。

また、もう一つ別の観点でいうと、さらに1990年代後半の金融庁（当初は金融監督庁）設立の経緯までさかのぼる必要があろう。というのも、もともと金融行政が旧大蔵省から独立したのは、それまでの銀行検査と、それに基づく監督行政が「裁量的」であり、これが不良債権問題への対応を遅らせたとの批判を受けたことが背景の一つにあった。金融庁には、裁量的検査からの決別が設立当初から問題意識としてあり、これが結果として、裁量余地のほとんどない検査マニュアルの公表につながったものと考えられる。

いずれにしても、こうしたマニュアルのもとで、あるいは国際規制をベースとしてつくられた「自己資本比率規制」に係る告示に基づいて、銀行の債務者格付制度と、それをベースとする貸出先の信用リスク評価が広く浸透した結果、銀行における貸出先の評価方法は、見事なまでに「画一化」することとなった。

考えてみれば当然のことであろう。決算書を入力情報として、PDを基準に債務者格付を付与する場合、スコアリングモデルが同じであれば基本的には同一の貸出先には同一の評価がなされる。たとえスコアリングモデルは別の計算式だったとしても、モデルの構築に使用するデータが同じようなものであれば、採用される説明変数や推定される係数にも大きな違いは生じえな

---

1 いまでは、金融検査マニュアル「中小企業編」等を通じて、貸出先の経営実態をふまえて弾力的に運用することが認められている。

い。実際に、さまざまな金融機関を対象にスコアリングモデルを構築するなかで、たとえば事業会社向けの貸出を評価する際に、BS項目よりもPL項目を重視するような説明変数の構成になっているモデルを、少なくとも筆者はみたことがない。

　この結果、借り手側がお金を借りたいと思っても、ある銀行に断られたら、後はどの銀行に行っても結果は同じ、ということになる。逆に、最初に相談した銀行が応諾してくれるなら、どの銀行に行ってもやはり結果は同じであろう。この状況を反対に銀行側からみると、ある銀行支店長いわく「世の中には、金利がどんなに低くても借りてほしいお客様と、金利がどんなに高くても貸せないお客様の２種類しかない」という事態になる。銀行の貸出業務の利鞘が一向に改善しない背景には、長引く市場金利の低迷以外にも、画一的な貸出先評価に起因する業界全体の「競合体質」があるように思えてならない。

　この問題を解消するためには、債務者格付は「信用リスク」を評価する仕組みであって、それだけで「貸す／貸さない」の判断を下すべきではないことを、あらためて金融機関として明確に認識すべきであろう。そして「貸す／貸さない」の判断には、リターンの概念も必要だが、それに加えて金融機関としての「与信哲学」を考慮に加えるべきであろう。たとえば、中小零細企業の事業育成を重視するポリシーを実現するなら、足元のPDが高くみえる貸出先でも、成長性を考慮して積極的に貸出を実行するような「取組姿勢」が必要となる。そしてその場合には、貸出先の成長性を、いかにしてリスク・リターンの評価に落とし込むか、そのための制度設計がポイントとなる。従来の債務者格付制度では、あまり考慮されることがなかった中長期のPDのような概念が、あらためて見直されるのかもしれない。

　そうした意味で、これまでほとんど議論されることがなかったような新たな債務者格付制度に可能性を開く、金融検査マニュアルの廃止は、金融機関の債務者格付制度の独自性の回復を通じて、借り手にとっても資金調達手段の多様化につながる、大変喜ばしい制度変更といえよう。

5　これからの信用リスク管理　275

5.1.2 「目利き力」の低下

　債務者格付制度が整備されると、金融機関現場の取引先担当者の役割は、ともすれば、取引先企業から決算書を預かって、行内の決算書登録センターに送付するだけで終わってしまう。後は、センターから戻ってきた債務者格付の結果だけをみれば、貸出をするのかしないのか、答えはおのずと決まっているのである。

　なお、金融機関が債務者格付だけで取組方針まで決めてしまうようになった、という意味での弊害はすでに前項で述べたとおりである。ここでいいたいのは、金融機関担当者が貸出先を自らの頭で審査する場面が消失したことによる、金融機関全体としての審査能力の低下、審査ノウハウの伝承の断絶という問題である。

　銀行の上層部からも、現場担当者、特に若手銀行員の審査能力の低下を懸念する声を多く聞く。一方で、この債務者格付制度の整備のほかにも、「働き方改革」の旗印のもとで審査業務にかけられる時間は大きく削られており、また、利鞘の持続的な減少に起因する融資そのものの直接的な採算悪化が現場の「融資離れ」を誘発している可能性もある。審査ノウハウの伝承・強化にとって、目下の環境はきわめて厳しい逆風下にある。

　これも解決の糸口は、債務者格付と貸出先への「取組姿勢」とがまったく別のものであることを明確にするところにある。債務者格付とは別に、貸出先の事業実態を正しく把握することで融資が可能となる仕組みが用意されることで、現場担当者は初めて貸出先の審査に手間をかけるというインセンティブをもつことができる。

　金融行政方針等にしばしば登場する「事業性評価」とは、まさにこの「目利き力」による貸出への取組み強化を目指すものである。これに対して金融機関側も、事業性チェックリストの整備、動産担保融資をはじめとする新たな貸出手法の推進など、さまざまな工夫を重ねているところである。こうした取組みの多くは、目利き力の本質である貸出先の経営実態を正しく把握するためのノウハウをマニュアル化する、暗黙知から形式知への転換を企図し

たものになっており、現場が目利き力を高めるための土壌づくりとして非常に有効と考える。そこでもう一つ大事なことが、この土壌を生かして現場が学ぼうとする前述のようなインセンティブ、すなわち実際の融資実績や人事評価につながる仕組みづくりであろう。

5.1.3 業務に生きないPD推計

これは、自己資本比率規制にて規制要件に即してPDをはじめとする信用リスクパラメータを推計する必要のある、一部の銀行に限られる問題である。問題の本質は、自己資本比率規制における格付別のPDの要件として、過去5年以上の実績を考慮することが求められているところにある[2]。そして前述のとおり、過去の実績から明らかなのは、PDを「当てもの」としてみたときに、より推計精度が高いのは「前年の実績デフォルト率を翌年のPDとする」手法であった。

もともとのPDとは、信用リスクをより正しく定量的に評価するための数値であることは、本書冒頭の1.4.1項にて述べたとおりである。一方で、規制その他の枠組みによって決められた現在の銀行における格付別PDは、どちらかというと正確性よりも保守性を重視する目的もあって、本来推計対象とすべき信用リスクの水準からかけ離れたものになりがちである。かくして、本来、信用リスクを定量的に計測して貸出金利の採算性を判断するなど、業務全般に活用すべき格付別PDが、肝心の管理会計においてはほとんど見向きもされていないケースが生じている。

これについては、規制上の信用リスクパラメータとして計算されるPDは、それはそれとして割り切ったうえで、いわゆる期待値ベースのPDを別に用意して活用を考えるのが、一種の改善策となろう。このとき、リスクパラメータとの水準差の背景をあらかじめ正しく把握しておくことで、たとえばリスクパラメータが本当に保守的といえるのか、といった追加的な検証にも

2　告示第213条第4項（一部略）
「内部格付手法採用行は、PDを推計するに当たって、5年以上の観測期間にわたるデータを一以上利用しなければならない。」

5　これからの信用リスク管理　277

役立てることができる。

5.2 新たな機械学習技術とスコアリングモデル

　本書の締めくくりとして、本節、および次節では、近年注目を集める人工知能（AI）、機械学習の業務への活用について、信用リスク管理の観点から、その実態と可能性について、最新の分析結果とあわせて紹介したい。新たな技術革新のポイントは、「機械学習手法」ではなく「新しいデータソース」にある。金融機関によっては、新しい分析手法を業務に取り入れることが「AIの活用」であるかのように信じているケースもみられるが、AIによる真のイノベーションは金融機関自身がもつ「新しいデータソース」にこそ潜在しているというのが、筆者の持論である。

　さて、「AIの活用」が、金融界に限らず、あらゆる業界で業務改善の合言葉のように使われる時代がやってきた。ただ、人工知能とはシステムの使い方をあらわす用語、という本書の立場では、債務者格付に使用するスコアリングモデルは、もともと人間が行っていた貸出先の評価作業を一部代替するという意味で、立派な人工知能といえる。とはいえ、20年近く前から銀行業務においてフル活用されてきたこの人工知能にも、性能の限界がみえてきている。また、そもそも信用リスク管理を取り巻く環境も20年前とは大きく変化しており、PDの推計精度と客観的な検証可能性のバランスが重視されてきた債務者格付制度自体が曲がり角を迎えるなかで、スコアリングモデルにも、新たな技術を活用したさらなるイノベーションが求められている。本節では、最新のデータによる検証結果もふまえた、スコアリングモデルへの新たな技術の活用可能性について、筆者なりの考え方を取りまとめた。

5.2.1　統計モデルのARの限界

　ここで一つ、中小企業貸出先の債務者格付に使用するスコアリングモデルの検証結果を紹介しよう。

図表5－1　中小企業クレジット・モデルの検証結果

	データ件数		スコアリングモデル（数字はAR）		
	N	D	2003年構築	2008年構築	2013年構築
2015年度	484,480	5,736	0.6568	0.6912	0.7068
2016年度	522,440	5,039	0.6793	0.7117	0.7273

（出所）　RDB

　図表5－1は、日本リスク・データ・バンク株式会社（RDB）が、S&P Global Market Intelligenceと共同で提供するスコアリングモデル「中小企業クレジット・モデル」の毎年の検証結果から抜粋した、2015年度と2016年度のデータにおけるモデルのARの計算結果である。右側に3種類のモデルのARを記載しているが、これらはそれぞれモデルの構築年度が異なっている。いちばん古いモデルが「2003年構築」、最新のモデルは「2013年構築」である。

　これによると、2015年度、2016年度ともに、新しいモデルのほうがARも高くなっており、最新のデータ・最新のロジックで構築したモデルの性能面の優位性がみてとれる。一方で、モデルごとのARの差に注目すると、2003年構築と2008年構築のARの差よりも、2008年構築と2013年構築のARの差はかなり小さくなっていることがわかる。

　既存の財務情報を説明変数とするスコアリングモデルに限っていうと、日本では1990年代後半から本格的な実務利用が進んだものと思われるが、大量データの蓄積とともに統計モデル構築の技術革新が進んだ2000年代中頃までは、スコアリングモデルは「新しいほど高性能」の状況が続いてきた。一方で、ここ10年ほどは、図表5－1でもわかるように新しいモデルの性能面のアドバンテージが徐々に小さくなっており、スコアリングモデルの成熟化が進んでいる。この背景には、金融機関、外部ベンダーそれぞれのノウハウの蓄積もあるが、最大の理由は、十分すぎる量のモデル構築用データにだれもが容易にアクセスできる環境が整ったことであろう。RDBのような共同データベースに参加すれば、10万件単位のデフォルトサンプルの財務データ

5　これからの信用リスク管理　279

を統計モデル構築のために利用できる。また、大手行のなかには自前で万件単位のサンプルを用意できるところもあろう。ここまでデータ数がふえてくると、統計的な手法では逆に工夫の余地が小さくなってくる。ここで、さらにスコアリングモデルの性能を改善する手段としては、大きく分けて2つ考えられる。

一つは、「統計モデル」という枠組みを超えて、さらなる性能改善のための新たな技術開発に取り組むことである。これはあえていうと「既存のモデル構築ロジックに問題がある」という立場である。

もう一つは、先ほどの議論で前提として掲げた「既存の財務情報を説明変数とする」という条件を取り払い、さらに「別のデータソース」を用いてスコアリングモデルを構築することである。

さて、昨今の「AIブーム」ともいうべき状況は、金融界においても同様であり、多くの金融機関にて新たな技術を活用してスコアリングモデルを高度化しようとする取組みが始まっているものと思われる。ここで金融機関が気をつけなければならないのは、スコアリングモデルの高度化は「新たなデータを使ってはじめて実現する」という事実である。つまり前述の2つの立場でいうと、後者こそがスコアリングモデルの今後の発展のポイントであり、前者は後者のための道具にすぎない。ここではっきりさせておきたいのは、データはそのままで手法だけを最新のものに置き換えても、スコアリングモデルの性能はまったく改善しない、ということである。以下で、その実例を紹介していく。

5.2.2　新たな機械学習技術とは？

ここであらためて、AIブームの背景にある「新たな機械学習技術」について、その具体的な内容をみておきたい。

図表5-2は3章で示した図表3-2と同じ図だが、ここでは「機械学習」という、一種の入出力システムの「つくり方」について、さまざまな種類の方法を示している。

機械学習（machine learning）とは、コンピュータシステムにおけるアルゴ

図表５－２　人工知能・機械学習の概念図（再掲）

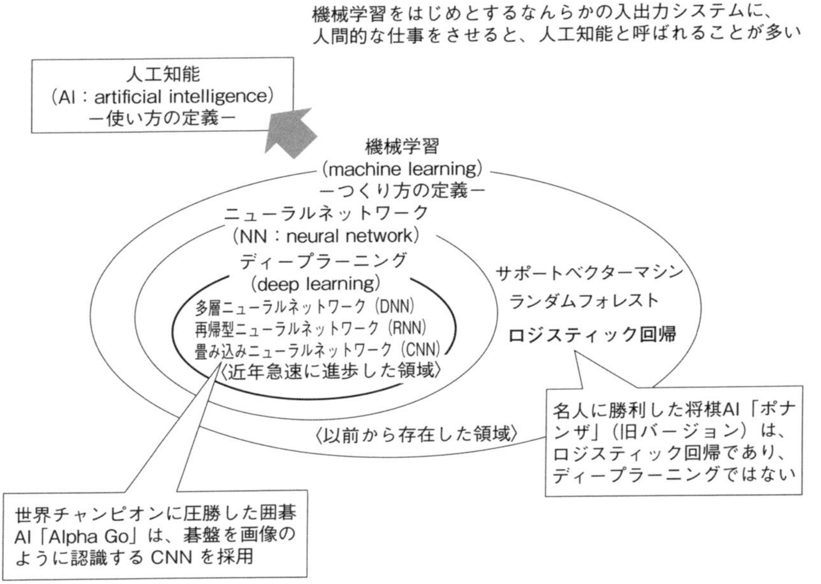

（出所）　RDB

リズムの構築方法の一つであり、人間が外から明示的にアルゴリズムを提供するのではなく、機械に大量のデータを与えることで機械自らがつくりだしたアルゴリズムを利用する手法の総称である。大量のデータを読み込んだ機械が、データにあわせてアルゴリズムを徐々に進化させていくさまが、人間の学習のようすに似ていることから、このように呼ばれているのであろう。

機械学習のポイントは、コンピュータ自らがデータに基づいてアルゴリズムをつくりだすところにある。そして、このデータに基づくアルゴリズムの最たるものが「回帰モデル」であろう。３章では、平均気温から桜の開花日を予想する線形回帰モデルの例（図表３－６参照）を紹介したが、モデルをつくるにあたって人間は、気温と開花日の組合せのデータを用意しただけで、それ以外の情報は何も与えていない。たとえば「暖かいほど桜は早く咲く」という経験知があったとしても、そのことをモデルの構築過程で明示的にアルゴリズムに組み込むことはしていないのである。そのかわりにモデル

は、データから「気温が高い年度には桜の開花日も早まることが多い」とい
う傾向を自ら見つけ出して、回帰モデルの切片と係数を推計している。回帰
モデルとは機械学習そのものであり、目下の信用リスク管理業務の中心にあ
るロジスティック回帰モデルも例外ではない。

　これに対して、昨今注目を集めているのが、回帰モデルのような伝統的な
統計的手法に立脚したアプローチとは異なる、新たな機械学習ともいうべき
手法である。ここでは、そのなかでも信用リスク評価や貸出審査の分野で少
しずつ話題に登場するようになってきた、ランダムフォレストとディープ
ニューラルネットワークという2つの手法について、内容を簡単にみておき
たい。

5.2.3　ランダムフォレスト

　ランダムフォレストとは、3章（3.2.2項）で紹介した「決定木」を応用
した機械学習手法の一つである。

　ランダムフォレストは、元のモデル構築用データに対して「ランダムサン
プリング」を行って[3]、構築用データの大量の複製物をつくることが出発点
となる。これによって、たとえば元のデータと同じデータ件数ながら、中身
の異なる、大量のモデル構築用データを用意できる。次に、この大量のモデ
ル構築用データ、それぞれを用いて決定木を構築する。この段階で、モデル
構築用データと同数の、内容の異なる決定木ができあがる。仮に構築用デー
タの複製物を500種類用意した場合には、この段階で500種類の決定木が構築
されている。ここまでで、モデルとしてのランダムフォレストそのものは完
成である。

　最後にランダムフォレストの使い方だが、これは単純に大量の決定木によ
る「多数決」を採用する。木（tree）がたくさんあるので森林（forest）とい

3　ここでは通常、一度取り出したサンプルを元に戻してあらためて取り出すことを繰り
　返す「復元抽出」を用いることが多い。したがって、構築用データの複製物それぞれの
　なかには同一のデータが含まれる一方、複製物それぞれの中身が一致することはほとん
　ど起こりえない。

282

うわけである。

　性能の高くないモデルを複数組み合わせることで、できあがりの性能を高める機械学習手法を「集団学習」などというが、ランダムフォレストは、決定木という単体では必ずしも性能の高くないモデルを組み合わせることによって、結果として高い性能を目指すモデルといえる。

　ランダムフォレストのメリットを２つあげておこう。まず一つは、決定木という比較的ロジックのわかりやすいモデルがベースとなっていることで、内容、構築方法が、比較的理解しやすい割に、通常の決定木よりも高い性能を実現できる点にある。そしてもう一つが、モデルの構築プロセスが分散処理に向いている点である。分散処理とは、コンピュータシステムの計算処理スピードを改善するために、ひとまとまりの計算処理を、複数のコンピュータにて同時並行的に実施する処理手法のことであり、コンピュータ単体の性能改善に限界がみえてきた近年になって、大量データを高速に処理するための技術として急速に活用が進んでいる。

　ランダムフォレストは、決定木の数によって性能が大きく左右されるロジックになっているが、決定木それぞれについては別個にデータを用意して構築する仕組みであり、何十、何百の決定木を構築する際にも、決定木と同じ数だけコンピュータを用意できれば、分散処理によって、１つの決定木を構築するのとほとんど変わらない時間で計算処理を終えることができる。モデル構築の対象となるデータの大容量化が進む昨今にあっては、分散処理によって処理速度の改善が図れるロジックは、実用性という面できわめて有利な技術といえる。

　これに対して、伝統的な統計モデルの場合、通常の回帰分析の手法をとると、モデル構築に使用するデータ全件をコンピュータに読み込んで、一度で回帰係数を推計する必要があることから、分散処理になじまないという構造的な問題を抱えている。

　他方、ランダムフォレストのデメリットは、無数の異なる決定木による多数決、という手法そのものの「合理性」「客観性」の説明がむずかしいことに尽きる。特に、債務者格付制度における格付モデルを念頭に置くと、「モ

5　これからの信用リスク管理　283

デルの多数決によって格付が下がりました」という説明が実務家に対して説得力をもちうるか、なかなか自信をもってお勧めできる手法とは言いがたい。

5.2.4　ディープラーニング

　「ディープラーニング（deep learning：深層学習）」も、近年突然登場したという類の技術ではなく、3章（3.2.3項）で説明した「ニューラルネットワーク」を応用した機械学習手法である。

　ディープラーニングにはさまざまなバリエーションがあるが、最も基本的な形態としては、「多層ニューラルネットワーク（DNN：deep neural network）」といわれる、通常のニューラルネットワークの中間層を1層ではなく、2層、3層と多層化したものがあげられる。多層ニューラルネットワークの考え方自体は、ニューラルネットワークの草莽期からあり、当時は計算負荷が高すぎる、過学習（オーバーフィッティング）が起こりやすい、といった問題から、あまり注目されていなかったようだ。昨今では、コンピュータの計算能力の飛躍的な向上のほか、モデル構築ロジックの工夫による分散処理への対応、オーバーフィットを回避できるだけの大量データの蓄積など、DNNを実現するだけの技術的な土壌が整ったことで、機械学習といえばディープラーニング、と思わせるほどの隆盛をみせている。

　特に、DNNから派生した技術である「畳み込みニューラルネットワーク（CNN：convolutional neural network）」は、画像解析によって決定的な成果をあげた技術として、あらゆるビジネス分野で幅広く活用に向けた研究が進んでいる。

　DNNのメリットは、何といってもその高い性能にある。ニューラルネットワークの場合、構築手法の特性上、モデル構築に使用するデータに対する序列性能は、限界まで高めることが可能である。当然ながら、モデル構築データへの極端な序列性能の向上は「過学習」にすぎないため、アウトサンプルデータを用意して、適度なところで性能を抑える調整が必要となる。昨今のニューラルネットワークの構築にあっては、ほどほどのところで性能をとどめるさまざまな手法が考案されており、十分なデータ数が確保できれ

ば、統計モデルよりも過学習になりにくいという実証結果もみられる。

　これに対してDNNのデメリットは、3.2.3（168ページ）で述べたニューラルネットワークと同様であり、検証可能性が低いところであろう。ランダムフォレストのように、決定木一つひとつの結果とそれに対する説明変数の因果関係が説明可能であるのと比べても、DNNの場合、複数の他の中間層の結果を説明変数とする中間層の結果と説明変数との因果関係など、およそ観測不可能であり、いわゆる「ブラックボックス」の度合いが圧倒的に高い。

5.2.5　ロジスティック回帰モデルとの性能比較

　次に、ここで取り上げた新たな機械学習手法が、古い機械学習手法ともいえるロジスティック回帰モデルと比べて、どの程度の性能をもっているのか、ここでは、RDBが保有する財務データによるモデルの構築結果をもとに考察してみたい。

　図表5－3は、ランダムフォレストとロジスティック回帰モデルのARを比較したものである[4]。比較対象のロジスティック回帰モデルは、先ほども登場した中小企業クレジット・モデルであり、これは、金融機関の債務者格付のためのモデルとして実際に使用されている、きわめてオーソドックスなスコアリングモデルといえる。

　ここでは、データを「構築用データ」「評価用データ」の2種類に分けて[5]、

図表5－3　ランダムフォレストのAR

	構築用データ	評価用データ
中小企業クレジット・モデル（2013年構築） （ロジスティック回帰モデル）	0.65748	0.72356
ランダムフォレスト	0.81284	0.74355

（出所）　RDB、2016年

4　ここでのランダムフォレストは、決定木の数が500、説明変数は13種類、入力データはロジスティック回帰モデルと同じ、財務情報2期分である。

5　ここでは2004年から2013年のデータを構築用、2014年以降のデータを評価用としてそれぞれ用いている。アウトサンプルにもかかわらず評価用データのARが高いのは、データの時期によってデフォルトの判別しやすさに違いがあるからと考えられる。

5　これからの信用リスク管理　285

それぞれについてARを計測している。これまで何度も述べてきたように、スコアリングモデルの性能は、構築に使用したデータに対するものだけでなく、使用していないアウトサンプルデータに対するものを確認しないことには、実際に利用する際の本来の性能が測れない。図表5－3の結果によると、ランダムフォレストは構築用データでは、0.8を超える非常に高いARを記録する一方で、評価用データ（アウトサンプルデータ）では、ロジスティック回帰モデルを若干上回るARの水準にとどまっている。

　評価用データで2％ポイントのARの差異を、どの程度の差とみるのか、客観的に評価することはむずかしいものの、筆者の経験則からは、少なくとも以下のような見方ができる。

◆図表5－3のAR計測に使用したデータは、評価用でもデフォルトサンプルが1万件を超えており（1万1,629件）、ARで2％ポイントの差はサンプリング誤差の範囲ではない。つまり、ランダムフォレストのほうがモデルとしての性能は高い。

◆中小企業クレジット・モデルは、実用モデルであるがゆえに、説明変数の数を20種類程度に限定し、また財務理論である程度説明可能な財務指標に対象を絞っている。係数の符号にも制約があるので、AR最優先でロジスティック回帰モデルを構築すれば、ARの水準そのものはもう少し改善する可能性がある。それでも、モデル構築時の最終モデル選択の過程から判断すると、ARの改善幅は1％ポイント前後にとどまろう。

　したがって、ランダムフォレストという「新しい手法」を取り入れた成果は、ロジスティック回帰モデルに対してARで1％ポイント程度上回るモデル性能、ということになろう。

　次に図表5－4は、ニューラルネットワークおよびDNNと、ロジスティック回帰モデルのARを比較したものである[6]。ここでは、入力データに5期分の決算書情報を使用しており、図表5－3とは対象先が若干異なること、これによってARの水準にも差があることをあらかじめ頭に入れておきたい。ここでの結果も、ARの水準でみるとニューラルネットワークやDNNが、ロジスティック回帰の結果を凌駕しているのがわかる。

286

図表 5 - 4　ニューラルネットワーク・DNNのAR

	構築用データ	評価用データ
中小企業クレジット・モデル（2013年構築） （ロジスティック回帰モデル）	0.67466	0.73382
ニューラルネットワーク	0.72580	0.76930
ディープニューラルネットワーク（DNN）	0.72949	0.76889

（出所）　RDB、2017年

　ランダムフォレストとの違いに注目すると、特徴を 2 点あげることができよう。一つは、構築用データでのARがランダムフォレストほど高くないことであり、前述の「ほどほどのところで性能をとどめる」技術がここにあらわれている。そしてもう一つは、評価用データでのロジスティック回帰に対するアドバンテージが、ランダムフォレストに比べると、さらに 1 ％ポイントほど広がっていることである。なお、ニューラルネットワークとDNNの性能の格差は、ここではほとんどみられなかった。

　先ほどと同じようにここからいえることは、ニューラルネットワークやディープラーニングという「新しい手法」を取り入れた成果は、ロジスティック回帰モデルに対してARで 2 ％ポイント程度上回るモデル性能、ということになろう。

　さて、この 1 ％ポイント、あるいは 2 ％ポイントというARの違いは、技術者の経験則でいえば、これまでと同じロジスティック回帰という統計的手法に頼っている限りは、決して追いつくことのできない大差といってよかろう。しかしながら、それと引き換えに失うのは「わかりやすさ」「監査性」といった、実務で活用する際の利便性に直結する特質である。これでも、いまのロジスティック回帰モデルにかえて、新しい機械学習技術をあえて導入

6　ニューラルネットワークの隠れ層は122、説明変数は220種類。またDNNは隠れ層41、説明変数は同じく220種類。なお、ここでのDNNは「広義の」DNNであり、より正確にいうとRNN（recurrent neural network：再帰型ニューラルネットワーク）の手法を採用している。

5　これからの信用リスク管理　287

する意味があるといえるのだろうか。

　筆者が本5.2節の冒頭で強調した、データはそのままで手法だけを最新の
ものに置き換えても、スコアリングモデルはまったく改善しない、という言
葉の真意が理解いただけただろうか。

5.3 新たなデータソースの活用

　では、信用リスク管理の世界で、新たな機械学習技術が活用される余地は
ないのかというと、筆者は決してそうは思わない。むしろ、これからの数年
で、新たな機械学習技術が信用リスク管理業務を大きく変える可能性がある
ものと考えている。しかしながら、それは単にいまのスコアリングモデルの
手法を置き換えるような、いわば自動車のパーツ交換のような話ではなく、
仕組みそのものを大きく変えるかたち、つまりガソリンエンジンの自動車が
電気自動車に置き換わるようなスケールでやってくるものと思っている。そ
のカギを握るのが、これまで分析対象として考えられていなかったような、
「新たなデータソース」の活用であろう。新たな機械学習手法ではなく、新
たなデータである。

　前節で示したのは、すでにあるデータソースに対する、新しい機械学習技
術と既存の統計モデルとの性能比較であった。そして、これらのデータソー
スについては、既存技術での分析も十分に進んでおり、新しい機械学習手法
が性能一辺倒で入り込む余地はあまり残っていないというのは、すでに述べ
たとおりである。これに対して、新たなデータソースについては、既存の技
術では歯が立たなかったようなケースでも、新しい機械学習手法がその実力
を発揮する可能性が残されている。

　ここで想定する新たなデータソースとは、既存の技術が適用できなかった
理由によって、大きく2種類に分けることができる。

　一つは、数値のかたちになっていない情報である。統計モデルに限らず、
決定木もニューラルネットワークも、そしてそれらから派生したランダム

フォレストもディープラーニングも、分析の対象となるのは、あくまでも数値データである。そして、いまでも債務者格付のためのスコアリングモデルの中心にあるロジスティック回帰モデルでも、分析の対象となるのは主に、貸出先企業の決算書や、個人の収入に関する情報など、最初から数値のかたちで与えられる情報である。

　これに対して、分析手法の技術革新と計算機の能力向上により、最近では、最初は数値のかたちになっていない情報でも、分析可能な数値データのかたちに変換することが可能になっている。ここに、新たなデータソースとしての一つの可能性がある。代表的な例としては、画像情報とテキスト情報があげられよう。

　そしてもう一つが、数値のかたちになっていながら、データの数が膨大過ぎる、データとデータの関係が複雑過ぎるなどの理由から、従来の計算機能力を前提とすると、統計的手法での分析が困難とされてきた情報である。これも、分析手法の技術革新と、計算機の能力向上によって、あらためて分析の対象となりうるデータソースがふえてきている。代表的な例としては、主に銀行が保有する、取引先の預金口座の動きに関する情報があげられる。

　以降では、これら新たなデータソースの活用のカギとなる技術について、簡単に触れておきたい。

5.3.1　CNNによる画像解析

　機械学習による画像解析の画期となったのは、2012年にアメリカのGoogle社が発表した「1,000万枚の画像をコンピュータに読み込ませて、コンピュータは自ら『ネコ』を認識するに至った」というテクニカルペーパーであろう。また2016年には、同じくアメリカのGoogle社傘下の企業が開発した「Alpha Go」という囲碁のコンピュータプログラムが、当時のトッププロに連勝したこともニュースで大きく取り上げられた。そしてこれらの快挙の背景にあるのが、CNN（畳み込みニューラルネットワーク）と呼ばれる画像解析手法である。CNNは、ディープラーニングの手法の一種であり、計算方法には多様なバリエーションがあるが、ここでは画像を入力データとする

5　これからの信用リスク管理　289

CNNにおいて、最も基本的な処理である「畳み込み処理」の一例を紹介したい。

　画像データに対する畳み込み処理とは、一言でいうと、画像データの特徴を際立たせるための計算処理のことである。これによって抽出された画像の特徴をもとに「ネコ」を識別したり、碁盤の局面の優劣を判定したり、という画像認識が可能となる。

　畳み込み処理は、最初に、縦○ピクセル×横□ピクセルの画像の情報を「○行□列の行列」として認識するところからスタートする。図表5−5の例では、「ニコニコ顔」の画像を10×10の行列として認識しており、各ピクセルの色を数値で置き換えている（図表5−5の2）。次に、元の画像よりも大きくない程度の、任意の大きさの行列（フィルタという）を用意する。図表5−5の例では、フィルタの大きさを3×3としている。このとき、最終的に得られる画像の大きさが変わらないように、あらかじめ元の画像の周囲を、空白をあらわすデータで埋めておくことがある（図表5−5の3）。そして、元の画像の行列の左上から順に、フィルタと同じ3×3の大きさの行列を取り出して、2つの行列の内積を計算する[7]（図表5−5の4）。同様の処理を、画像の行列の左上から右方向に向かって行い、右端まで到達したら、下方向に1行ずらして同じことを繰り返す。この計算を画像の右下に到達するまで繰り返すと、元の画像と同じ大きさで値の異なる新たな行列を得ることができる（図表5−5の5）。この一連の計算を「畳み込み処理」と呼び、フィルタを複数用意することで、最初の画像を出発点としてフィルタごとに異なる特徴を抽出した複数の画像を得ることができる。すなわちフィルタは、ロジスティック回帰モデルにおける「係数」の役割を果たしていると考えてよい。

　CNNでは、こうして得られる複数の画像を、繰り返し別のフィルタに通

---

[7]　ここでいう2つの行列の内積は、次のように計算する（例：3×3の行列の場合）。

$$\begin{pmatrix} a_{11} & a_{12} & a_{13} \\ a_{21} & a_{22} & a_{23} \\ a_{31} & a_{32} & a_{33} \end{pmatrix} \times \begin{pmatrix} b_{11} & b_{12} & b_{13} \\ b_{21} & b_{22} & b_{23} \\ b_{31} & b_{32} & b_{33} \end{pmatrix}$$
$$= a_{11}b_{11} + a_{12}b_{12} + \cdots + a_{21}b_{21} + \cdots + a_{33}b_{33}$$

図表5－5　画像データにおける畳み込み処理

1．元の画像

2．数値化後

0	0	0	1	1	1	1	0	0	0
0	0	1	1	1	1	1	1	0	0
0	1	1	1	1	1	1	1	1	0
1	1	2	1	1	1	1	2	1	1
1	2	1	2	1	1	2	1	2	1
1	1	1	1	1	1	1	1	1	1
1	1	1	1	1	1	1	1	1	1
0	1	1	2	1	1	2	1	1	0
0	0	1	1	2	2	1	1	0	0
0	0	0	1	1	1	1	0	0	0

3．フィルタにあわせて周囲を補完

0	0	0	1	1	1	1	0	0	0	0	0
0	0	1	1	1	1	1	1	0	0	0	0
0	1	1	1	1	1	1	1	1	0	0	0
1	1	2	1	1	1	1	2	1	1	0	0
1	2	1	2	1	1	2	1	2	1	0	0
1	1	1	1	1	1	1	1	1	1	0	0
1	1	1	1	1	1	1	1	1	1	0	0
0	1	1	2	1	1	2	1	1	0	0	0
0	0	1	1	2	2	1	1	0	0	0	0
0	0	0	1	1	1	1	0	0	0	0	0
0	0	0	0	0	0	0	0	0	0	0	0
0	0	0	0	0	0	0	0	0	0	0	0

4．内積計算

（フィルタを1コマずつずらして計算）

0	0	0	1	1	1	1	0	0	0	0	0
0	0	1	1	1	1	1	1	0	0	0	0
0	1	1	1	1	1	1	1	1	0	0	0
1	1	2	1	1	1	1	2	1	1	0	0
1	2	1	2	1	1	2	1	2	1	0	0
1	1	1	1	1	1	1	1	1	1	0	0
1	1	1	1	1	1	1	1	1	1	0	0
0	1	1	2	1	1	2	1	1	0	0	0
0	0	1	1	2	2	1	1	0	0	0	0
0	0	0	1	1	1	1	0	0	0	0	0
0	0	0	0	0	0	0	0	0	0	0	0
0	0	0	0	0	0	0	0	0	0	0	0

5．畳み込み処理後

b00	b01	b02	b03	b04	b05	b06	b07	b08	b09
b10	b11	b12	b13	b14	b15	b16	b17	b18	b19
b20	b21	b22	b23	b24	b25	b26	b27	b28	b29
b30	b31	b32	b33	b34	b35	b36	b37	b38	b39
b40	b41	b42	b43	b44	b45	b46	b47	b48	b49
b50	b51	b52	b53	b54	b55	b56	b57	b58	b59
b60	b61	b62	b63	b64	b65	b66	b67	b68	b69
b70	b71	b72	b73	b74	b75	b76	b77	b78	b79
b80	b81	b82	b83	b84	b85	b86	b87	b88	b89
b90	b91	b92	b93	b94	b95	b96	b97	b98	b99

〈計算例〉

2	1	1
1	2	1
1	1	1

×

フィルタ

a11	a12	a13
a21	a22	a23
a31	a32	a33

$= 2 \times a11 + 1 \times a12 + 1 \times a13$
$+ 1 \times a21 + 2 \times a22 + 1 \times a23$
$+ 1 \times a31 + 1 \times a32 + 1 \times a33$
$= （左のb32へ）$

5　これからの信用リスク管理　291

すことで、画像の特徴をより際立ったものとしていく。最終的には、プーリングといわれる画像の縮小化処理や[8]、全結合といわれる線形化処理を経て、単一の値として出力結果を得ることができる。CNNにおけるモデルの構築とは、画像の特徴を最も効果的に抽出できるような、大量のフィルタの数値を推定することにほかならない。

さて、CNNは一般に画像解析に大きな成果をあげた機械学習手法とされているが、そのキーとなる技術である「畳み込み処理」の詳細をみると、行列形式のデータを入力情報とする、多層ニューラルネットワークを活用するための「変数変換処理」そのものであることがおわかりいただけよう。信用リスク管理業務を念頭に置くと、画像の情報を直接的にリスク評価に活用する場面こそ簡単には想像できないものの、「行列形式のデータ」に対象を広げれば、新たなデータソースへの活用余地がまだまだ多く残されているのではなかろうか。

5.3.2 BoWによるテキストデータ解析

数値の形式になっていないデータソースのうち、昨今、画像データと並んでさまざまな分野で活用が進んでいるのが、テキストデータである。ここでは、日本語の文書データを分析対象とする際の「テキストの数値化処理」として最もオーソドックスな「単語文書行列（BoW：bag of words）」について、内容を紹介しておきたい。

日本語の文章を数値化する際には、最初に「分かち書き」処理を行うことからスタートする。日本語は、英語やフランス語と違って、単語と単語の区切りが明示されていないため、文章を数値化する際の最小単位を簡単には特定できない。日本語の単語と単語の区切りを決める処理を「分かち書き」と呼んでいる。

8　最もオーソドックスなプーリング処理としては、画像をあらわす行列を一定の範囲に区切って、そのなかの最大値で置き換える方法（max-pooling）があげられる。たとえば10×10の行列を、2×2の範囲で区切ってプーリングを行うと、5×5の行列に縮小することができる。

分かち書きの例

吾輩は猫である　⇒　吾輩｜は｜猫｜で｜ある

名前はまだ無い　⇒　名前｜は｜まだ｜無い

　上に例を示したが、このように単語と単語の区切りを特定し、動詞や形容詞などについては活用形まで特定するソフトウェアが開発されたことで、日本語のテキスト解析は近年急速に進歩したといわれている[9]。

　次に、文章に出現した各単語に固有のIDを付与する。同一の単語には同じIDを用いる。

IDの付与

吾輩：1　は：2　猫：3　で：4　ある：5　名前：6　まだ：7　無い：8

　ここまでの処理によって、文章の「数値化」はすでにできているといえるのだが、テキストデータ解析においては、これをさらに分析しやすいかたちにすべく「ベクトル化」することが多い。

ベクトル化の例

吾輩は猫である　⇒　[1,1,1,1,1,0,0,0]

名前はまだ無い　⇒　[0,1,0,0,0,1,1,1]

　ここでは、オーソドックスなベクトル化のパターンを示した。ベクトル化により、1つの文章は、単語の種類の数だけ要素をもつ行列に変換される。そして、行列を構成する数値は、各文章のうち各IDの単語が使用された回数をあらわしている。この例では、2つの文章で、8つの単語が使われていることから、行列の要素数はいずれも8つであり、それぞれの文章で使用されている単語のIDのところに、「1」が入っている。この方法では、文章の数がふえて、使用されている単語の種類がふえればふえるほど、行列の要素もふえることになる。使用されている単語の種類の数を「語彙数」などとい

---

[9]　分かち書きと品詞分解をあわせて「形態素解析」と呼ぶ。形態素解析のためのソフトウェアとしては「MeCab」が有名である。

うが、分析内容によっては語彙数が何万種類にものぼることも珍しくない。そして、ふえた語彙の大半は、一つひとつの文章では使用していない単語であり、文章のベクトル化によってできあがる行列は、何千・何万もの要素をもちながら、その大半が0からなる「疎行列」といわれるかたちをとることになる。そして、実際の分析に際しては、疎行列そのままのかたちでは計算処理がむずかしいことから、「zipファイル」のような電子データの圧縮処理に用いられる技術と同様に「次元縮約」と呼ばれる処理を通じて、各文章をあらわす行列の要素数を大幅に減らすことが多い。

このようにして得られる、行列のかたちに変換された日本語の文章情報を「単語文書行列（BoW：bag of words）」という。BoWは、各文章がどの単語を何回使用したかをあらわした行列であり、日本語のテキストデータ解析における最も基本的な説明変数の形式として、さまざまな分析に使用されている。

なお、ここまでのつくり方をみてもわかるように、BoWには、単語の出現回数の情報はあっても、単語の順序に関する情報は含まれていない。また、先ほどの例でみたように、単純に単語の出現回数を数えるだけなので、「は」のように頻出する単語が多数カウントされる一方で、その重要性が必ずしも考慮されているわけではない。BoWを分析に使用する際には、単語の出現回数と組合せ以外の情報を考慮できていない点に、注意を要する[10]。

さて、実際のテキストデータ解析とは、こうしてできあがったBoWや、その他の手法によって生成した行列を入力情報とするところが出発点にすぎず、実際の分析成果は、この後に続く機械学習手法の結果に委ねられることとなる。そして、BoW等のテキストデータ由来の数値情報を分析するための機械学習手法とは、何もニューラルネットワークやディープラーニングに限られるものではない。BoWが、行列とはいえ数値情報である以上、ロジスティック回帰モデルに代表される統計的アプローチであっても、十分な分

---

10 単語の出現頻度を考慮したTF-IDF（term frequency-inverse document frequency）や、単語と単語の出現頻度の組合せから単語の意味を予測するword2vecといった手法が用いられることもある。

析成果が得られる可能性がある。

　RDBが取り組んでいるテキストデータ解析の一例を紹介しよう。RDBでは、銀行が内部で保有する「事故報告書」に関する文書情報を大量に収集し、「オペレーショナル・リスク・データベース」を構築、参加する金融機関に対してデータを提供するサービスを行っている。2017年に実施した、オペレーショナル・リスク・データベースのデータを用いたテキストデータ解析では、事故報告書の本文のテキストデータを機械に読み込んで、その情報だけから、その事故が何の業務で発生したものなのかを特定するモデル構築を試みた。もともと、事故報告書のデータは、人間が1件1件読み込んで、預金業務なのか、為替業務なのか、あるいは融資業務なのか、個別に判定することになっているのだが、この人間による判定結果を機械に再現させようとしたのが、このモデル構築の趣旨である。その際には、BoWを最初に生成したのちに、CNNや、DNNの一種であるRNN（recurrent neural network：再帰型ニューラルネットワーク）を分析手法として採用して、一定の精度があることを確認した。一方で、負けず劣らず手法として優秀だったのが、ロジスティック回帰モデルであった。

　したがって、テキストデータ解析においても、ここまでに説明したBoWに代表される、テキストデータを数値データに置き換える「変数変換処理」にこそ新たな技術革新の本質があるといえよう。そして、変数変換を行った後のデータに対して、ディープラーニングやランダムフォレストのような新しい機械学習手法が、従来の統計的手法よりも優れたパフォーマンスを発揮するかどうかは、試してみなければわからない、というのが実際のところであろう。

　いずれにせよ、このようなかたちで、テキストデータも新たな分析対象データとして実務の俎上に載せられるようになったことは、今後の信用リスク管理業務の高度化においても、より幅広い情報を定量的に取り扱える可能性が増したという点で、非常に意義深い技術革新といえよう。こちらも画像データと同様、現時点で早速にリスク管理業務に活用されているわけではなさそうだが、たとえば銀行であれば、過去から膨大な数のストックがある

5　これからの信用リスク管理　295

「稟議書」の文書情報を分析対象として取り上げるなど、新しい取組みもいくつかみられるようだ。

5.3.3 動態情報の可能性

新たなデータソースの可能性として最後に取り上げるのが、数値のかたちになっていながら、データの数が膨大に過ぎる、データとデータの関係が複雑すぎるなどの理由から、これまであまり分析されてこなかった情報の代表格ともいえる、銀行が保有する取引先預金口座の動きを示す情報、すなわち動態情報である。

動態情報は、元データの大半が、いわゆる「勘定系システム」といわれる銀行独特の堅牢なシステムのもとに集積されている。これらには、簡単にアクセスができない、アクセスできても古い情報はとれない、口座名義は名寄せがされていても入金先・入金元は名寄せがされていないなど、分析の前にクリアすべきさまざまな問題があり、特に法人取引先の口座情報の分析は、銀行界においても、10年ほど前まではほとんど進んでいなかったのが実情であろう。これに対して近年では、こうした動態情報についても、勘定系システムを離れたデータマートへのデータの蓄積、入金先・入金元の名寄せ処理などを実現する新たな技術が登場している。データの構造化が進めば、動態情報も当然に分析の対象となりうる。いまや動態情報は、銀行にとって最後のフロンティアともいえる、新たなデータソースとなっている。

信用リスク管理業務の今後の発展を考えるうえで、動態情報の重要性は、次の3点に集約できる。

決算書のその先をあらわす「即時性」

動態情報は、預金口座情報、および貸出金の返済履歴情報を対象としている。これらはいずれも、日次、ないし月次で、直近の情報にアクセスできることから、貸出先の直近の状態をなんらかのかたちであらわしていることが期待できる。これは、従来の債務者格付の情報源として主役を担う決算書等の静態情報に比べると、動態情報には「即時性」という圧倒的な付加価値が

あることが明白であろう。この特徴により動態情報は、決算書と決算書の間の情報のラグをつなぐ補完要素として活用できる。

従来ならば、半期、四半期などの決算書や、株価、債券価格などの情報以外に、債務者の足元の状況を客観的・定量的に評価する材料は限られており、それらが生かせる債務者層は大企業に限られていたところだが、口座情報であれば、非上場企業、中小・零細企業、あるいは個人であっても活用可能である。

決算書とは情報源の異なる「独立性」

動態情報は基本的に、決算書やそこから派生する実態財務情報などとは、出自のまったく異なるデータソースである。したがって、決算書や実態財務情報と組み合わせてリスク評価に使用したとしても、「独立性」の高い、すなわち相関の低いデータとして、相互補完効果を期待できる。これは、口座情報の一種である、一時点の預金残高や一時点の貸出残高といった口座の「静態情報」が、実際のスコアリングモデルの説明変数としてすでに多く採用されていることからも、その効果は明らかといえよう。

アクセス可能性の限られた「独自性」

動態情報には原則として、口座を保有する金融機関しかアクセスができない。これは、貸出先に頼めば、基本的にはだれでも同じものが入手できる決算書とは異なり、取引金融機関が「独自」に利用可能な情報である。5.1.1項（273ページ）に示した「債務者評価の画一化」の一因として、すべての金融機関が同じ情報を出発点として貸出先を評価していることをあげたが、独自性のある動態情報による貸出先の評価は、こうした一様な金融慣行に大きな風穴を開けうる技術といえよう。

図表5-6は、動態情報を活用した信用リスク評価モデルの性能の一部を示している。縦軸は財務ランク、すなわち静態情報（財務情報）によって貸出先を10段階評価した区分を、横軸は動態情報によって10段階評価した区分（「DynaMIC RANK」）をそれぞれあらわしている。また、それぞれのマス目

5　これからの信用リスク管理　297

図表5－6　静態情報（財務情報）と動態情報による貸出先評価の違い

（単位：％）

財務ランク	DynaMIC RANK										総計
	1	2	3	4	5	6	7	8	9	10	
1	0.00	0.00	0.00	0.00	0.00	0.00	0.00	0.00	0.00	0.00	0.00
2	0.00	0.20	0.34	0.00	0.00	1.67	0.00	0.00	0.00	0.00	0.14
3	0.00	0.00	0.31	0.00	0.00	0.00	0.00	1.43	0.00	3.85	0.14
4	0.00	0.00	0.00	0.71	0.42	0.00	0.65	2.38	0.00	4.65	0.36
5	0.00	0.00	0.34	0.34	0.00	0.79	1.46	2.38	1.96	7.14	0.77
6	0.00	0.00	0.81	0.41	0.00	1.03	1.18	1.07	3.60	9.17	1.23
7	0.00	0.00	0.53	0.89	1.63	0.95	2.26	1.63	1.07	6.21	1.51
8	0.00	1.53	2.03	1.68	1.93	2.71	3.79	1.71	5.22	8.14	3.19
9	0.00	0.00	1.18	0.74	3.02	3.94	3.24	3.32	5.77	10.05	4.46
10	7.41	0.00	7.32	3.95	3.94	5.38	6.74	8.90	9.82	18.86	10.88
総計	0.06	0.11	0.60	0.64	1.06	1.77	2.79	3.30	5.12	12.40	2.28

（出所）　RDB

の数値は、それぞれの区分に該当する貸出先の実績デフォルト率をあらわしている。たとえば、財務ランク7の区分をみると、実績デフォルト率は1.51％（右端列）だが、そのなかでも、DynaMIC RANKが上位の先については、これよりもデフォルト率が格段に低くなっているのがわかる。動態情報による評価は、財務情報による評価との相関が、実態財務情報などと比較しても小さいため、両者を組み合わせることで、よりきめの細かい貸出先評価の仕組みを実現しやすいことが、実際のデータからもみることができる。

　そしてもう一点、動態情報の強みである即時性について付言しておきたい。かつてのリーマンショック当時、上位格からのデフォルト先が多数発生した背景には、急激に経済環境が悪化するなかで、貸出先の業績悪化も急激に進んだことで、決算書の更新タイミングをトリガーとする格付作業による貸出先のモニタリングが、有効に機能しなかったことがあげられる。実際に、当時の上位格から突如デフォルトした貸出先の多くでは、財務情報をベースとするスコアリングモデルによる評価が、直前の決算書では現預金関

連の指標を通じて軒並み高くなっていた。これらの財務指標が経済環境の急変を通じて機能不全に陥ったことで、あたかも「突然のデフォルト」のようにみえる事態となったのである。口座情報をはじめとする動態情報を活用できる素地が整っていれば、決算書以降の貸出先の業況悪化を検知する、なんらかの予兆がつかめていた可能性が高い。

　なお、動態情報は、何も銀行に限ったデータソースではない。カード会社をはじめとする消費性個人向けの金融業では、カードの利用履歴や返済履歴が動態情報そのものである。リース会社であれば、返済情報のほか、リース資産の稼働状況に関する情報なども、上記の「即時性」「独立性」「独自性」という3要素を満たす動態情報としての活用が可能であろう。また、動態情報というと「即時性」にばかり目が行きがちだが、その効用をもう少し詳しくみると「独立性」「独自性」にも、それぞれ価値があることがわかる。たとえば「メインバンクではないので口座の実際の動きはわからない」「預金取扱金融機関ではないので口座がない」などという金融機関にあっても、決算書の付属明細を細かく収集する、借入明細を毎月徴求する、といった地道な努力を通じて、「独立性」「独自性」のある情報を確保することは十分に可能である。これら「即時性」を欠く情報は、厳密な意味で動態情報とはいえないものの、新しいデータソースという意味で活用の価値は決して小さくない。

　さて、動態情報は、近年にかけてようやく構造化の技術が確立された、「即時性」「独立性」「独自性」の3つを兼ね備える、まさに、これからの信用リスク管理高度化に必要不可欠な新しいデータソースといえよう。そして、新たに分析対象に加わった「ラスト・フロンティア」という意味では、リスク管理業務に限らず、金融機関にとって宝の山といえるデータでもある。動態情報には、新しい機械学習手法、新たなインターネット技術との融合を通じて、金融機関業務全般に抜本的な変革をもたらすような、起爆剤としての役割が期待できよう。

あとがき

曲突徙薪（きょくとつししん）

　中国のことわざで、曲突とは煙突を曲げること、徙薪とは薪を移すことである。いずれも火事に対する備えをあらわし、転じて「災いを未然に防ぐこと」の意味で用いられる。しかしながら筆者は、原典の『漢書』にある次のエピソードにこそ、この言葉の本質があると思っている。

　もともとこの言葉は、漢の宣帝の家臣であった徐福が、皇后とその一族に謀反の疑いがあることを日頃から宣帝に忠告していながら聞き入れられず、実際に謀反が起きると、謀反を鎮圧した他の家臣たちが恩賞を受ける一方で、事前にこれを警告していた徐福には何の沙汰もなかったという故事に由来している。

　リスク管理担当者の仕事とは、まさに「曲突徙薪」を提言し、これを実現することにある。これは徐福の故事のとおり、必ずしも報われることばかりではない。有事にあっては、債権回収に奔走した現場にばかり経営者が注目しがちなのも、またしかりである。さらに昨今のように、デフォルトの少ない環境にあって、そもそもリスク管理部門の提言に説得力をもたせることは、経費節減・収益第一の経営方針のもと、近年ますますむずかしくなっているようにも見受けられる。

　しかしながら信用リスクは、これまでもたびたび、私たちの想定の外から金融機関経営を激しく揺さぶってきた。2000年代以降に限っても、2003年の大手銀行の実質国有化、2008年のリーマンショック、それぞれをピークとする信用リスクのダイナミズムを私たちは経験している。いまは10年近く続く「凪」のなかにあるが、信用リスクの本質は確率分布である。そこには常に、リスクのダイナミズムが発動する要素が潜在している。

　筆者が薫陶を受ける、日本リスク・データ・バンク株式会社（RDB）の設立発起人の西澤宏繁氏（元東京都民銀行頭取）は、大事な仕事を成し遂げる

人には常に「工夫・辛抱・執念」の3つが必要と説く。いまのような局面で、リスク管理担当者が「曲突徙薪」を正しく実践するには、知識とノウハウ、つまり「工夫」だけでは不十分であり、環境に負けない「辛抱」と、人の心を動かす「執念」があってはじめて、成果を実現できるのだ。

　これからの時代、機械学習技術の飛躍的な発展とともに、人工知能の業務への活用が後戻りすることなく進んでいく。とはいえ機械の活用は、「工夫」の一つにすぎない。経営が人の手でなされる限り、リスク管理業務は常に、経営を説得する「辛抱」と「執念」を伴うものとなろう。本書では、信用リスクを正しく管理するためのさまざまな「工夫」を示した。後は、読者の「辛抱」と「執念」が実ることを切に願うばかりである。

　本書のすべての内容は、筆者が属するRDBのデータベースと、メンバー一人ひとりの研究成果の賜物といっても過言ではない。同社の大久保豊社長には、かかる貴重な知見を対外的に発信していくことへの十分なご理解とご協力に加えて、本書の監修の労までもとっていただいたことに、まずは深い感謝の念をお伝えしたい。また、新たな機械学習手法、新たなデータソースの活用については、同社中西規之氏のデータ・サイエンティストとしての深い研究知見あってこその本稿であること、ここに敬意を表する。そして、毎度の筆者の遅筆にもかかわらず温かい目で完成を見守ってくださった金融財政事情研究会の谷川治生理事には、この場を借りて厚く御礼を申し上げたい。最後に、妻優子と、慧、碩、唯の3人の子には、一生懸命な姿から日々感心させられることばかりで、おかげで最後まで気持ちを前向きにして本書に臨むことができた。あらためて感謝の意を表して本書の結びにかえたい。

　2018年9月

日本リスク・データ・バンク株式会社

取締役常務執行役員　**尾藤　剛**

【参考文献】

［ 1 ］ 東京大学教養学部統計学教室 編『統計学入門 基礎統計学Ⅰ』、東京大学出版会、1991年
［ 2 ］ 岡東務『日本の債券格付』、税務経理協会、2004年
［ 3 ］ 安田隆二・大久保豊編著『信用リスク・マネジメント革命』、金融財政事情研究会、1998年
［ 4 ］ Bernd Engelmannほか編 *"The Basel Ⅱ Risk Parameters"*、Springer、2006年
［ 5 ］ 山田能伸「邦銀の対応力と経営課題」、週刊金融財政事情2010年10月11日号
［ 6 ］ FRB "Federal Register/Vol. 68 No. 149/Mon., Aug. 4, 2003/Notices"
［ 7 ］ バーゼル銀行監督委員会 "Studies on the Validation of Internal Rating Systems"、2005年
［ 8 ］ バーゼル銀行監督委員会 "Guidance on Paragraph 468 of the Framework Document"、2005年
［ 9 ］ バーゼル銀行監督委員会 "Basel Ⅲ: A global regulatory framework for more resilient banks and banking systems"、2010年
［10］ 金融庁「金融検査マニュアル（預金等受入金融機関に係る検査マニュアル）」、2017年
［11］ 金融庁「金融庁告示第十九号（平成18年 3 月27日）『銀行法第十四条の二の規定に基づき、銀行がその保有する資産等に照らし自己資本の充実の状況が適当であるかどうかを判断するための基準』」、2006年
［12］ 金融庁「バーゼルⅡに関するQ&A」、2006年
［13］ 金融庁「平成28事務年度 金融レポート」、2017年
［14］ 日本銀行金融機構局「内部格付制度に基づく信用リスク管理の高度化」、2005年
［15］ 村山航「欠損データ分析（missing data analysis）―完全情報最尤推定法と多重代入法」、http://koumurayama.com/koujapanese/missing_data.pdf、2011年（最終アクセス：2018/9/18）
［16］ 山下智志ほか「信用リスクモデルの評価方法に関する考察と比較」、金融庁金融研究研修センター、2003年
［17］ 安藤美孝「与信ポートフォリオの信用リスクの解析的な評価方法：極限損失分布およびグラニュラリティ調整を軸に」、金融研究第24巻別冊第 1 号、2005年
［18］ 金融庁「金融検査・監督の考え方と進め方（検査・監督基本方針）」、2018年

［19］　山下智志「実務的信用リスク評価モデルの潮流：人工知能とデータ構造化について」、統計数理研究所リスク解析戦略研究センター　第5回金融シンポジウム「ファイナンスリスクのモデリングと制御Ⅳ」、2017年

［20］　A. L. Samuel *"Some studies in machine learning using the game of checkers"*, IBM Journal of Research and Development、1959年

［21］　山本一成『人工知能はどのようにして『名人』を超えたのか？』、ダイヤモンド社、2017年

［22］　Quoc V. Le ほか "Building High-level Features Using Large Scale Unsupervised Learning"、Proceedings of the 29th International Conference on Machine Learning、2012年

［23］　今井健太郎「Gamma回帰によるデフォルト債権回収額推計モデルの実証研究」第41回JAFEE大会、2014年

事 項 索 引

【英字】

accuracy ratio ···················· 180
AI ································· 165
AIC································ 220
AIRB····························· 32、104
AR ··························94、180、234
BoW ······························ 294
CAP曲線 ·························· 182
CCF ······························ 102
CNN····························284、289
cohort法 ························· 102
cross validation ················ 231
DNN····························· 284
EAD····························99、101
EL·······························4 、249
FIRB ·····························32、104
fixed-horizon法 ················· 102
GMP······························ 187
Hosmer-Lemeshow検定············· 156
IRB ·····························32、104
K-fold cross validation··········· 231
K分割交差検証···················· 231
LDP ···························82、162
LGD ·····················7 、29、99、129
Mertonモデル···················· 160
null値···························· 198
PD ·····························6 、73
PIT ······························89
point-in-time格付················· 89
p 値······························ 222
RAF·······························21
RDS ······························ 111
SA ·······························32
TF-IDF···························· 294

through the cycle格付··············· 89
ＴＴＣ······························89
UL ······························ 250
VaR ······························ 251

【ア行】

アウトサンプルデータ ·············· 230
アセット相関···················· 257
案件格付制度············· 29、99、108
異常値·····················198、202
インサンプルデータ ··············· 230
インタレスト・カバレッジ・レシオ
······························ 201
上側確率························ 149
売上高経常利益率················13
エキスパート・ジャッジメント······47
エクスポージャー················42
オーバーフィッティング······170、229
オッズ ························ 176

【力行】

回帰係数························ 177
回帰分析························ 171
カイ二乗値·················71、153
カイ二乗分布···················· 154
カイ二乗分布を用いた検証········· 152
回収率·····················7 、99
解析的な近似···················· 253
該当率·························· 241
外部格付························28
過学習·····················170、229
格付遷移行列····················84
確率過程モデル·············158、159
確率分布························ 141
確率変数························ 140

304

活性化関数……………………169	重回帰分析……………………171
頑健性…………………………229	従属変数………………………171
機械学習……………15、165、280	集団学習………………………283
企業価値モデル………………257	自由度…………………………154
基礎的内部格付手法………32、104	上下限値処理…………………202
期待値…………………………143	情報エントロピー……………205
極値処理………………………202	序列性能………………………179
寄与度…………………………240	シングルファクターモデル……257
金融検査マニュアル…………33	人工知能………………………165
金融庁告示…………………32、41	審査評点……………………10、47
グラニュラリティ……………247	深層学習………………………284
経済的損失……………………113	信用VaR………………………252
係数……………………………177	信用格付制度…………………26
形態素解析……………………293	信用リスク……………………3
欠損値…………………………198	信用リスク管理………………18
決定木………………………167、282	信用力…………………………8
検定の多重性…………………151	スコアカード…………………47
交差検証………………………231	スコアリングモデル
交差項…………………………198	…………14、158、179、188
	ステータス……………………174
【サ行】	ステップワイズ法……………220
	ストレスPD…………9 、80、90
最大損失………………………251	スピアマンの順位相関係数………210
債務者格付制度……8 、17、27、37	正規分布………………………144
債務者区分……………………34	正常化………………………76、126
債務償還年数…………………200	説明変数……………………171、195
債務超過………………………12	線形回帰モデル………………172
最尤法…………………………214	先進的内部格付手法………32、104
参照データセット……………111	相関係数………………………210
残留率…………………………98	相関整理………………………210
閾値……………159、205、259	双峰分布………………………130
自己資本比率…………………12	ソブリンリスク………………162
自己資本比率規制……………31	損失額分布…………………246、250
資産区分………………………104	
下側確率………………………149	**【タ行】**
実質同一債務者………………55	
実績LGD………………………116	対数オッズ……………………176
実績デフォルト率……………12	大数の法則……………………162
実態財務情報…………………60	対数変換………………………207

事項索引　305

ダウンターンPD ······················80
多重共線性·····························208
多層ニューラルネットワーク·······284
畳み込み処理·····························290
畳み込みニューラルネットワーク
··································284、289
ダブルデフォルト·····················124
ダミー変数·····························204
単一代入法·····························199
単語文書行列··························294
中小企業クレジット・モデル
····················194、228、279
中心極限定理··························145
長期平均LGD·····························109
長期平均PD ·····························79
ディープラーニング·········163、284
定性情報·······························62
データセットの特定·················191
デフォルト時貸出残高···············99
デフォルト時損失率········ 7、99
デフォルト相関······················257
デフォルト定義························75
デフォルト率··························6
統計モデル····················158、161
動態情報·······························296
独立·································150
独立変数·······························171
トップダウン・アプローチ·········131
トラッキング検証·················233
取引情報·······························65
取引振り·······························66

【ナ行】

内部格付手法·················32、104
二項検定·····················92、146
二項分布·······························142
ニューラルネットワーク···········168
ノックアウト・アプローチ·········238

ノッチ調整·····························68

【ハ行】

バーゼルⅢ·····························31
パーフェクトモデル·················180
破綻懸念先·····························35
バックテスト··························233
パワーカーブ··························182
判別関数·······························167
ピアソンのカイ二乗検定···········70
ピアソンの積率相関係数···········210
被説明変数····························171
ビッグデータ··························163
非復元抽出····························237
非保全要因····························125
標準化·································144
標準正規分布··························144
標準的手法····························32
標準偏回帰係数·····················227
非予想損失····························250
ファットテール·········151、247、256
フィルタ·······························290
プーリング····························292
プール区分···············42、107、137
復元抽出·······························237
ブラックボックス·················285
分散処理·······························283
ベクトル化····························293
ベルヌーイ試行·····················142
変数減少法····························220
変数増加法····························221
変数増減法····························221
変数変換·······························198
変則決算·······························54
ベンチマーク··························95
ホールドアウト検証···············230
母数·································141
保全要因·······························121

306

ボトムアップ・アプローチ………132

【マ行】

マーケットLGD ………………111
マッピング………………………84
無担保・無保証貸出………129
目的変数…………………………171
モデル……………………………171
モンテカルロシミュレーション
…………………………247、253

【ヤ行】

有意水準…………………………147
有担保貸出………………………131
尤度………………………………216
尤度関数…………………………215
要管理債権………………………75
要注意先…………………………34
与信集中リスク………………247
予想損失……………………… 4 、249
予想デフォルト時損失率… 7 、29、99

【ラ行】

ランクアップ………………76、126
ランダムフォレスト……………282
ランダムモデル…………………180
ランプ関数………………………169
離散化……………………………203
離散化ロジスティック回帰モデル…14
リスク・アペタイト・フレームワーク
…………………………………21
リスクウェイト関数……………264
リスクシナリオ…………………21
リスクパラメータ………………104
流動比率…………………………224
領域判定…………………………200
累積デフォルト率………………78
ρ （ロー）……………………260
ロジスティック回帰……………173
ロジスティック関数……………174

【ワ行】

ワークアウトLGD ………………111
分かち書き………………………293

【監修者】

大久保　豊（おおくぼ　ゆたか）

慶應義塾大学経済学部卒、ケンブリッジ大学大学院政治経済学部卒（Master of Philosophy）。住友銀行、マッキンゼー・アンド・カンパニー、鎌倉、日本AT&Tベル研究所を経て、1996年にデータ・フォアビジョン株式会社、2000年に日本リスク・データ・バンク株式会社、2019年にForeVision株式会社を設立。現在、ForeVision株式会社代表取締役社長、日本リスク・データ・バンク株式会社取締役会長、データ・フォアビジョン株式会社取締役会長。

主な著書は『スプレッド・バンキング』『アーニング・アット・リスク』『信用リスク・マネジメント革命』『銀行経営の理論と実務』『【実践】銀行ALM』『中小企業「格付け」取得の時代』『不完全なVaR』『プライムレート革命』『【全体最適】の銀行ALM』『ゼロからはじめる信用リスク管理』『よい自治体とは何か？』『"総点検" スプレッドバンキング』『人工知能と銀行経営』（いずれも金融財政事情研究会）。

【著　者】

尾藤　剛（びとう　ごう）

東京大学法学部卒。あさひ銀行を経て、2003年日本リスク・データ・バンク株式会社入社、17年間にわたり融資審査・信用リスク管理にかかる銀行向けアドバイザリ、信用格付モデル・審査用AIの開発、その他各種データ分析に従事。2021年に独立し、現在、リボーン合同会社代表。応用情報技術者。公益社団法人日本証券アナリスト協会検定会員。

主な著書は『ゼロからはじめる信用リスク管理』「ビヨンド・フィンテック時代（共著）」「ゼロからわかる！金融機関職員のためのＡＩ・データサイエンス入門講座」「金融DX（デジタルトランスフォーメーション）がよくわかる講座（共著）」（いずれも金融財政事情研究会）など。

【究解】信用リスク管理

| 2018年11月12日 | 第1刷発行 |
| 2023年 8 月29日 | 第3刷発行 |

監修者　大久保　　豊
著　者　尾　藤　　剛
発行者　加　藤　一　浩

〒160-8520　東京都新宿区南元町19
発　　行　　所　一般社団法人 金融財政事情研究会
企画・制作・販売　株式会社きんざい
出　版　部　TEL 03(3355)2251　FAX 03(3357)7416
販売受付　TEL 03(3358)2891　FAX 03(3358)0037
URL https://www.kinzai.jp/

※2023年4月1日より企画・制作・販売は株式会社きんざいから一般社団法人
金融財政事情研究会に移管されました。なお連絡先は上記と変わりません。

校正：株式会社友人社／印刷：株式会社太平印刷社

・本書の内容の一部あるいは全部を無断で複写・複製・転訳載すること、および
　磁気または光記録媒体、コンピュータネットワーク上等へ入力することは、法
　律で認められた場合を除き、著作者および出版社の権利の侵害となります。
・落丁・乱丁本はお取替えいたします。定価はカバーに表示してあります。

ISBN978-4-322-13406-3